U0904984

Grow with the Community

How to Improve Adolescents' Prosocial Behavior

青少年的社群成长之路

亲社会行为及其干预

张庆鹏 —— 著

社会科学文献出版社
SOCIAL SCIENCES ACADEMIC PRESS(CHINA)

全国教育科学十二五规划青年项目：社区青少年道德教育中的亲社会行为干预策略研究（CEA120117）

序

青少年的教育是一个宏大而永恒的话题。在这个话题面前，身处不同立场和角度中的人会持有各自认为合理的观点。然而，立场差异的背后是不同的利益诉求和价值取向，角度差异的背后则是不同的社会责任和行为动机。如此多元而复杂的差异只能使人们在各自的位置上分别获取关于青少年教育的“部分真理”，任何人都很难把握这个话题的全貌，更难以掌握全部真理。这些差异非但不能靠说服来弥平，而且会在说服和反说服的讨论中出现更多的争议。比如，青少年教育是要重视整体质量的全面提升，还是必须兼顾到不同个体的独特性？教育究竟应该更看重过程还是更看重结果呢？为了更加直观地感受这些争议，我们不妨来一个“角色代入”，在不同立场和角度中，“身临其境”地体验与思考人们在理解与处理青少年教育问题时所表现出来的各种差异。

假如你是一所小学或中学的校长，那么面对青少年的教育问题，你必定会站在全校发展和提升的立场上，进而在相关教育政策的要求和指导下，有计划、有步骤地完成教学管理和组织工作，并力争取得优异的成绩。这个立场所处的角度重点关注两个方面：一是力求让所有学生都能至少达到教育目标的平均水平，也就是突出“整体性”；二是保证所有学生的整体提升是有客观依据的，也就是突出可以用数字衡量的“量化”标准。作为校长，你的立场背后是通过教育促进青少年成长的价值导向，反映了一个教育管理者被赋予的职责与使命，你必须考虑教育在国家宏观发展战略中所应发挥的作用，并致力于向社会输送合格的成员，因此在这个背景下，看重整体、强调结果的教育观自然是合理的。

假如你是和青少年接触更为直接而密切的中小学老师，那么你和校长在青少年教育议题上的立场与角度会存在差异。作为一线教师，你和宏大语境中的教育政策距离相对远一些，而和一个个活生生的男生、女生之间的距离则相对更近一些。位置的切换使得校长所倡导的“可量化的整体水平提升”自然转化为教师岗位上的绩效目标，而且会根据不同的专业、科目、年级等因素而进一步分解为一系列子目标。所以，你的立场也就变得不那么“整体”了，你必须关照班级的具体情况，包括在青少年群体互动过程中形成的班级生态，与学习气氛和人际氛围有关的班风等；你还会在工作中关注到某些学生不同于“大多数人”的个性和需求，这种独特性会提示你去发现那些隐藏在量化数字背后的重要信息，甚至包括被这些数字所忽略的信息，比如，游离于“整体平均数趋势”之外的“个体极端值”的真实意义是什么？再比如，教育成效的实现究竟经历了一个怎样的过程（这个过程无法用简单的线性数据描述）？可见，一线教师的教育立场和校长在大方向上是一致的，但在角度上却存在一些微小的差别，教师更倾向于“独特性差异”和“数字背后的变化过程”这两方面，角度的差别导致了态度和行为取向的不同，由于身处不同的位置，教师至少会对教育过程和教育结果投入等量的重视。

假如你是中小学学生的家长，如何在家庭内部开展青少年教育？这是一个令很多家长头痛的问题。大部分家庭的教育资源都依赖于外部，相对于校长要对社会发展与文明进步负责、教师要对岗位和职业使命负责的立场，家长在青少年教育问题上的立场会更加微观而具体，因为你无须考虑太过宏大的社会命题和太过精深的专业诉求，谈到青少年教育，你要面对的只是你自己的孩子。因此，你在家庭教育中的基本立场也必然是孩子本身，包括孩子在学业、社交等诸多方面的成长和进步。尽管对家长来说，“以孩子为中心”的立场近乎是没有争议的，你和所有家长一样，都知道自己要在青少年教育中“做什么”。但是，家长群体在“怎么做”这个问题上又出现了不小的争议。也就是在共识性很高的立场下，出现了角度上的不同。比如在培养课外兴趣方面，有的家长认为兴趣的培养需要投入真金白银，然后兴趣才可以转化为技能或特长，进而转变为各类进阶过程中的竞争性优势，这种思路显然是以结果为取向的；而另外一些家长则认为兴趣的培养和阅读、旅行一样，都是为了拓展视野和养成习惯，提高青少年成年以后的生活品质，因而这种思路更加看重过程和体验。思路上的差异可能会进一步影响家长在教养方式、父母监控和亲子互动等方面所采取的方法和策略，并对青少年产生长期而深远的影响。当青少年走过大致相同的受教育历程，进而在其成人之后取得“标配的成功”（大多数人认可的成功标准，比如职业、收入、住房等）之后，这些沉浸在标准化生活中的成人看起来似乎是一样的，但他们在本质上走过的成长之路却是不同的。或许只有遇到重大生活事件或其他挫折与变故时，我们才可以从他们处理问题和解决困难过程中表现出来的认知与情绪反应、态度与价值取向以及行事和行动风格中发现这些不同。

引发这种差异的，正是在不同的立场和角度下，成人世界对青少年教育与成长赋予了风格迥异的期望，并由此催生出了形态各异的“对待方式”。当然，这其中还不能忽略青少年的个体因素，包括一系列稳定的遗传特征、心智模式、情绪和人格特质，以及在不同阶段的心理发展特点和需求等。因此，在多元复杂的社会环境中，青少年的成长是由来自内部的个体独特性和来自外部的“对待方式”共同促成的。这似乎也暗合了后工业化时代的一个隐喻——无论是工业产品还是社会产品，都不再根据单一标准大规模量产，当今的产品是其物理属性和用户需求与用户体验结合起来的产物，更甚者，用户也可以参与产品的制作，由此催生出“共创的价值”。个体从儿童期到青春期，再到成人早期，包括他们自己在内的各方人士都参与了这场共创。我们最终看到的是一个个价值多元、内心丰富和阅历复杂的成人，这就像机器序列号一样，每一个标配人生的背后都会印刻一段专属于他们自己的成长密码。

关于青少年社群及其成长，本书同样无意去探讨某种“标准”或“范式”，因为在价值共创的新背景下，标准化语境中的社会操作显然是过时的。本书的主要工作是在校长、教师和家长之外，探讨另外一种可能的角度，我们称之为“社区的视角”。在这个视角下，青少年的成长既不完全是宏大的国家议题，也不完全是微观的个人议题，而是关乎社会培育和基层建设的一个公共议题。社区中的青少年和长者、残障人士以及流动人口等一样，都是普通的一员，都有正常的需要和诉求，也对社区事务和社区发展负有属于自己的一份责任。同时，由于年龄较小的青少年正处在社会化的起点，心理和生理特征也处在急剧变化之中，而这个群体同时又是社区未来的“接管者”，所以，社区的物理基础和生活实践对青少年的塑造在影响其心理发展和社会化进程的同时，也会决定社区未来的品质，这个品质既涉及物质层面，也涉及精神与人文层面。于是我们可以看到一个环状的关系链：第一，社区需要大部分成员具有公共精神和相应的行动力，借此凝聚出具有建设意义的社区共识和社区文化，进而可以为更加宏大的社会发展输出最基础的社会单元——健康和谐的社区；第二，借助社区公共资源和专业社工服务，可以实现青少年社群的建立与培育，使更多的青少年成长为合格的社区成员。总之，在社区视角下，青少年教育对社区的成长具有深远意义，而社区本身同时又可以实现青少年教育的功能。

本书尝试在这个视角下来研究青少年的成长之路，以“亲社会行为”为切入点，通过对几类青少年群体现状的考察，探讨了如何通过亲社会行为干预来提升青少年自我与社会能力，并促进其健康成长。亲社会行为是个体在整合自我和外部世界的过程中逐步发展出来的一种积极反应模式，在学校场景下，亲社会行为更多地体现在同龄学生之间的积极互动，以及群体文化的适应和群体规范的习得与遵守等方面；而在社区场景下，亲社会行为在不同家庭、不同社会阶层甚至不同民族和信仰团体之间发挥了黏合剂的作用，因而可以更好地提升未成年人的社区感知，实现社区融合。以上两个场景下的亲社会行为对于青少年的成长而言都具有重要意义。本书将在业已成熟的学校亲社会行为干预的基础上，继续探讨社区视角下的亲社会行为干预方法，一方面既是对学校干预模式的拓展与延续，另一方面也试图充实亲社会行为理论与实务研究的整体框架。

本书在写作过程中得到诸多师长和合作伙伴的支持，书中部分章节中的内容来源于本人的硕士和博士学位论文，全书的构思与有关的实证研究亦得到导师寇彧教授的悉心指导；由寇彧教授主笔、本人参与合著的《青少年亲社会行为促进：理论与方法》一书着重探讨了学校亲社会行为的概念表征、影响因素、心理机制、测评工具和促进策略，因而是本书得以成形的重要基础。此外，本书第一章关于流动儿童社会适应的问卷调查是与广州大学社会学系的孙元老师及胡蓉老师合作完成的，后期由本人执笔撰写；第二章关于青少年手机依赖的问卷调查是与太原市财政金融职业学校的张丽敏老师合作完成的；本书第九章与亲社会行为干预有关的小组社会工作是在本人的设计和指导下，由广州大学广大社会工作服务中心的许婷婷、陈英娇和蔡紫稀这三位一线社会工作者主持开展的，同时由广州大学社会工作专业2013级徐佩心、刘敏玲、廖帆三位同学担任社工助理；第十章的干预课程修订与验证工作是由刘敏玲同学在中山独立主持完成的。本书涉及的调查与干预实务得到广州市黄埔区泰景中英文小学和横沙小学，以及中山市西区妇联、中山市阜沙镇牛角小学的大力支持。在此一并表示诚挚感谢。最后，感谢全国教育科学“十二五”规划基金和广州市社会工作研究中心对本书的出版资助。

是为序。

张庆鹏

2017年7月3日于广州麓湖鸿鹄楼

目　录

第二篇　亲社会行为的理论概览

第三篇　社区视角下的青少年亲社会行为

第四篇 青少年亲社会行为的社区干预实践

绪 论

引 言

“青少年”是本书出现频次最高的一个术语。笔者对青少年及其所在群体的关注来源于近十年来在这个领域所从事的相关研究，同时也来源于在此期间所观察和接触到的不同类型的青少年群体。相比冰冷的调查或实验研究数据，鲜活的个体经验在帮助人们理解变革时代的青少年群体时可能更具连续性和真实性，也更加具有生态学意义上的说服力。在中国改革开放后30多年的社会变迁历程中，青少年群体的分类日趋复杂和多样，除了在基础教育体系中典型而常见的学生群体以外，还陆续出现了其他的群体类型，这些类型未必完全独立于传统的学生群体，而是在不同的维度上互相重叠、彼此共融。我们可以在这个复杂而多样的分类体系中找到三类典型的青少年群体。

第一类是“政策群体”，也就是由特定历史条件下的国家政策所催生的新群体，其背后隐含着鲜明的阶段性特征和背景独特性。比如一胎化政策下的独生子女群体，与之伴随出现的，则是在独生子女家庭的父母教养、亲子互动和个体差异特征等因素作用下出现的各种新现象，很多青少年被冠以“自我中心”“我行我素”或者“自利主义”的概括性表述（进而演变为可以快速描述其特征的简化标签）。但是，在这些表层现象背后发挥作用的宏观环境因素，以及引发相关行为的心理和社会机制则经常被人们忽视。

第二类是“身份变动群体”，指的是在快速城市化的结构性背景下，生于农村、长于城市或城乡接合部的“亦农亦商子弟”或“准城市居民子女”，伴随这个群体的还有“失地农民”“拆迁户”“农转非”等标签，这个群体在成长与适应中蕴含了个体在变动的社会结构中对于多重身份的动态整合，以及在接下来的城乡接触、传统与现代对话中所遇到的冲突和挑战。

第三类是“流动/留守群体”，包括在大规模、高频率的人员和物资流动背景下，随父辈往返于城市和家乡之间的“流动儿童/青少年”和由于各种流动性障碍（比如经济障碍、身份障碍和沟通障碍等）所形成的“留守儿童/青少年”，以及介于二者之间、需要频繁地在留守和流动状态之间进行切换的“小候鸟”（邵飞雪、张岩，2014）。他们所要面对的是身份转换过程中遭遇的尴尬和城市文化适应过程中无法回避的阵痛。

事实上，如果改变分类维度的指向，则又会发现新的类型。比如在教育规模扩大和经济转型加速的双重压力下，完成学业的青少年遇到无法就业的困境，进而权宜出“推迟结束青春期”以及“推迟离开校园”的策略，并泛化为群体性共识，生成了类似“啃老族”（张科，2008）、“蚁族”（江红艳等，2011）等城市新群体；再比如在移动互联网的背景下出现的新型网络社群，青少年在类似“贴吧”（姚小波，2010；魏杨，2007）、“粉丝团”（赵雪爱、赵玲，2008）等虚拟空间里重建了社会关系网络和相应的社会互动模式，进而生成了全新的亚文化和习俗。

可见，青少年群体正面临被重新定义和重新认识的新局面，单维的分类很难穷尽当下青少年群体的全部面貌，基于传统的“家庭－学校”范畴下的心理发展背景也难以全面覆盖青少年群体的生活轨迹和成长环境。这些被冠以不同群体标签的青少年大多经历了自身成长轨迹和宏观社会变迁进程的重叠与交互影响，而其背后宏大的社会背景又赋予他们产生共同知识和经验的基础，这些基础来源于全球化潮流下的文化间互动、融合，以及由频繁互动和深度融合而导致的相互影响与相互适应的整合状态，同时也来源于在全球化的压力或动力作用下所出现的本土化努力，甚至包括“逆全球化”（Starr and Adams，2003）的趋向。凡此种种，诸如全球化和本土化、经济变革、环境中的影响因素、发生机制等心理与社会变量使得这一代青少年不得不经历一个前所未有的多元化成长环境。青少年集体成长的图景折射了变革时代的真相，并不断促动教育实践的改良。这可能也正是当下研究青少年群体的意义所在。作为本书的绪论，本文将探讨青少年群体的社会再认（从问题取向下的“关键当事人群体”到发展取向下的“社区成长群体”）、青少年群体的发展性危机（“无权处境”下的心理社会发展困局）以及青少年发展任务的确认与实现（基于亲社会行为的内部养成和外部干预），借以勾勒出本书围绕青少年心理社会发展的成长路径而构建的基本框架。

一　重新认识青少年：从“关键当事人群体”到“社区成长群体”

青少年正处在生理发育、心理发展和社会化进程的重要阶段。在这个阶段，青少年在不同层面上都会表现出或体验到各种各样的矛盾。在个人层面上，生理的成熟使他们看起来越来越像成人，而与之相对应的心理晚熟则让人觉得这只是一群“个子很高的孩子”；当我们将视野投向社会化层面时又会发现，他们的自我概念越来越清晰，他们的自我认知逐渐觉醒，他们开始带着强烈的动机去寻求自由行动的机会与场合，并从中确认独立的个人价值体系，但与之矛盾的是——他们的经济没有独立，成人世界的社会阶层系统也不会给他们提供正式的位置。这些矛盾给青少年带来许多困扰，并体现在思想和行动的方方面面。

由于这个时期具有“发展特殊性”，身处其中的青少年总会成为不同场合的“关键当事人”，他们经常会成为家庭的中心（即亲子关系框架的中心）、学校的焦点（即教育和干预的焦点）、社区的重点（即社区服务的重点人群）以及学术研究成果中的关键词（发展与教育心理学、青少年心理健康与教育以及青少年社会工作等研究领域关注的重点人群）。无论是在家庭教育领域、学校教育领域还是社区服务领域，甚或是在学术研究领域，“青少年”都是一个重要的议题。这个议题在有些场合所指代的是一个群体，也就是显而易见的这个年龄群体；而在另外一些场合，“青少年”则被指代为一种现象，或者是一类问题。

从成人的视角来看，青少年是一个充满问题的群体，这个群体经常被描述为“追逐时尚”、“叛逆”、“挑衅道德”和“自我中心”等。在过去的一百年里，随着工业化的推进和现代社会成熟度的提高，青少年被置于一个高效而简化的话语系统中，其中充斥着大量具有高度概括性和抽象性的表述，这样做的结果是，原本具有很强的内部异质性的青少年群体被其中的典型成员和典型行为所“代表”，进而被归纳为具有概括性意义的一般经验。当这种经验与媒体描述相结合之后，“认为青少年不好的观念先入为主地进入成人的短时记忆”（约翰·桑特洛克，2013：11），这就使得针对青少年及其发展的社会共识出现了客观性危机。于是研究者会提醒我们：小心被刻板印象（stereotype）所蒙蔽！Joseph Adelson（1979）将上述话语体系中常见的表述称为

“青少年概化缺陷”（adolescent generalization gap），这个概化的观念指的是“仅仅基于青少年群体中某些有限的、明显的信息而对青少年进行的概括”（约翰·桑特洛克，2013：10），这其实也是关于青少年的各种刻板印象之所以流行的原因。无论是家长、教师还是社会大众，基于成人视角的概化观念对青少年群体的勾描都很可能是脸谱化和简单化的。视角的偏差引发了认知偏差，进而影响了对待方式，这使得“关键当事人”及其所在群体的重要性带有浓厚的“旁观者建构”的色彩，同时也给我们全面、准确地理解青少年群体带来了困难和挑战。鉴于此，我们需要在一个更为多元化的视角下来认识和理解这个群体，这样既有助于学术研究者基于更为全面深入的材料和信息去探索隐含在青少年个体和群体行为背后的心理社会机制；同时也有助于教育实践者在制定和实施青少年道德教育课程时，可以援引到更多的学术资源。

在基于学校、家庭和研究者的“旁观者建构”平台以外，拓展多元化视角主要涉及两个层面的内涵。第一个视角是基于青少年群体的“关键当事人视角”。站在青少年的角度来看，离经叛道的行为、古怪奇特的穿着、惊世骇俗的言论以及各种不切实际的想法背后其实都存在合理性逻辑。这个逻辑中最重要的内核就是：适应。面对成长和发展过程中出现的各种冲突与矛盾，青少年要理解这些现象存在的意义，并且努力在内涵相反的意义之间寻求和解，这是艰难的，但也是必须经历的适应过程。青少年期的心理和社会适应涉及他们应对不同领域的挑战时所采用的策略，这些策略可以帮助青少年完成一系列关键性的发展任务。首先要应对的是伴随生理成熟和认知及情感能力的不断提高而出现的自我觉察、自我建构和实现自我同一性的挑战，进而发展出清晰的自我意识和健康的自尊结构；其次要应对从家庭进入学校、从亲子关系走向同伴关系和师生关系的过程中出现的人际交往与关系营建方面的挑战，这个层面上的良好适应则会帮助他们更好地理解风格迥异的交往对象，并能娴熟切换于不同的关系结构之间；最后还要应对从同伴群体社会化迈向公民社会化过程中出现的挑战，进而实现个体与群体、自我与社会规范以及个人生活和自然界生态圈的和谐相处。上述三条挑战与适应并进的路线反映了青少年在个性、社会性发展以及健康人格和公共精神的养成过程中需要完成的发展性任务，这些任务的完成会影响其成年之后的社会认知风格、问题解决策略和社会互动模式，甚至会在群体层面上塑造社会成员总体素养的基本面和人文底色。总之，在“关键当事人视角”下，青少年群体表现出来的行为特征和问题模式具有其内在的适应性逻辑，他们在完成自我认识、同伴关系建构和同伴群体认同的同时，也在不断寻求内在自我和外部世界的平衡与和解，努力保持心理和社会适应的成效与品质。这一点其实可以给那些困扰于各种“问题行为”和“问题群体”的青少年研究者与一线的青少年工作者带来积极的信号，这会启发他们不再单一地关注表象的问题，而是基于对青少年自身发展特点和心理需求的了解去寻求问题背后的内在适应逻辑。事实上，如果这种转变真的发生了，这对于青少年来说也是很宝贵的积极反馈或暗示，因为教育者表现出来的善意反映了他们姿态的变化，这种变化将青少年置于被接纳和被尊重的地位，并能够预期他们在心理发展路径上的良性变化和积极前景。

第二个视角则涉及基于学校和家庭以外的宏观环境。环境是一个抽象而宽泛的概念，我们最关注的是和青少年成长密切相关，以及青少年自身密切关注的环境类型，即“社会微环境视角”（辛自强，2007）。与青少年真实社会生活密切相关的社会微环境包括其随时接触的游憩、消费、娱乐等场景以及固定生活的社区等生活环境，其中涉及现代社会的政治、经济、人文等诸多领域的要素，此外还包括社会情境以外的和人类生存与发展密切相关的自然生态环境。社会微环境所提供的具有物理特性的空间区域使青少年个体可以直接参与其中，并与他人发生频繁的互动；社会微环境可以为青少年提供情绪调节、形成和表现同伴群体文化的场所与空间，并在青少年身心发展、品格养成、健康人格的培育以及群体社会化等方面发挥重要作用（辛自强，2007；张丽等，2007；池丽萍等，2009）。青少年是社会和环境得到长期、可持续改善的重要的利益相关者（critical stakeholder），作为下一代的青少年是人类社会过去和现在对环境所犯下的错误的承担者。因而青少年群体在这个层面上被赋予了许多积极的预期。在社会微环境的视角下，青少年不是“等待被解决的问题”，也不是“随时可能爆发的火药桶”，而是一个快速成长中的群体，其中蕴含着社会议题参与和社会行动实践的潜在力量，在基于不同年龄群体的成员组成的社会结构中，青少年表现出的稚嫩、冲动、不成熟等特质恰恰可以被理解为他们在成长和社会化过程中的“群体性最近发展区”。换言之，这个富含潜力的提升空间是合格社会成员养成过程的必经之路，同时也反映了心理教育和社会工作的专业使命与实践逻辑。这就意味着在诸如社区营建、社会改造和提升、生态永续发展乃至社交文娱等社会微环境议题下，青少年群体可以潜在地成长为具有独立、自主调节和自主适应的成熟社群，这样的社群是未来组成健康社会和造就文明国家的重要基石。

综上，为了探索青少年成长和教育的相关议题，我们需要重新认识青少年及其所在的群体。“当事人视角”下的青少年群体充满了主动适应和自主调整的活力，并在群体互动的过程中释放出了积极的发展性诉求；“社会微环境视角”下的青少年群体则是一个成长中的公民社群，其中涉及社会单元建设的要素，蕴含了革新当下和创造未来的潜力。这两个拓展性视角折射出青少年成长的内在和外在逻辑，这会启发学校、家庭和社区在青少年教育议题中找到更有价值的反思通道。而如何将这两个视角所涉及的内容整合到学校、家庭和社区，针对青少年形成社会教育框架，进而使青少年得到更为全面、系统的影响和促进？这也正是本书所要探讨的核心内容。

二　当代青少年的危机与挑战：“无权处境”下的心理社会发展困局

在重新认识青少年的基础上，我们可以在社区整合的视角下完成针对这一群体的社会再认识，从而为接下来探讨青少年群体的发展性危机铺设一条更为系统而全面的理论和实务通道。这里的“探讨”涉及理论或实证研究者对“危机”的识别、澄清和机制确认；也涉及实务研究者和学校教育一线工作者基于理论或实证研究成果而开展的与危机干预有关的课程。针对青少年发展性危机的表现形式、影响因素和生成机制所进行的社会观察和实证检验可以为更具针对性和实效性的教育干预实践提供非常重要的学术支撑，而在教育一线通过干预实践而积累的经验也会反哺到学术研究领域，使得相关学者能够更好地接触到鲜活的研究现场，更清楚地了解和探索青少年的心理发展规律。因此，我们有必要分层次、有系统地去了解青少年的发展危机及其内在的生成逻辑。

（一）系统环境中的青少年发展危机

成长中的青少年不可避免地要面对很多危机与挑战。这些危机的类型复杂而多样，具体涉及辍学、物质使用与成瘾、少女怀孕与危险性行为、反社会行为、青少年犯罪和青少年团伙、校园暴力以及自伤和自杀行为等（麦克沃特，2009：16；江光荣等，2011）。这些危机与家庭、学校和社会环境中的特定因素有关，其中，家庭因素涉及家族网络的衰落、家庭经济压力、家庭功能失调、有问题的养育方式等；学校因素涉及与学校教学效果有关的阻碍性变量、学校和班级等教育结构的问题、择校的问题以及课程的偏差等；社会环境因素则涉及贫困、福利政策、家庭社会经济地位、人口健康问题以及阶层及其差距等。这些危险性因素在青少年发展的不同阶段产生并发挥作用，同时为青少年寻求自我提升的努力和教育者实施外部干预的努力带来了不同程度的挑战。麦克沃特（J. J. McWhirter）在其著作中用生态学的观点来概括危机中的青少年，并用“一棵树”的比喻来呈现青少年所面临的系统性危机：滋生危机的“土壤”是“社会经济地位、政治实体、经济氛围和文化习俗”等结构性因素，以及“城市化、贫困人口的女性化、暴力和恐怖主义的威胁……”等变化性因素；“树根”是家庭、学校和同伴群体，它们会作为某些危险状况的潜在根源和中介因素来对青少年的发展产生影响；“树干”是由青少年的“特定行为、态度和技能”组成的，这些与稳定的个人特质有关的成分会在危机因素中由“树根”传递到“树叶”，进而生成危机后果。麦克沃特指出，这棵树能够长出最具危害性的五种果实，也就是五种最严重的危机：辍学、物质滥用、危险性行为、犯罪或暴力行为、自杀；“树叶、果实和花朵”是指青少年实际的社会适应状况，它们和树枝的传递过程紧密联系，在结果层面上涉及健康而发展良好的适应状况，或者是受挫的和不健康的非适应状况，我们亦可将这个开枝散叶的状态理解为这个系统运行下的“结果变量”。负责对这棵“危机树”进行修剪、浇灌和诊病的“园丁”则是指那些与青少年密切相关的岗位或职业，比如教师、心理工作者、社会工作者以及医生和律师等。他们会分别根据自己的职业分工和专业特点，或者去改良土壤（由社会工作者负责），或者去优化树根（由学校教育体系负责），或者去保护树干（由心理工作者负责）（麦克沃特，2009：16－19）。

“一棵树”的隐喻形象而深刻地揭示了青少年发展性危机的结构及其内在生成过程。这个理论最大的特点是强调青少年问题的系统性，避免了针对局部现象所进行的不完全或不准确的归纳（比如未能全面考虑源于树根的结构性因素，忽略了家庭结构、功能和关系框架与青少年问题行为的关联，而将表象的问题归因于青少年内部特质、禀赋或个人努力不足等）；该理论还重视危机因素在形成和发展过程中的连续变化特点，突出发展性危机从树根到树干，再到树叶果实的输送过程，这一过程反映了某些特定的问题从无到有、从弱到强的生成逻辑，克服了静态视角下分析和解决问题的局限。更重要的是，这一隐喻将青少年以外，但与青少年发展密切相关的重要他人（父母、教师、心理咨询师、社会工作者以及青少年教育政策的制定者和管理者等）也纳入了进来，并且将其定义为影响危机生成和发展的“关键角色”，换言之，树叶和果实以外的部位也是青少年危机的重要组成部分。

但是，麦克沃特基于这个隐喻所提出的青少年危机理论尚存在进一步提升的空间和可能。第一，除了“土壤”以外，还有很多更加宏观的因素也会影响到青少年危机的产生，比如“温度、湿度等气候条件”，再比如“水分、肥料等资源条件”，这些条件所隐喻的其实是与青少年生活环境距离较大，但依然会对其产生影响的远端因素；第二，高危的结果变量之所以产生，除了与同一棵树内部各要素组成的系统有关（ingroup-system），还和另外一个关键要素有关，也就是树和树之间的关系以及基于这些关系所组成的更为复杂的群际系统（intergroup-system）。对于青少年而言，这就涉及青少年所处的宏观社会环境，而且是在概念水平上高于经济氛围或文化习俗的“文化间”因素。比如个体在跨文化或跨群体层面上基于社会比较而产生的相对地位感知，反映了他们在社会空间或群体空间内的相对位置（实际所处的以及感知到的阶层和社会地位）上所能够获取的相对资源，以及被系统所赋予的相对权力。对于危机中的青少年而言，导致其消极适应的一个重要原因是个人在上述复杂系统中的权力被削弱、缺失甚至消除。

在此启发下，我们可以基于“一棵树”将青少年的危机置于一个嵌套的系统中加以理解，这个系统涵盖了与青少年发展密切相关的环境要素和个人要素。环境要素可以延伸至最远端的文化、习俗以及文化间或群体间的互动层面上；而个人要素则可以更加细微地触及所拥有的发展性资源和个人权力等方面。在微观层面上，个人基于群体认同和群体归属而进行的社会比较，并由此获得相应的地位感知和权力感知，而这些感知是缺失还是增强，则与青少年心理发展及社会适应的走向密切相关。因此就很有必要从权力视角出发来探讨青少年的危机及其应对策略。

（二）权力视角下的青少年危机类型

从权力与个人发展的关系而言，青少年的发展性危机与其“失权”的过程和“无权”的处境之间存在密切的关联。相比心理学（尤其是以北美心理学为主流的科学心理学）对个体内部特征的独特性以及个体间差异的关注，个人权力的观点强调人与环境的相对关系，以及基于这些关系所组成的有机整体，因而更趋近于社会工作的专业视角。陈树强（2003）指出，在社会工作专业看来，个人在系统中的权力涉及满足自身需要的能力、个人匹配与适应环境的能力、个人能够影响资源在不同系统中分配的能力等（Gutiérrez et al.，1995）；此外还涉及由现实权力处境所激发的特定权力感知，包括自我概念、自尊感知、幸福感和重要感等（Hirayama and Cetingok，1988）。如果缺乏上述能力，即没有对自己生活空间施加影响进而提升自我收益的能力，并且体验不到充沛的权力感知时，就会出现“无权”的处境。这反映了个体在特定条件下的物质资源（包括衣食住行和金钱等）和精神资源（积极的自我认知、良好的人际关系和健全的社会支持网络等）中至少缺失其中一种或双重缺失。更严重的是青少年内化了这种客观上的无权处境，对于侵害他们的社会系统感到无能为力，进而产生无助性内归因。无权处境是青少年适应不良、问题行为等危机出现的重要诱因，这种处境会基于复杂系统中的“树间比较”和“资源分配困局”而对“树叶”和“果实”产生了缓慢、持久却可能是致命的消极影响。

无论是家庭中的父母、学校中的教师还是社会服务系统中的社会工作者或心理咨询师，都应该对最容易遭遇无权处境的青少年群体加以重视，并能够快速准确地对他们进行识别和确认，进而有针对性地实施干预。因此，在权力视角下审视青少年的危机管理，核心任务是要对这些潜在群体进行区别。这也是本书在探讨青少年发展性议题时需要完成的重要任务之一。

相比学业成绩在中等及以上、生活环境相对稳定的普通青少年而言，学校评价体系中的“问题青少年”更容易面临“无权”的境地。无权意味着缺乏对自己的生活空间施加影响的资源和能力，这里的资源更多的是指物质以外的无形资源，包括积极的自我概念、和谐的人际关系以及坚实的社会支持网络；而这里的能力则反映了青少年个体在个人发展、同伴关系、群体适应等方面的自我控制边界，在这方面表现出的能力可以使青少年掌握更多的影响其生活空间和发展取向的权力，而在这方面表现出的能力缺失则会使青少年更多地出现无权感知，进而对其心理和社会发展带来消极的影响。可见，上述资源和能力的缺失是造成所谓的问题青少年遭遇无权处境、走进发展性困局的重要原因，这同时也是青少年社会工作和心理辅导的重要切入点。具体来讲，青少年的“无权处境”与三方面的环境变量以及在这些环境中生成的增权障碍有关。

第一是可能会加剧无权处境的学校语境（即来自学校评价体系的“官方标定”），学校的评价体系以及基于这个体系所形成的话语环境将一部分青少年标定为“低学业成就”“规则和纪律的破坏者”，使其缺乏一种基于权威认可、身份认同和同伴群体接纳等角度所产生的“重要感”，学校管理中对学生进行标签式的分类，并区别对待，使这部分青少年要面对低自尊、消极的人际关系和弱的社会支持网络，最终产生了无权感知（sense of powerlessness），这种感知在内化的过程中，通过个人和环境的互动被建构为稳定的模式，个人就会把自己看作无权的，并进一步加剧低自尊倾向，增加了处境的困难。

第二是多变环境下的流动性因素所造成的结果，对于这部分青少年来说，他们要面临的是（随父母）频繁的流动所伴随的适应性要求，也就是要经常面对全新的生活和学习环境、全新的同伴社交环境，以及来自这些新环境的偏见、歧视、排斥甚至是攻击性反应。以外来务工人员的子女为例，作为当代语境所标定的“流动儿童”（周皓、章宁，2003；蔺秀云等，2009），他们面对多变的环境所能控制的内容是极其有限的，对于社会资本等无形资源的心理控制点在社会互动过程中遇到内化障碍，因而更容易出现无权感知。主流教育体系针对流动儿童的命名和区分在客观上强化了语境标签背后的制度性区隔，使得针对这类青少年的增权实践遇到制度和操作层面上的障碍。本书第一章通过对珠三角某市打工子弟小学的调查，深入探讨了流动儿童群体的现实处境和社会适应现状。

第三是环境变量随着青春期的演进所造成的结果。困扰“差生”和“流动儿童”的问题得不到及时、准确的干预，这些青少年可能会自发寻求无权处境的突破，或可将其视为一种发展性困局下的“自我增权”尝试，但此时最容易出现的问题是“自我增权路径下的策略迷失”，也就是不合理的自我增权。青少年的自我增权策略会因时代和文化背景的不同而表现各异，典型的策略是加入游走于“街角社会”的青少年帮派，通过认知调整、行为依从和情感认同来换取另类群体的接纳，并从中补偿缺失的归属感、安全感和群体身份认同。“街角社会”的说法来源于威廉·怀特（William H. Whyte）的《街角社会——一个意大利人贫民区的社会结构》一书，我国学者也曾探讨过中国城市背景下的“街角社会”（马德峰、李梅，2002）。在针对青少年社会性发展的学校或社区干预缺位的情况下，青少年向街头帮派的转向会进一步加深其和主流体系之间的撕裂，并逐渐减小甚至消解被后者谅解和接纳的可能。可见，这种旨在实现增权目标的自发性努力是青少年在不利处境下的防御性反应，但如果缺乏强有力的支持和正向的引导，这种努力同样有可能使青少年的问题处境向负面方向加剧。“官方标定”系统会针对这一类寻求自我增权的青少年给出新的界定（比如给他们贴上“堕落少年”“社会青年”的标签），结果会进一步恶化无权的处境，并在客观上给青少年的自发性增权尝试设置了新的障碍。

在移动互联网全面普及的今天，街头同伴群体已不再是青少年寻求社会支持的唯一资源。在现实世界，遭遇无权处境的青少年找到了另外一个自我增权的策略，也就是在虚拟的网络空间寻求归属、接纳并借此提升自尊水平。尽管在虚拟的网络空间可以提高无权处境下的控制感和自主性，并弥补群体认同的缺失。但是这种策略的风险在于加大了青少年沉迷于虚拟网络世界的机会，并出现新的问题，包括网络成瘾、手机依赖等。研究者发现，青少年对网络世界的沉迷与其低学业成就、消极人际关系、低自尊、社会排斥等消极因素有关（陈侠等，2003）。而随着研究领域和学校的教育实践将视线聚焦于这一问题，“网瘾少年”和“手机依赖青少年”等称谓被用来标定行为表现上具有相似性的青少年群体，这种不顾及个体差异的群体性标签同样给青少年在自我增权的路径上带来各种困难和障碍。因此，从自发性增权的逻辑来看，青少年的网络转向依然是弊大于利、代价大于收益的。本书将在第二章围绕青少年手机依赖的现象，对影响手机依赖的因素进行量化分析。

总之，青少年的无权处境及其自发或被动生成的应对策略都有可能产生消极的后果，这就需要外界在不影响其独立发展的前提下，对其施加必要的引导或干预。在社会系统的视角下，针对危机中的青少年所进行的引导或干预是系统性增权的必要手段，也是家庭、学校和社会机构的重要教育使命。而如何实现无权处境下的危机干预，现有的学校教育框架是否还可以继续满足青少年心理和社会发展的要求，如果要对学校框架进行补充和拓展，方向在哪里？本书将围绕这些问题展开讨论，将“亲社会行为及其促进”纳入青少年心理和行为发展的引导或干预框架中来，并探讨已有的学校亲社会行为干预向社区亲社会行为干预进行拓展的理论与实践可行性。

三　亲社会行为的内部养成和外部干预：教育促进成长的双向整合模式

（一）如何通过教育促进成长：介入内容和形式

尽管危机无处不在，但对于成长中的青少年而言，环境中的积极因素和消极因素其实是并存的。片面强调积极因素或片面强调消极因素的做法都是不客观的，因为参差不齐、好坏并存的环境是每个人成长与发展画卷上的正常底色。一方面，促进青少年健康成长的保护性因素既有可能为其设置一个具有支持功能和补偿功能的安全港湾（金灿灿等，2011），也有可能成为阻碍其自由想象、制约其培养创造能力和创新精神的限制性框架；另一方面，所谓阻碍青少年发展的危机或破坏性因素既可以被看作导致社会适应不良或偏差行为的诱因，也可以被理解为一种帮助青少年提高危险情境的识别能力，使其更好地适应社会真相的“经验教材”。从这个角度来看，积极心理学家们所倡导的“乐观的人性观塑造下的积极环境”或者“基于乐观态度而选择的积极环境”（彼得森，2010）对青少年发展历程中的保护性因素和破坏性因素具有同等的包容性。这就提示教育者要基于灵活而多元的视角去看待危机中的青少年，在实施具体的教育方法时能够在保持“适度克制”的基础上，做好“转化”和“适应”这两门功课，也就是在危机中寻找积极因素并将阻碍发展的危机转化为促进发展的契机，以及帮助青少年适应多元混杂的社会生态环境，从而能够拥有更充分的准备和更强的抵抗逆境能力去面对潜在挫折与困难。这里所谓的“适度克制”是指在实践积极心理学理念时要避免滥用乐观性原则，防止由于过度强调积极因素而削弱甚至扭曲现实。

在重新审视青少年群体并梳理他们所面临的各种危机处境时，我们会进一步发现，教育促进成长并不是一件简单的事情。自上而下的灌输思路明显是不合理的，因为这可能会带来有偏差且是武断的“官方标定”，使特定群体中的青少年面临失权的境地；自下而上的自我增权实践则可能由于引导不足而使青少年进一步滑向迷途。合理的教育应该在内部养成和外部干预之间寻求有效的平衡，进而最大限度地减弱（外部的）武断性或（内部的）随意性带来的消极影响。

那么，教育促进成长的“正确打开方式”到底是什么呢？这里未必有标准答案，但也并非完全无章可循。事实上，对于青少年而言，具有正面内涵的、具有积极意义的一套规范体系的习得与内化是至关重要的。这套规范体系涉及如何认识和界定自我，如何处理自我和他人以及自我和世界的关系；还涉及个体在特定场景下对群体内外绝大多数人们可能持有的信念、思想和价值观以及可能表现出的言行的预期、感知和判断。青少年认同的规范体系中有相当大的一部分内容与群体公认的“好行为”或“好品质”有关，这种积极的取向反映了规范对个体的正向引导作用，因而在个体行为塑造、品格养成和健康心态的建立与维护等过程中可以发挥重要作用。这套规范体系是基于平视的角度而逐渐生成的，也就是在青少年群体内部基于频繁的同伴交往和内群体互动而形成的，这个角度既不是来自成人世界的灌输，也不是来自单一个体无序化的探索，而是特定文化和社会发展背景下的青少年集体互动的产物，因而也会最终成为青少年亚文化的重要组成部分。

因此，对青少年群体“规范”形成的合理引导和协助，可以作为教育促进成长的重要切入点。这里的一个关键问题是，如何用一种最合适的形式来完成教育的介入？第一，介入的内容要充分考虑到青少年群体的基本特征、基本需求和基本规律，既能做到有所促进、有所成效，同时又能保证润物无声，也就是不破坏青少年发展的基本节奏和群体自主性；第二，介入的方式要尽量避免与学校已有的德育或心理健康教育框架重叠或重复，最好能做到“第三方介入”，也就是寻求与升学、就业等“利益不相关”的介入力量。这样可以确保教育促进成长的介入体系能够在一个相对独立和纯粹的环境下发挥作用。

鉴于此，本书提出了“基于社会工作服务平台的亲社会行为干预策略”，这是基于作者及其所在团队围绕青少年亲社会行为所进行的学术研究经历以及在学校社会工作一线的督导与实践经历中提出来的。这些经历给“教育促进成长”的现实诉求带来了丰富的资源和启发，首先，亲社会行为反映了青少年自我和社会性发展的积极状态，其中蕴含了成熟的自我意识、积极的人际关系和健康的群体适应能力，与上文提及的“青少年群体规范”在内核上存在诸多相通之处，因而是青少年群体规范形成路径上的实践性载体，也是内群体文化的重要实现形式，亲社会行为可以作为教育促进成长的主要介入内容。其次，以亲社会行为体系为基础所设计的干预课程可以很好地实现上述愿景，亲社会干预的可靠性和有效性已经在以往围绕德育和心理健康教育课程所开展的学校干预研究中得到支持或验证（王磊等，2005；寇彧、王磊，2003；杨晶等，2015）。最后，本书将在此基础上探讨“第三方”意味着更为浓厚的社区干预模式，也就是在社区框架内基于社会工作服务的渠道来进行亲社会行为干预，对于学校干预和社区干预两种模式的整合，可以为教育促进成长的介入方式提供更为多元化的选项。

在上述整合模式中，亲社会行为及其干预被赋予了新的内涵，一方面这些内涵对原有的亲社会行为理论指明了新的演进方向和扩展目标；另一方面也能够在此基础上更好地回应教育促进成长的实践诉求。

（二） 亲社会视角下的“青少年发展之问”

具体而言，如何在亲社会行为的“学校－社区”整合干预视角下实现教育促进成长的目标呢？我们首先需要回到青少年群体中去，了解他们在特定阶段的心理发展任务。

在儿童走向成人的过渡时期，青少年需要在特定阶段完成诸多发展性任务，这些任务涉及如何认识和理解自己，如何更好地巩固或重塑其在不同关系框架中的权力地位、角色认同和适应状况，以及如何学习并掌握群体生活乃至社会生活所必需的规范和价值观，最终成为特定文化下的合格成员。在完成这些任务的过程中，青少年需要积极面对并解决的问题是，如何在无权或失权处境下实现增权，如何协调角色混淆以及如何在家庭、学校和社区环境的动态变化背景下调整应对策略，最终实现良好的适应。

在青少年发展和青少年教育的理论视角下，上述内容可以被提炼到自我发展任务、人际发展任务和社会发展任务三个层面上来。从外显行为的角度来看，这三个层面的发展性任务暗合了青少年亲社会行为的基本概念表征结构。也就是在亲社会行为的“利他－特质－关系－遵规公益”四维度结构中，以利他性维度为线索而拓展出来的三个亲社会提升议题（张庆鹏，2007），其中涉及利他型自我特质的提升（对应自我发展任务）、利他型人际关系的建立与维护（对应人际发展任务）以及对群体规范和公共利益的遵从与维护（对应社会发展任务）。亲社会行为来自使他人获益的纯利他动机以及提升个体自我价值和社会价值的自我服务动机的驱动（张庆鹏、寇彧，2012），其行动后果则反映了个体自身积极品质和自我价值感的提升、自己与他人和谐关系的提升以及社会公共价值感的提升（寇彧、张庆鹏，2006）。换言之，亲社会品质培育和亲社会行为习惯养成可以在心理和行为层面上帮助青少年更好地完成上述三个层面的发展任务。亲社会行为的内部养成和外部干预由此组合而成为青少年成长的双向整合路径，这条路径在学校德育的框架内已经被证明是有效的（杨晶等，2015）。

这个三层次的发展模型适用于我们所观察到的各种青少年群体——包括家庭社会经济状况良好、文化和教育资源充足、社区生活环境良好的“优势群体”，以及处于较低社会阶层、需要频繁流动以缓释生存压力、在获取文化教育资源与寻求群体接纳等方面存在较大困难的“弱势群体”。总之，青少年发展任务的完成是外界适度干预和青少年自身努力共同作用的结果，而任务的完成则同样受到发展主体和多层次环境的共同影响。在这个背景下，亲社会行为价值观的内化和亲社会行为规范的外部干预是上述发展性任务重要而有效的实现形式。因此，在重新认识青少年以及青少年群体的基础上，同时在亲社会行为研究的理论和实践基础上，教育工作者或父母应该继续思考的问题是，如何将亲社会行为作为桥梁，帮助青少年顺利完成其在这个阶段的特定发展任务？这个问题反映了如何通过教育促进成长的基本诉求，其背后隐含着成长主体对内部心理发展进程和外部干预作用的整合与内化的过程，因此可以将其理解为一种兼容了个体能动性和环境影响的双重作用下的“青少年发展之问”。

（三）学校背景下的亲社会促进之路

“青少年发展之问”开启了基于亲社会干预来介入“教育促进成长”议题的具体操作模式。在现有的理论和实践背景下，我们可以看到，亲社会行为是实现青少年发展任务的重要途径。在学校背景下的智育和德育框架是促进青少年亲社会行为的主要实现形式。

第一，在智育框架内[①]，中小学阶段的基础教育主要完成了一般知识的传递与共享，常规的基础教育所提供的是一个有秩序的知识体系，从而帮助青少年建立理解自然与社会的基本框架。与此同时，青少年也会在学习和内化这些知识体系的过程中逐步完成对自我的探索，并建立基于知识和能力感知的理性自我表征，其中的积极成分涉及与成就和能力有关的高自我效能与高自尊，而消极成分则涉及与低能力感知有关的自卑和低自尊等。理性自我表征及其背后的作用机制促使青少年完成了自我探索和自我认知的任务，亦即呼应了三层次发展模型中的自我发展任务。因此，学校的智育框架可以部分地实现亲社会促进的目标。

第二，在德育框架内，现有的做法日益重视受教育对象的道德主体性（寇彧，2007），强调基于青少年群体的视角来建构青少年认同的社会行为和群体规范。包括道德主体性在内的一系列新的教育观点使得学校德育不再局限于传递自上而下的价值体系，同时也不限于灌输完整而静态的行为规范，

① 事实上，尽管在发育层面上的青少年发展不在本书谈论范围之内，但要强调的是，在智育框架以外的生理和心理基础是不容忽视的，根据“伯克毕生发展心理学”中的认知发展理论体系，这个基础涉及皮亚杰的认知发展模式所描绘的儿童青少年期特征和变化图景，比如对具体和实际信息进行逻辑推理、等级分类和排序、传递推理、生成认知地图等。

而是更多地考虑到青少年自身的需求、动机和能动性。当前的学校德育融合了意识形态教育和更为具体的社会技能教育，后者包括智育框架以外的同伴交往、师生互动、同伴群体适应及社会化和公共道德等议题。学校范围内的社会技能教育部分地涵盖了青少年成长路径上的人际发展任务和社会发展任务，在不同年级之间流动的同龄群体和稳定的学校教育资源为这些任务的完成提供了现实的基础。当然，随着青少年在主体性德育框架内不断积累实践知识和行动经验，他们也逐步建立了基于人际关系和人文背景的社会性自我表征，其中的积极成分涉及与社会联结和关系质量有关的高能力感知与高自尊，而消极成分则涉及在此领域另一端的低能力感知和低自尊，比如人际沟通障碍、社交情绪问题、同伴冲突和内群体不适应等。

总之，与智育框架相比，学校德育框架正在青少年行为塑造和品行养成方面发挥越来越大的作用。德育框架涵盖了青少年的自我发展任务、人际发展任务和社会发展任务。随着教育框架内的专家群体和管理者群体将中小学生心理健康问题构建为清晰且迫切的教育和社会诉求，学校德育正越来越多地获得自上而下的支持，这些支持包括教育财政资源、教育政策资源和教育人才资源等。在青少年学业以外的发展性议题上，学校德育的主流地位日益稳固。学校德育可以很好地实现促进亲社会行为的目标，这就使得亲社会行为干预可以作为一个特定的德育板块嵌入学校教育体系中，并在其中发挥积极作用。

（四）从学校、家庭到社区：基于发展任务拓展与整合的亲社会干预新框架

但是，从现有的情况来看，尽管学校德育框架在青少年积极行为培养方面占据主导地位，但它依然存在一些局限，这个框架未必能够覆盖三大发展任务的全部内涵。如果将青少年的成长与心理发展历程延伸到学校以外的生活场景，比如社区、街道以及更为广阔的乡村、城市等社会空间，则会发现，在学校和家庭之间针对青少年发展任务所达成的共识依然是不充分和不完整的。这种缺失会促成青少年的负向发展，这反过来也说明在学校框架的基础上开展进一步的视角延伸是有意义的。在学校和家庭以外，青少年面临广阔的成长空间和巨大的发展潜力。如果教育和干预的关注点只局限于学校和家庭，则可能会制约青少年的成长空间和全面发展的潜力。

相比家庭和学校，诸如“街角”、社区等更为丰富的社会生活空间会在青

少年的自我探索、人际交往以及完整社会化历程中发挥不可忽视的作用，因而可以为更加完整的个人发展愿景提供多角度和多类型的整合性要素。但在学校和家庭以外的社会空间中，与青少年发展性议题相关的物质基础和影响因素却被长期忽视。其背后的原因可能和学术界的导向有关，因为发展心理学家们在探讨青少年的社会性发展时会更多地将重心落在同伴关系（主要涉及同伴接纳、同龄群体融入以及同伴间的友谊等）、家庭（主要涉及亲子交流、兄弟姐妹关系以及家庭环境等）和在校学业（主要涉及升学过渡、新阶段的适应和学业成绩等）等方面（伯克，2014：381）。与此同时，对青少年亲社会行为的研究也集中在学校的同伴群体范畴之内，并依托学校资源的优势，帮助校方向学生提供有组织、系统化、具有仪式性和目的性的亲社会干预课程。

在学术研究的导向下，青少年的发展性任务被框定在以学校（同伴关系）和家庭（亲子关系）为主的背景之下，并据此延伸出一系列与上述内容密切相关的心理与行为发展指标。这可能会导致教育实践领域不去重视青少年在学校以外的背景下所进行的个人发展努力，比如在“社会微环境所提供的具有物理特性的空间区域”内进行的探索和实践，以及在此过程中对自我和社会的整合（张丽等，2007）。事实上，对于主要依赖学校和家庭的青少年而言，这种整合同样是不可或缺的。在学校和家庭以外的社会生活背景中，青少年可以有更多的机会接触到与社会运行紧密相关的过程和要素，比如整合个人和社会的关系、内化市民身份与责任义务以及与此相关的社会预期和社会规范、学会社会团体的组成结构和运行规则，并能实际参与到社区管理和社区自治的行动中去。换言之，青少年也可以通过参与社会行动来习得不同社会团体的角色规范、通过与社区成员的交往和互动来向成人世界学习，并在此过程中完成对“社会我”的探索与建构。这表明，从家庭、学校再到更为广阔的“街角”、社区等社会生活空间，青少年的发展任务也需要进行纵深化的、立体化的拓展与整合，与此相对应的则是德育框架中内容和方法的拓展。

（五）社区背景下的亲社会行为促进

作为社会结构中的基本构成单元之一，社区可以向青少年提供比学校和家庭更为广阔的群体生活场景和社会互动机会，这会使青少年在社区背景下的成长与发展议题阐发出不同于学校和家庭的新内涵。在社区生活背景下，上文提到的青少年三大发展任务（自我发展任务、人际发展任务和社会发展任务）被赋予了新的意义，并且充实到原有的亲社会行为促进框架中，组成了亲社会行为社区干预的基本内容。

第一，社区背景下的青少年自我发展任务进一步体现和强化了“社会我”的内涵，社会化的自我建构任务涉及个人社会角色的生成、巩固和认同，以及个人角色和社会责任之间的协调与整合，自我发展任务可以对接亲社会行为干预中的“利他特质/自我提升”这一主题。“社会我”将青少年的自我概念范畴扩展到与其频繁接触的日常生活场景中，这就意味着青少年要在一个更大的范畴内进行自我建构。如图0－1所示，在“社会我”的建立过程中，除了要在个人生理和心理特征、兴趣、能力、信念、态度、价值观以及与重要他人的社会关系等范畴内建立自我概念，还需要在探索外部世界的过程中建立自我和环境的关系，进而完成自我概念由内部结构向外部环境的延伸。这里所讲的环境涉及与个人生活密切相关的事物或场景，比如住房、社区、学习和工作场所以及城市等，而“社会我”在这些场景中的建立过程则主要体现在以下几方面：（1）在“内在我”和“社会我”之间建立联结，比如将个人兴趣与社区组织或社区活动结合起来、将个人的态度体系投射到社区建设等具体事务中去、将个人的价值观体系反映在公益倡导、环境保护等特定议题中去，借此在个人和社会之间建立联系；（2）将个人的立场、决策和行动纳入自我认同的解释体系中，在个人与环境的互动过程中重新定义自我。比如“我是一个环保主义者”“我为自己的公共精神而感到自豪”等；（3）基于自我概念在社会生活场景下的整合而对个人的社会行动发挥指导作用，在诸如社

①我居住的房屋
②我的住房所在的小区
③我家小区附近的街道
④我所居住的城市
⑤我所在的省区
⑥我所在的国家
⑦黄种人居住的区域
⑧所有人类居住的地方
⑨所有动物生存的地方

自我的内部结构，包括生理和心理特征、个人兴趣、能力、信念、态度、价值观以及社会关系和社会角色等。

⑩地球生态圈
⑪我就读的学校
⑫好朋友就读的学校
⑬我实习的单位/公司
⑭家人工作的单位/公司
⑮我驾驶/我家的私家车
⑯我乘坐的公交车/地铁
⑰我常去的餐馆
⑱我常去的商场/超市

图0－1 “内在我”向“社会我”的拓展与联结，同时也完成了自我在社会性层面上的发展任务

区自组织、社会互动与社会参与的过程中为个人提供参考和依据，并通过行为后果的反馈来巩固或调整自我概念的内容和边界，最终实现自我的再社会化。对于青少年而言，社区生活实践为其建立社会自我提供了基础和资源，而在个人与社会互动，以及建立和巩固社会自我的过程中，青少年的自我发展任务也就同时完成了。

第二，青少年的人际发展任务在社区背景下也被赋予了新的意义和内涵。在学校和家庭以外的生活场景中，青少年获得了与来自不同年龄、不同阶层、不同职业、不同地域的人们进行交往的机会。社区背景下的同伴交往涉及学校和家庭以外的其他青少年群体，例如社区服务平台中的“430课堂”[①]可以把来自不同学校的青少年汇集于同一个社区内，这些学校在区域、地段、评级、规模以及校园气氛或学习风气等方面均存在差异，而在社区服务的专业语境下，这些差异得到消解与弥合，因为这套语境可以从上述纷繁复杂的差异中抽取出个体层面上的共同兴趣和需求，并以小组社会工作或中型/大型社区活动的形式加以实现。这就使得青少年的同伴关系框架得到扩展，其社会交往活动也超越了兄弟姐妹或同校同学伙伴间关系的范畴。此外，社区背景也为青少年提供了接触成人世界的机会，他们可以在社区互动的过程中参与到成年人的社会行动中去，比如加入社区的义工组织和志愿者组织、倡导或发起环保行动、组织和推进公益活动、参加特定主题的慈善活动等。在社会行动和社会合作的过程中，青少年一方面会在同辈之间建立不同于“学校同窗”的新型同伴关系，也就是带有浓厚的社会互动和社会参与意味的朋辈关系，这无疑是对青少年同伴关系框架内的社交内涵进行了很有意义的扩展和提升；另一方面也会和社区的成人建立特定的联结，在上述场合和活动中与成人合作、分享、交流乃至共同行动，这使得青少年成为社区共同体的一分子，青少年群体也就进而成为社区居民自组织的一支“关键力量”。总之，在社区生活背景下，青少年的人际关系框架得到扩展和提升，他们的人际发展任务被赋予了新的内涵，进而可以对接亲社会行为干预中的“关系提升”主题。

① 以广州为例，在提倡“为中小学生减负”的背景下，按照教育局的相关政策或规定，全市公立小学在下午4：30分之前放学，但很多学生家长在这个时间还没有下班（职工下班时间一般在下午5：30到6：30之间）。因此，一些社会工作机构在开展社区青少年服务时注意到这个时间差，以“430课堂”的名义将青少年组织到社区范畴内，借助社会工作的专业优势，通过学业辅导、兴趣小组、技能培训、社交互动等小组工作形式开展社区服务。

第三，在社区背景下，青少年的社会性发展任务也存在新的扩展空间，这种扩展是相对于传统意义上的学校和家庭框架而言的。（1）学校的基础教育框架首先强调个体的努力和意志，以及个体的潜能和成绩；其次强调青少年同伴群体的组内合作与组间竞争，重视同伴群体规范的形成以及对这套规范的共同认可、共同遵守与共同维护。在这个框架内，青少年的社会性发展折射出的是同龄群体的内部互动、基于这种互动所形成的群体亚文化，以及个体为了适应这种亚文化下相关的规范和约定而进行的自我调整和努力。（2）在多子女家庭中也存在青少年社会性发展的诉求，同胞兄弟姐妹之间的竞争、冲突、互助以及子女和父母教养之间的互动等行为一方面展现出了多子女家庭内部资源分配和争夺的现状；另一方面也促进了基于家庭内部互动而出现的同辈群体亚文化的形成。这其中包括一系列需要适应和内化的规范，比如兄弟姐妹为了减少敌对和竞争而努力增加彼此之间的差异，或者为了争取父母更多的资源投入而在家庭事务和学业方面互相帮助（伯克，2014：368）。

上述两个框架营造了一个系统有序的社会环境，并成为青少年社会性发展的基本依托和基本出发点，青少年可以在其中学会旨在实现社会适应的基本知识和技能，并完成针对习俗和文化规范的“濡化”（哈维兰等，2014：27）。但是在这个系统性环境之外还存在种类更为多样、内涵更为丰富的社会结构或单元，青少年在其中的成长路径和发展逻辑依然是不容忽视的。当青少年带着学校或家庭的文化规范进入社区时，他们所面临的是一套全新的系统。社区生活场景之于青少年社会性发展的意义主要体现在两个方面，第一是“公共”层面，青少年在社区公共事务和公共行动中获得了了解与熟悉社区结构、社区运行功能与机制，以及社区人际关系网络的机会，从而可以更快更好地学习与适应社区乃至社会的规范，进而更多地将公共意识和市民精神注入日常的社会行动中，成为培育合格公民的重要前奏；第二是“自然”层面，青少年在社会行动中更多地接触到与环境和生态圈保护有关的议题，并可以学习并体验个人与环境、社会与环境等多重嵌套下的互动知识，并在个人和环境之间建立认识和情感上的联结。当环境保护的议题被卷入公共行动中去时，上述两个层面就可以被整合到“亲环境”（pro-environmental）的视野之下，这个视野涵盖了人们在日常生活场景中对宏观层面上的环境保护和生态永续议题的关注、倡导和行动，而上述过程中必不可少的是自下而上的社群组织、集体行动和利益分享，这些都是环境议题之于公共性的具体体现。在本书所关注的青少年发展框架内，“亲环境”是“亲社会”的概念从原先的同伴群体范畴向成人社会、宏观环境范畴的拓展，因此可以基于亲环境的视角而整合出青少年社会发展任务的新内涵，而在这个领域的亲社会行为干预也可以就此展开。

四 本书框架

“青少年”既是一个根据特定年龄段划分出来的群体，也是反映人类身心发展急剧变化的一种特殊状态。相应地，亲社会行为干预的宗旨一方面要促进青少年群体向更大社会单元的融入，使社区团结和社会建设的目标涵盖到更为低龄化的人群中去；另一方面也要帮助他们实现良好的社会适应状态，使青少年个体能够发展出成熟的自我概念，借以获取个人成长的资源和能力，在人际交往和群体生活中发挥积极作用，并能从中持续获益。在这个宗旨的指导下，本书将围绕青少年在自我与人际关系、群体与社会以及规范与文化等不同层面上的发展性任务，探讨亲社会行为介入其中的意义与价值。全书共分为四个板块（第一篇到第四篇）。

第一篇是“弱权处境下的青少年发展现状”（第一章、第二章），主要关注了两种青少年处境问题，分别是多变环境下的“流动儿童”和移动互联网背景下的“手机依赖一族”，这些青少年在弱权处境下的心理与社会发展现状为亲社会行为干预的必要性提供了现实的可能。

第二篇是“亲社会行为的理论概览”（第三章、第四章），回顾了亲社会行为研究的理论演进脉络，梳理了亲社会行为的概念和基本发生路径，此外还借助一项实验研究考察了亲社会行为的社会认知机制。

第三篇是“社区视角下的青少年亲社会行为”（第五章、第六章、第七章），将家庭、学校以及除此之外的生活空间整合到社区的框架之内，首先探讨了重要他人与亲社会行为的关联，分析了关系感知下的亲社会行为发生过程；其次阐述了“公共性”视角下的群体亲社会行为，并在文化心理层面上分析了两种助人者类型；最后探讨了亲环境行为的理论体系与干预思路。

第四篇是“青少年亲社会行为的社区干预实践”（第八章、第九章、第十章），首先讨论了亲社会行为在内容和方法这两方面的拓展，前者要从传统的校内同伴关系范畴拓展到公共性和生态主义的议题上来，后者则从团体心理辅导拓展到小组社会工作方法，最终形成社区干预的整合模式；其次根据亲社会行为社区干预的整合模式，在两所小学所在的社区实施了干预课程，之后根据所取得的干预效果，对课程中存在的问题进行反思与修正。

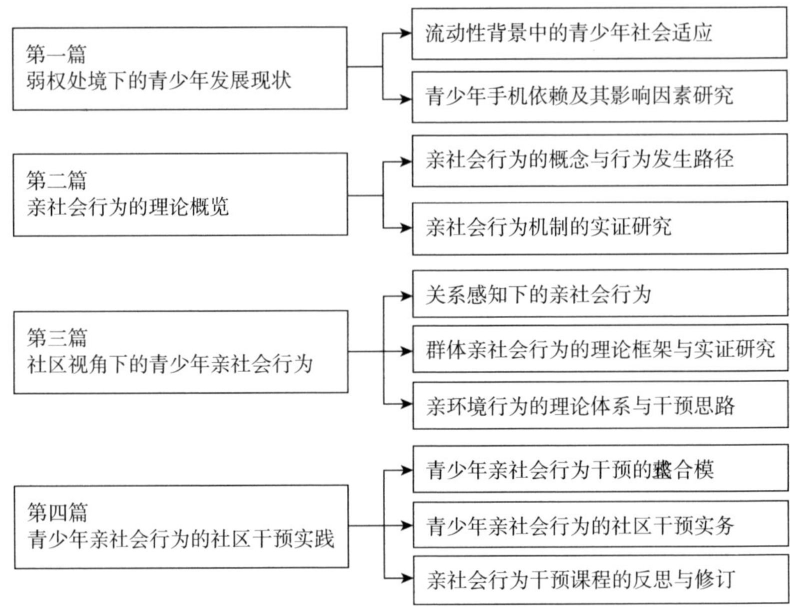

图 0－2　全书框架

第一篇

弱权处境下的青少年发展现状

在青少年的社会性发展进程中，环境因素始终都在发挥重要影响。青少年所处的物质或精神环境能够为他们提供的机会和资源可以在一定程度上决定其社会适应的品质与走向，也可以为其形成健康的认知模式、积极的情绪以及亲社会的行为习惯建立基础。而当这些环境出现问题时，青少年的心理和社会发展也会受到不良的影响，甚至会加剧危险性因素的出现。不良环境或危险因素使得青少年丧失了对生活空间施加影响时所必需的资源和能力，进而在发展性层面上陷入了“弱权”处境。在权力视角下，“弱权”处境反映了个体的社会功能连续体上从一个极端的“无权”处境到另一个极端的“增权”处境之间的某个特定状态。对于青少年而言，典型的弱权处境包括：（1）学业不良所导致的标签化或污名化处境；（2）频繁的迁移经历所催生的流动或留守处境；（3）移动互联网背景下出现的网瘾或手机依赖处境。这三方面并不是平行且孤立出现的，它们之间是相互影响和相互转化的关系，而且流动性和手机依赖对学业不良的消极影响路径更清晰，同时也会对亲社会行为模式的形成与发展带来一定的消极影响。因此，本书将在第一章探讨流动儿童的现实处境以及流动性环境对青少年社会适应的影响，并在第二章探讨手机依赖情况下的互联网生活处境及其与家庭因素的关系。上述内容将基于青少年的生活流动性和手机依赖这两个典型议题，探索类似的弱权处境对其亲社会行为发展的影响。

第一章
流动性背景中的青少年社会适应

引　言

在青少年亲社会行为干预的框架内，我们首先要考虑的是干预对象的界定和选取问题，传统的学校干预对象以居住在城市的普通在校学生为主，而对于那些社会经济地位处在相对边缘位置的青少年则关注的不太多，由于这些群体在对自己生活空间施加影响所必需的资源和能力方面存在缺失，这种缺失使得青少年更多地体验到“无权”或“弱权”的社会感知，进而对其心理和社会发展带来消极影响。这就提醒我们要充分考虑这一类青少年特有的现实处境和社会适应状况。

本章将以广东珠三角 A 市的流动儿童群体为例，探讨弱权处境下的社会适应问题。通过考察流动儿童的基本生活现状及其进入城市前后的比较，以及流动儿童基于环境的改变所表现出的心理适应特征，旨在了解流动儿童的家庭、学校和社会生活现状，探讨流动给儿童带来的影响，为开展有针对性的行为干预以及心理健康教育辅导提供参考。

一　流动儿童的社会适应

（一）儿童社会适应的理论模型

社会适应（social adjustment）反映了个体在发展社会功能和实现社会化目标的过程中能够被其所处文化规范与接受的程度，社会适应既涉及个体和环境动态交互的过程，也涉及自我与外界达成和谐与平衡的结果（邹泓等，2012）。儿童的社会适应涵盖了个体自我发展、同伴人际交往以及群体社会化等方面的内容，研究者基于不同角度来区分这些内容，并据此建立相应的社会适应理论。比如同时考虑良好适应和不良适应的八因素社会适应模型，包括独立生活、自我定向、社会生活、学习适应、经济活动、社交适应、社会认知以及性知识等内容（聂衍刚等，2008）；再比如基于儿童所处的嵌套式心理生态系统，建立由内而外的社会适应体系，主要涉及自我适应、行为适应、人际适应和环境适应等领域（邹泓等，2012）；此外还有根据流动或留守的特殊处境，借助与此相关的重要心理学变量来建立儿童的社会适应行为指标，这些变量包括自尊、生活满意度、孤独感、抑郁、社交焦虑和问题行为（范兴华等，2009）。而基于这些行为指标所进行的聚类分析又可以将儿童的社会适应状况分为和谐、低人际－高孤独和低自尊这三种类型（李晓巍等，2008）。

当前的社会适应研究既关注城市的本地儿童，也关注农村留守儿童以及随父母到城市务工的流动儿童。随着越来越多的农村务工人员进入城市，其子女的发展和教育诉求也日益受到政府和学界的重视，流动儿童的社会适应问题也就成为发展心理学和社会心理学研究的热点。尽管流动儿童的家庭结构没有发生本质改变，但频繁迁徙带来的高流动性使其成长环境表现出多变且不稳定的特点。发生在这种环境下的社会心理事件（比如流动造成原有社会支持系统被削弱、全新人际关系带来的压力、群体适应过程中出现的危机或创伤事件等）会导致流动儿童社会适应不良，并出现问题行为。流动过程中的迁移/搬家所引发的环境改变加剧了一系列危险性因素的形成（金灿灿等，2011），进而制约了社会适应能力的发展。影响流动儿童社会适应的危险因素源包括个体（自我认知、情绪、人格以及心理与行为症状等）、家庭（社会经济地位的变化、家庭流动的时间、亲子关系与教养方式等）、学校（学业成绩的波动、师生关系与互动、同伴数量减少、转学次数增加以及辍学风险增加等）（张文娟等，2011；张菁宸等，2015；曾守锤，2010；张翔、杜建政，2015）。

（二）流动儿童社会适应的影响因素

个人、家庭、学校和社会等因素对流动儿童所产生的影响力权重和影响模式都是不尽相同的。对于随父母迁入城市的流动儿童来说，变动中的家庭因素对其社会适应产生的影响相比学校或社会因素更为强烈，因此家庭是儿童社会化和社会适应的重要影响源（李艳红，2012）。对于家庭因素的研究主要聚焦于父母的社会、心理与行为特征，包括父母的社会经济地位（苏志强等，2015）、教养方式和亲子沟通（卓然、葛鲁嘉，2015；方晓义等，2006）、父母社会支持、父母情绪表达以及父母元情绪理念等（金灿灿等，2011；梁宗保等，2016）。以往研究从物质支持、教育教养和亲子互动等不同的角度验证了家庭因素对流动儿童社会适应的影响。第一，家庭社会经济地位可以决定父母对子女进行教育投资的能力，进而在子女学业成绩中发挥积极作用。张云运等人的研究发现，家庭收入和父母受教育水平通过父母教育期望和家庭学习资源投入的中介作用而对流动儿童的学业成就产生影响（张云运等，2015）。第二，父母在物质投入以外的“心理投资”也与流动儿童的社会适应存在关联。例如传统的“慈父慈母”或“慈母严父”教养方式有利于流动儿童的健康发展（刘朔等，2015）。父母教养行为中的规则引导、支持陪伴、自主准予、知晓度等维度与社会适应的自我肯定、亲社会倾向、行事效率和积极应对等维度之间存在显著正相关关系，而强加干涉、消极控制等专制型教养行为则与积极社会适应存在显著的负相关（刘文婧等，2012）。第三，流动儿童的社会适应还受到亲子互动和由此形成的关系的影响。例如，亲子依恋通过社会认同的中介作用而对流动儿童的城市适应产生影响，其中，老家认同中介了亲子依恋对城市适应的正向预测作用，而城市认同则中介了亲子依恋对城市适应的负向预测作用（王中会，2016）。在探讨影响流动儿童社会适应的家庭因素时，以往研究主要关注父母在物质或精神层面上对子女的投入，以及亲子双方的互动模式和关系特征，也就是在相对较低的抽象或整合水平上考察具体因素的作用过程，但对于系统性视角下的家庭性质、功能与影响机制则鲜有关注。作为一个独立且可确认的分析单元，家庭的单元属性并非来自成员间个体特征的简单累加，而是稳定的文化气氛、事件反应风格以及作用边界等整体特征的总和（Minuchin, 2002; Reiss, 1989）。系统的家庭单元是儿童社会化的助推器，它在流动性处境下所呈现出来的静态特征和动态变化模式会对儿童社会适应的质量与走向产生影响。因此，基于系统视角下的家庭因素研究可以为探讨流动儿童的社会适应机制提供一个新的视角，并对原有的微观研究做出必要的补充。

（三）流动儿童综合适应性调查的背景

广东珠三角的经济发展状况和产业结构特点决定了这里的劳动力群体具有明显的流动性特征。A市作为广东经济发展最活跃的城市之一，外来务工人员占全市人口的比例很高，以西区为例，非户籍人口占常住人口的40%。这些务工人员来自广东周边的湖南、江西、广西、福建甚至更远的四川、河南和山东等地。数量庞大的外来务工人员正逐渐成为助力该地区实现经济腾飞和社会发展的生力军，为地区经济乃至整个珠三角产业带的发展和繁荣做出了重要的贡献。

随着务工时间的延长和流动性的增长，在享受人口红利所带来的经济高速增长的成果的同时，城市还必须面对一系列社会治理困局和挑战，并需要基于科学的理念和合理的方法来摆脱困局、回应挑战。首先，随着务工时间的不断增加，外来务工人员在城市的安全保障、医疗保障、养老保障以及户籍身份等基本社会公共服务方面的合理需求越来越强烈，同时在城市社区融入、居民交往以及在城市阶层结构中所处的位置等反映城市治理品质方面的软性诉求也越来越多。其次，除了希望自身及所在群体能够适应城市的要求、被城市居民认同和接纳，务工人员在子女的成长和受教育方面的需求也越来越高，诉求也越来越多。其中，子女受教育的问题尤其受到重视。对于这些外来务工人员来说，下一代的受教育水平和预期未来的职业类型以及由此引发的生活质量能否提高、阶层上升通道是否畅通清晰，是他们背井离乡来城市打工最初的、最重要的原动力，因此其子女入托、入学问题能否得到很好的解决或保障是决定他们能否在一个城市长期工作和生活的重要因素。外来务工人员的子女（以下统称流动儿童）能否在城市基础教育体系中被接纳、能否和城市儿童一样系统而稳定地完成学业，这两点是衡量一个城市在公共服务和社会治理方面工作成效的重要指标和依据，因而自然也就成为针对外来务工人员所开展的一系列社会服务工作中的重点内容。

在这个背景下，“流动儿童”一词不仅描述了某个群体，还反映了特定的文化内涵。它和其他的社会议题及其背后的群体一样，阐释了一个急速发展的大国不可或缺的柔性治理逻辑，蕴含了政府在经济和社会转型与变迁的历史发展阶段中所承担的特定使命。这个使命包括针对这一类具有流动性和发展性特征的群体的接纳、扶助、教育等要素，并能够体现社会治理在“数目字管理模式”之外的人文底色。基于这一视角的社会治理在向上的路径上可以与社会整体转型和文化变迁的宏观议题对话，向下则可以体现社会服务的人本价值，实现社群的整合，提升基层治理的效率。在上述背景下的流动儿童教育和管理是一项需要多层级综合协调的系统工程，这个多层级系统包括教育一线单位（学校）、基层单位（家庭所在的社区和其他社区）、行政职能（教育管理部门）和行政主管（各级政府）以及它们之间的协同合作。尽管学校在其中发挥重要的作用，但学校无法完成系统工程的所有工作。首先，学校有必要和流动儿童家庭建立稳定的互动机制，家、校双方可以针对流动儿童的社会适应、城市适应、学业适应、心理适应等议题与家庭寻找和建立共识，并以此作为合作的基础。学校还有必要和家庭建立畅通的反馈机制，针对流动儿童在学校和家庭遇到的困难和潜在或已经发生的问题及时沟通，以此作为商讨应对策略的基础。其次，整合教育功能之后的“家校共同体”还需要合理对接并利用社区的资源，借助社会工作者的专业力量，通过在社区组织相似背景和经历的流动儿童小组、家长小组，围绕社区融入、城市适应、同伴交往、心理健康、学业能力等议题开展活动，促进小组互动和小组合作。在社区背景下实现社群的凝聚，提高问题解决效率，从而形成一个更大的教育共同体。

在这个系统性工程的背景下，无论是学校、学生所在的家庭还是可提供相关资源或服务的社区，都需要对流动儿童在城市的基本适应现状有一个全面系统的了解。针对现状的理解，以及在此基础上所进行的机制分析和策略探讨，是所有教育和干预的基础，并可以为基于家庭、学校和社区的教育共同体提供数据支撑和技术依据，使其更有针对性地设计并实施教育和干预方案。鉴于此，本章将根据 A 市的经济社会发展特点，结合该区流动儿童及其家庭的实际情况展开调查研究，主要目的是（1）在现实层面上了解流动儿童在 A 市的基本生活现状，为学校、家庭和社会开展相关的教育干预工作提供所需的参考和依据；（2）在社会层面上了解流动儿童的家庭生活、学校生活和社会生活在进入 A 市前后所发生的变化，以及这种变化给他们带来的潜在影响，从而探讨流动性给儿童带来的影响；（3）在心理层面上了解流动儿童在适应环境变化、适应自我成长、适应人际交往、适应行为规范等方面的发展现状和存在的问题。从而可以基于上述调查开展更为深层次的心理健康教育和辅导。

（四）流动儿童综合适应性调查的内容结构

根据上述调查目的，本章进一步设计了相应的调查提纲，调查按照三个步骤的计划渐次完成，这三个步骤的调查可以在一个多层次路径上得到流动儿童在 A 市的总体适应情况。第一步，了解流动儿童在 A 市的基本生活现状，包括居住条件、社区环境、语言环境等细节，目的是考察流动儿童在学校以外的环境中可能存在的与其心理发展和社会化发展有关的促进因素或阻碍因素。这个步骤的调查工作主要是在宏观的文化和环境层面进行总体状况的摸查和了解，重点关注流动儿童学习和生活的物理环境和文化环境。

第二步，了解流动儿童在家庭生活、学校生活和社区生活这三个层面上的适应情况，通过调查流动儿童所在家庭的亲子关系在进入A市前后的变化、流动儿童的学校生活在进入A市前后的变化以及流动儿童所接触的社区和社会生活在进入A市前后的变化，从而勾勒出流动儿童在A市的总体社会适应状况。这个步骤的调查工作主要是在中观的社会生活层面上进行考察，并针对社会和学校生活的一组同样的话题，分别了解流动儿童进入A市之前（在老家或在其他城市跟随父母务工）和进入A市之后的情况，重点关注流动儿童在文化和社会适应过程中的变化，并将这个过程中所发生的变化动态地呈现出来，从而揭示流动儿童在随父母搬迁和进入新城市前后的适应过程。

第三步，了解流动儿童在面对环境变化或挫折时的反应（积极适应或消极退缩）、了解流动儿童对自我成长的反应（积极态度或绝望、抑郁）、了解流动儿童与他人的交往和互动（与他人建立和保持温暖友爱的关系或与他人保持疏离、回避、维持孤独感）、了解流动儿童在社会情境中对待社会规则的态度（有效地遵守规则、高效做事并能取得相应成就或者违反规则、懒散）。这个步骤主要在微观的心理层面上展开调查，重点关注流动儿童在宏观的搬迁和流动背景下，自身的心理发展、成熟以及社会化的过程中出现的适应性表现或障碍性表现。其中涉及流动儿童针对自我的认知和情感、人际交往和关系、社会规范和行动参照这几个方面的不同反应。重点关注流动儿童对自我的理解，以及在处理自我和周围环境的关系、自我和周围环境的互动的过程中所表现出来的优势和局限。

本次调查的内容结构如图1－1所示。

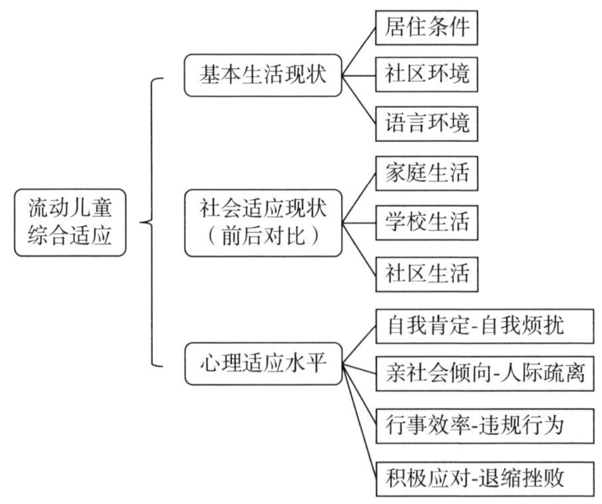

图1－1　流动儿童综合适应状况调查框架

二 调查概况

我们在A市的一所以流动儿童为主的小学抽取749名小学生作为调查对象。以下针对调查样本的描述与分析以及调查过程的操作与控制进行简要介绍。

（一）样本描述

由于该校在分班时尽可能平衡了学生之间的差异，班级之间的异质性较低，因此采取整班抽样的方法。调查样本总数为 $n=749$，其中男生433人，女生316人（占样本总量的42.2%）；样本所在年级为三年级到六年级，其中在三年级抽取204人，四年级194人，五年级151人，六年级200人。调查对象年龄最小的是7岁，最大的13岁，平均年龄10.20岁，标准差1.30。被调查者来A市的平均时间是73个月（即6年多），来到目前所在学校的平均时间是44个月（即3年多）。结合样本的平均年龄可知，被调查者普遍出生在外地，然后在4岁左右随父母来到A市，这个年龄已具备基本的回忆、再认等认知能力，因此能够保证其报告最初的流动和搬迁经历的可靠性。而其父母来A市的平均时间是126个月，即超过10年，这表明被调查者普遍在老家有过留守儿童的经历。

18.9%的被调查者在迁入A市以后没有再搬过家，搬过一次家的比例是29.2%，搬过两次家的比例是26.1%，搬过三次家的比例是15.5%，搬过四次家及以上的比例是10.3%。

被调查者父母的平均受教育程度介于初中和高中之间。被调查者父母常见的职业是工人、公司或企业职员、自由职业者。图1-2、图1-3呈现了关

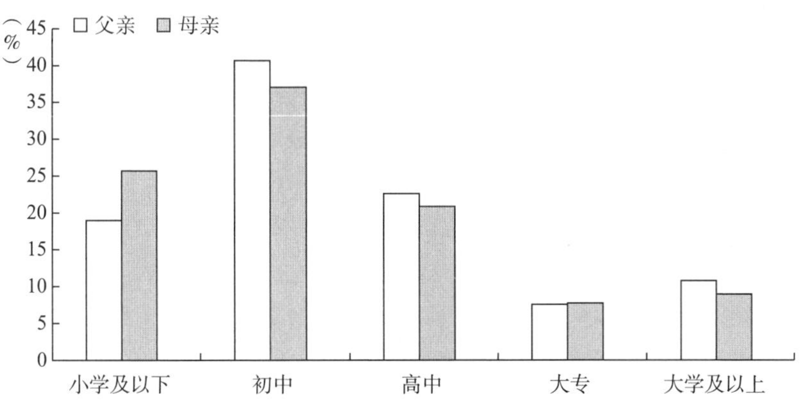

图1-2 被调查者父母的受教育程度

于被调查者父母受教育程度和职业的类型和分布情况。

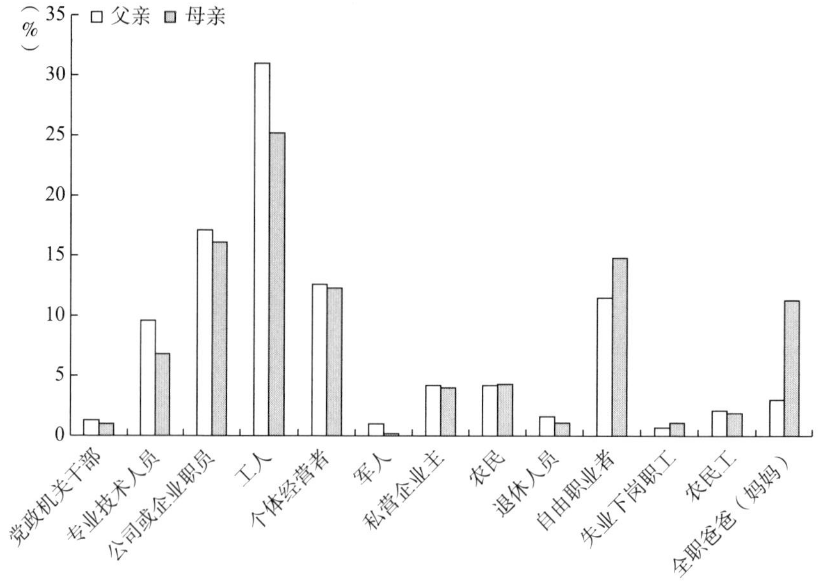

图 1－3　被调查者父母的职业类型分布

（二）调查过程

采用现场调查的方式，在小学教室发放调查问卷，为保证调查过程的可控性和规范，并最终保证调查结果的有效性和可靠性，调查过程按如下流程进行：

（1）由研究者与学校商定集体调查时间，利用学生课后活动时间发放问卷，提前对调查时间长度进行估算，最终确定完成问卷的时间段，避免学生在完成学业任务和完成调查问卷之间互相产生干扰；

（2）调查员到达现场之后，首先请各个班级的班主任集中在一起，介绍自己班级学生的基本情况，将空白问卷分发给班主任，请他们根据不同年级学生的特点，对问卷中可能出现的误解、歧义以及生字、生词进行确认，并请班主任提出适合本班实际情况的建议；

（3）根据现场讨论，制订有针对性的施测计划，包括①需要重点说明的问卷要求（如选项的含义、勾选的符号等），②需要解释的字、词、短语或句子，③鉴于三年级小学生对问卷中的职业类型、文化程度的理解存在难度，根据三年级班主任的建议，由教师在施测现场逐一引导学生完成问卷，④问卷填选过程中的其他注意事项；

（4）每个教室由一位调查员和一位本班教师负责，开始施测之前，调查员向小学生告知问卷调查的基本情况，包括问卷用途、匿名保护等权益保障，以及问卷的填答方式等，问卷施测过程中保证安静有序，避免突发情况对学生造成影响；完成现场问卷施测之后，调查员清点问卷，抽查漏答、误选的情况。

三　调查结果

根据调查设计的三个步骤及其对应的主要内容依次分析调查结果。

（一）流动儿童的基本现状调查

这部分的调查主要是为了了解流动儿童在A市的基本生活现状，包括语言环境、社区环境、居住条件、家庭经济情况和闲暇时间的活动等细节。

1. 环境感知

第一是总体环境感知。对于流动儿童来说，在家乡以外的城市长期生活，会对这些地方产生积极或消极的评价，比如是喜欢这座城市还是讨厌这座城市；同时也会对本地人针对他们的态度和反应做出反应，比如是好客的或者是排外的。尽管这样的评价和反应在很大程度上都带有较强的主观性，但它们反映了流动儿童对自身所处生活环境的总体感知，这种感知会影响他们在这个环境中选择什么样的策略与他人相处。调查中与此相关的是两个问题，分别是“我很喜欢A市这座城市”和“A市本地人对我有偏见”。（1）关于“我很喜欢A市这座城市”，被调查者的评价依据是1－5点的评价标尺，1表示非常不符合（对应“非常不喜欢A市”），2表示不符合（对应“不喜欢A市”），3表示有点符合（对应“有点喜欢A市”），4表示符合（对应“喜欢A市”），5表示非常符合（对应“非常喜欢A市”）。结果显示，上述1－5对应的人数比例分别是2.9%、2.1%、8.1%、15.3%、71.6%；95%的被调查者对A市的态度在“有点喜欢”及以上。（2）关于“A市本地人对我有偏见”，被调查者的评价依据是1－5点的评价标尺，1表示非常不符合（对应“A市本地人对我完全没有偏见”），2表示不符合（对应“A市本地人对我没有偏见”），3表示有点符合（对应“A市本地人对我有点偏见”），4表示符合（对应“A市本地人对我有偏见”），5表示非常符合（对应“A市本地人对我非常有偏见”)。结果显示，样本中半数以上（51.9%）的流动儿童认为“本地人对我完全没有偏见”，另有10.5%的流动儿童认为“本地人对我没有偏见”；从“有点偏见（11.1%）”“有偏见（11.4%）”到“非常有偏见（15.1）”的总比例是37.6%。

从上述分析可以看到，本次调查所抽取的样本中的流动儿童对A市的总体印象是比较好的，喜欢A市的占很高的比例；但是流动儿童自身感知到来自本地人的偏见依然存在，这种感觉可能来自一个个普通的本地人，以及在不同的场合下发生在外来务工人员及其子女和本地人之间的互动（人际互动、事务性互动和商业互动等），也可能来自这个城市在自然风貌、地域文化、综合治理、社会服务等诸多方面表现出来的层次和水准，进而促使外地人针对城市所产生的整体印象。

第二是语言环境感知。语言是沟通的基础，也是基于沟通建立人际关系的重要载体。流动儿童在对新环境、新文化的适应过程中，对语言的适应是尤为关键的第一步。迁徙目的地和家乡语言的差异越大，流动儿童在社会适应中遇到的问题和困难就可能越多。因此，我们首先考察流动儿童对A市语言环境的感知，调查题目是“你的家乡话和A市的话差别大吗?”回答包括三个选项，分别是“1. 没差别，2. 有点差别，3. 差别很大”。关于这一问题的分析结果显示，11.4%的被调查者认为家乡话和A市话“没差别”，45.3%的被调查者认为“有点差别”，43.3%的被调查者认为“差别很大”。这表明调查样本中的大多数流动儿童是从距离较远的地方随父母来到A市，对于两地的语言产生了较为明显的差异性感知。这种感知可能会减少流动儿童主动使用A市语言进行交流的概率，进而延缓其在新环境下的适应进度。

2. 生活现状

第一是了解流动儿童的生活稳定性。主要考察其所在家庭在进入A市以后搬家的频率、目前的住房情况以及社区的基本活动环境。

首先是搬家频率，来A市以后没有搬过家的比例是18.9%，29.2%的被调查者来A市以后搬过一次家，26.1%的被调查者搬过两次家，15.5%的被调查者搬过三次家，7.2%的被调查者搬过四次家，2%的被调查者搬过五次家。搬家次数在六次以上的被调查者比例是1.1%。从上述调查数据来看，A市的流动儿童所在的家庭没有频繁的搬家，在生活环境方面普遍比较稳定。

其次是目前的住房情况，主要了解流动儿童目前居住的房屋类型，结果显示，63.4%的家庭租房住，29.4%的家庭住在自己买的房子里，1.9%的家庭住在亲戚家（不付房费），3.4%的家庭住在单位或公司分配的宿舍（不付房费），另有1.5%的家庭属于“其他”。从住房情况来看，绝大多数家庭有稳定的住房，超过六成的家庭租房住，这表明样本中的流动儿童所在家庭在住房方面是比较稳定的。

最后是社区的基本活动环境，主要了解其所在的社区有没有免费的“健身器材、公园或绿地”，81.7%的被调查者回答“有”，代表八成以上的被调查者在其生活环境中至少能找到可供活动的“绿地”；另外18.3%的被调查者回答“没有”。调查没有进一步考察健身器材、公园和绿地的具体情况，因此基于上述比例只能对流动儿童的社区活动环境有一个笼统的了解。但可能更有价值的是将近1/5的被调查者关于“健身器材”、“公园”和“绿地”的具体分布情况。

第二是了解流动儿童的当前生活现状。主要考察对目前住房的满意度、对家庭经济情况的知晓程度，以及在休闲时间的活动情况等。

首先调查的是流动儿童对目前住房的满意度，问题表述为“你对现在住的这个房子满意吗?”对应的选项及相应选择该项的比例是：（1）非常满意（53.3%）；（2）比较满意（23.4%）；（3）一般（18.8%）；（4）比较不满意（3.2%）；（5）非常不满意（1.4%）。从调查结果来看，对目前的住房不满意的比例是4.6%，绝大多数被调查者对目前住房的满意度在“一般”及以上。这表示样本中的流动儿童除了拥有比较稳定的住房条件，在住房质量以及由此反映的生活质量方面的评价也是相对积极的。

其次调查流动儿童针对家庭经济情况的知晓程度，问题表述为“你觉得你家的经济情况怎么样?”（针对三年级学生的认知发展特点，班主任对“经济情况”的含义做了形象化和具体化的解释）对应的选项及选择该项的比例是：（1）非常好（25.6%）；（2）比较好（31.7%）；（3）一般（36.0%）；（4）比较不好（4.6%）；（5）非常不好（1.9%）。超过半数（57.3%）的被调查者认为自己家庭的经济情况在“比较好”及以上，该结果表明流动儿童对自身所在家庭的经济情况普遍持有较为积极的预期和判断。

最后是考察流动儿童在闲暇时间的活动情况。第一个问题是“如果周围有免费的健身器材、公园或绿地，你是否经常去那里活动?”，对应的选项及选择该项的比例是：（1）经常去（42.0%）；（2）偶尔去（50.7%）；（3）从没去过（7.4%）。调查样本中超过四成的流动儿童有条件，且在闲暇时间经常参加社区周边的户外活动，另外有超过五成的流动儿童只是“偶尔去”。结合之前关于社区基本活动环境的调查可知，尽管81.7%被调查者回答自己生活的社区周边“有免费健身器材、公园或绿地”，但真正去这些地方活动、休闲的时间并不多。这表明流动儿童对社区生活环境的感知是良性的，但参与和融入这个环境的意愿和行动却还是比较低的。第二个问题是“你去A市的景点玩过吗?”，对应的选项及选择该项的比例是：（1）去过很多（31.8%）；（2）去过一些（61.4%）；（3）不太多（6.8%）；（4）一个都没有去过（0%）。调查样本中所有的流动儿童去过A市附近的景点游玩，这表明相比身边的社区，他们更倾向于以游客的身份接触和了解A市。

（二）流动儿童的社会适应情况

这部分的调查主要是通过对流动儿童过去（主要是指在老家的时候）和现在（主要是指随父母迁徙到A市之后）的比较，借助前后比较中所出现的变化来了解流动儿童在家庭生活、学校生活和社会生活这三个层面上的适应情况。如果流动儿童在这两个时间段针对某些内容表现出较大的差异，则可以推断其在跨地域或跨文化的融合过程中体验到较大的环境或人文差异，这也会成为需要其进行改变、调整和适应的依据或参考。如果流动儿童在这些内容或议题上并未出现较大的差异，则可能有两种解释，第一是因为生活场景的变化在这些议题上没有给流动儿童带来太大的挑战或困难，即无须改变；第二是因为流动儿童还没有真正理解环境的变化的意义以及给他们所带来的影响，或者暂时还没有能力去做出改变来适应这种影响，消除消极作用或使其转化为积极作用。

1. 家庭层面

首先了解流动儿童进入A市前后在家庭内部关系方面的变化。主要考察以下几个问题，第一，“我和父母的关系相处得很好”，这个问题涉及流动儿童感知到的亲子关系；第二，“父母对我的要求非常严格”，这个问题涉及流动儿童感知到的父母教养风格。被调查者分别在“过去”和“现在”两个方面做出判断，评分标尺是（1）完全不符合、（2）不太符合、（3）有点符合、（4）比较符合、（5）非常符合。比较结果显示，亲子关系在过去（$M=4.32$，$SD=0.99$）和现在（$M=4.37$，$SD=0.92$）没有出现显著差异，$t(714)=-1.06$；体现父母教养风格变化的“父母对我的要求非常严格”在过去（$M=3.65$，$SD=1.24$）和现在（$M=3.87$，$SD=1.18$）出现了非常显著的差异，$t(687)=-5.41$，$p=0.000$，被调查者认为自己的父母当前对自己的要求显著高于以前（见图1－4）。这个结果既反映了流动儿童对父母进入城市之后的教养风格方面发生变化的感知，也反映了父母面对环境变化（这里主要涉及与总体的受教育氛围、学校的要求、同伴群体等方面有关的环境）所做出的调整和改变。

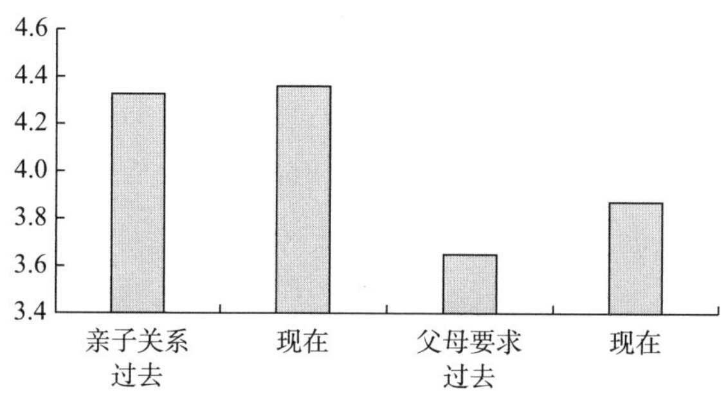

图1－4　家庭互动关系在进入A市前后所发生的变化

2. 学校层面

接下来要了解的是流动儿童进入A市前后在学校生活方面发生的变化。主要涉及来自教师的关心、师生互动、对学校的兴趣、学校的人际环境、学业难度、学业负担、同伴群体融入和同伴关系等八个方面，第一，在教师关心方面所考察的问题是“班主任和任课老师都很关心我”，评分标尺是（1）完全不符合、（2）不太符合、（3）有点符合、（4）比较符合、（5）非常符合。“过去（在老家时）”（$M=4.21$，$SD=1.11$）和“现在（在A市时）”（$M=4.26$，$SD=1.14$）在这个问题上未出现显著差异，$t(675)=-1.09$。这意味着流动儿童在进入城市前后的不同学校环境下感知到来自教师的关心并没有表现出本质的差异。第二，在师生互动方面所考察的问题是“和老师对视时会让我感到紧张与不安”，“过去（在老家时）”（$M=3.12$，$SD=1.44$）和“现在（在A市时）”（$M=3.16$，$SD=1.51$）在这个问题上未出现显著差异，$t(675)=-0.94$。这意味着流动儿童在两地分别面对不同的老师时，其互动模式并未出现本质的差异。第三，在针对学校的兴趣方面考察的问题是“我喜欢待在学校”，现在（$M=3.94$，$SD=1.37$）比过去（$M=3.82$，$SD=1.39$）的兴趣明显提升，$t(684)=-2.54$，$p<0.05$. 这意味着新环境下的学校对流动儿童具有较强的吸引力，这种吸引力来自城市的学校在知识深度和广度、课外活动、同伴群体、家长资源等方面的相对优势。第四，在学校人际环境方面考察的问题是“在学校遇到困难的时候，没有人能帮到我”（反向计分，即实际情况与题目描述情况的符合程度越高代表学校人际环境越差，

符合程度越低代表学校人际环境越好）。这个题目可以反映被调查者所感知到学校人际环境中的亲社会性，迁徙前后的对比结果显示，过去（$M=2.24$，$SD=1.51$）和现在（$M=2.24$，$SD=1.55$）所在学校的人际环境并没有显著差异，$t(682)=0.027$。平均数 2.24 介于“不太符合”和“有点符合”之间，这表明就学校总体的人际环境而言，无论是在老家还是在 A 市，流动儿童都能够在遇到困难时得到必要的帮助。第五，在学业难度方面考察的问题是“我能顺利完成老师指定的作业”，前后的对比结果显示，现在（$M=4.35$，$SD=1.11$）和过去（$M=4.28$，$SD=1.07$）相比，学业难度有所提高，但并没有达到统计上的显著水平，$t(692)=1.60$，$p=0.109$。第六，在学业负担方面考察的问题是“我感到学习负担很大”，前后的对比结果显示，现在（$M=2.64$，$SD=1.54$）和过去（$M=2.64$，$SD=1.52$）相比，流动儿童感知到的学业负担并未表现出明显的差异，$t(688)=0.027$。综合“第五”和“第六”的情况来看，在迁徙的过程中，流动儿童在学业难度和学业负担方面并没有感受到明显的差异。第七，在同伴群体融入方面考察的问题是“我很容易参加到本地同学的游戏当中去”，结果显示，与过去（$M=3.64$，$SD=1.50$）相比，他们在现在的学校中更容易融入同伴群体中（$M=3.93$，$SD=1.36$），$t(695)=5.96$，$p=0.000$。这表明他们对新环境的适应情况良好。第八，在同伴关系方面考察的问题是“我和同学发生矛盾后很容易和解”，前后的对比结果显示，与过去（$M=4.03$，$SD=1.28$）相比，现在（$M=4.25$，$SD=1.12$）能够更好地处理在同伴交往中出现的冲突，$t(690)=5.81$，$p=0.000$。总之，在学校适应方面，在进入 A 市前后，流动儿童在感知教师关心、师生互动情况、学校人际环境的亲社会性（在学校遇到困难时会不会有人帮忙）、学业难度和学业负担这几点上没有表现出明显的差异；而在对学校的兴趣、同伴群体融入和同伴关系调解这三点上出现了明显的提升。群体适应和同伴交往这两方面表现出的正向变化可能与其自身的心理和社会能力的发展有关，也可能是由于学校重视对流动儿童在学习和社会交往方面的帮助和引导，使其能够很好地适应同伴群体的社交生活（见图 1－5）。

3. 社会层面

这一部分主要从社区生活观感（即社区环境质量）、社区治安情况以及社区人际氛围这三方面入手，比较流动儿童在进入 A 市前后在这三方面感受到的差异。

第一，在社区生活观感方面，主要考察的题目是“我所生活的社区环境很

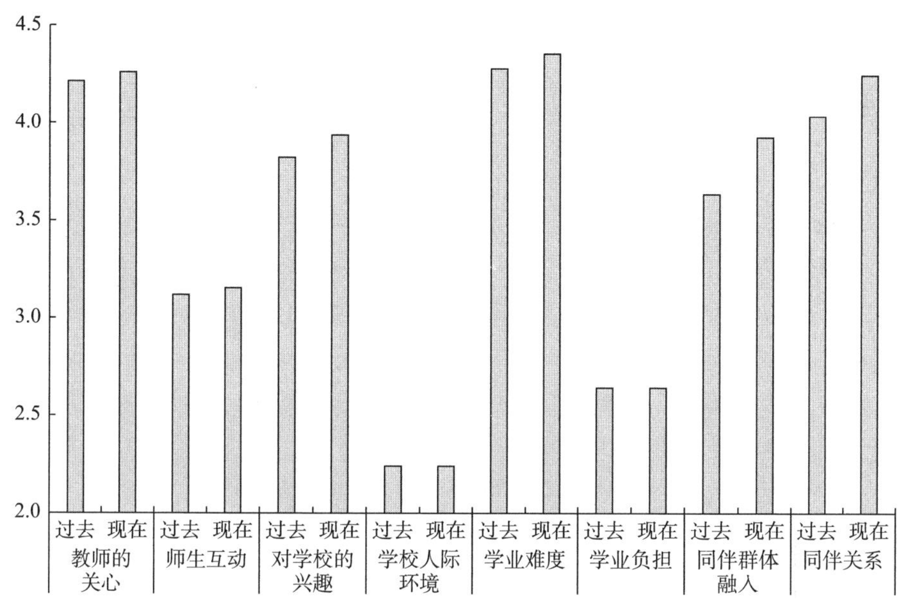

图 1-5　学校生活在进入 A 市前后所发生的变化

好”，评分标尺是（1）完全不符合、（2）不太符合、（3）有点符合、（4）比较符合、（5）非常符合。“过去（在老家时）”和“现在（在 A 市时）”感知到的社区环境出现了明显的差异，即现在（$M=4.21$，$SD=1.05$）明显好于过去（$M=4.05$，$SD=1.18$），$t(695)=4.40$，$p=0.000$。这反映了流动儿童在 A 市家庭和学校以外的社区环境得到改善，同时也能够折射出外来务工人员从农村来到城市的行为背后关于改善子女成长环境的原动力。

第二，在社区治安情况方面，主要考察的题目是“我所生活的地方社会治安很好”，现在感知到的社区治安情况（$M=4.15$，$SD=1.14$）明显好于过去（$M=3.97$，$SD=1.25$），$t(687)=4.83$，$p=0.000$。这表明流动儿童生活环境的安全性较之过去也有所提升。

第三，在社区人际氛围方面，主要考察的题目是“我在自己生活的社区里面有很多好朋友”，现在感知到的社区人际氛围（$M=4.20$，$SD=1.24$）明显好于过去（$M=4.07$，$SD=1.30$），$t(678)=2.74$，$p=0.006$。这表明流动儿童在社区人际交往中也能够得到较好的适应。

以上分析了流动儿童进入 A 市前后在社区和社会生活方面发生的变化：调查结果显示，流动儿童从农村或其他城市进入 A 市之后，在社区生活观感方面发生了显著的变化，相比先前的生活环境，他们认为当前的社区环境、社区治安和社区人际氛围都有显著的、正向的提升（见图1-6）。

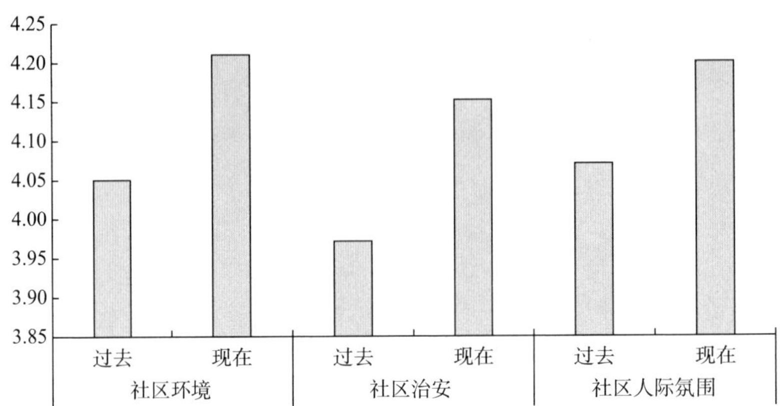

图1-6　社区生活在进入A市前后所发生的变化

（三）流动儿童的心理适应

关于流动儿童的心理适应情况，本调查借用了杨颖和邹泓等人编制的“青少年社会（心理）适应问卷”，该问卷在周晖等人编制的基础上，经过修订而成（周晖等，2008），共50个题目。被调查者在五点评价标尺上判断题目表述与自己实际情况的符合程度：（1）完全不符合、（2）不太符合、（3）有点符合、（4）比较符合、（5）非常符合。这50个题目涵盖了自我肯定、自我烦扰、亲社会倾向、人际疏离、行事效率、违规行为、积极应对、退缩挫败等八个维度。以下是对这八个维度的简要介绍。

（1）自我肯定：反映了个体对于自我满足、自尊、自我价值等积极的自我知觉。

（2）自我烦扰：反映了个体对于自我的消极评价和情感体验。

（3）亲社会倾向：反映了个体与他人相处过程中的信任、帮助、分享、支持、共情等亲社会的行为倾向。

（4）人际疏离：反映了个体人际关系上的疏离、回避、孤独等人际关系不良的状况。

（5）行事效率：反映了个体在日常生活及学校情境中，有计划地工作、积极地时间管理、高效率地工作和学习等状况。

（6）违规行为：反映了个体在学校情境中常见的、不符合学校规范的行为。

（7）积极应对：反映了个体对日常生活中遇到的困难、挫折和失败的积极认知、情感及行为方式。

（8）退缩挫败：反映了个体在遇到日常生活中的困难、压力和挫折时的消极认知和处理方式。

接下来将基于这八个维度，分别从两个不同的角度来对A市流动儿童的社会心理适应现状进行描述和分析。第一是功能角度，旨在考察社会心理适应的积极面和消极面；第二是内容角度，旨在从不同的内容领域分别考察流动儿童的社会心理适应现状。并在此基础上提出有针对性的教育对策。

1. 心理适应的功能（积极和消极）

从功能的角度来看，上述八个维度可以归结为积极适应和消极适应两大功能类别，所谓积极适应，是指个体为了满足生存、发展或社会规范的需要，必须达到的或具备的与其年龄相符合，与个体的幸福、力量和成长相关联的行为。包括自我肯定、亲社会倾向、行事效率、积极应对这四个维度；消极适应指的是与个体自我满足和社会责任不相符合，不利于个体生存、发展和成长的行为表现，包括自我烦扰、人际疏离、违规行为、退缩挫败这四个维度。

首先，在积极的适应功能方面，被调查的流动儿童判断相关内容与自身的符合程度在“4（比较符合）”的分值附近。性别比较结果显示，女生的亲社会倾向（$M=4.30$，$SD=0.66$）显著高于男生（$M=4.03$，$SD=0.76$），$t(747)=5.08$，$p=0.000$；女生的行事效率（$M=4.05$，$SD=0.74$）显著高于男生（$M=3.94$，$SD=0.80$），$t(747)=1.82$，$p=0.070$（边缘显著）。上述结果表明，总体上被调查者在心理适应的积极功能方面表现良好，他们在自我意识、人际交往、行为规范和耐挫折等方面都能达到基本的适应性要求；此外，相比男生，女生在反映社交技能的亲社会倾向上表现得更好。在一个弱的统计检验（边缘显著）基础上，女生在完成学业任务和日常生活计划等行事效率方面也略微高于男生（见图1－7）。

年级比较的结果显示，在积极适应功能的四个维度上，“自我肯定”从三年级到四年级出现明显下降，尽管到五年级略有回升（但依然低于三年级），到六年级时则继续下降；“积极应对”的情况与之类似，三年级到四年级之间出现明显下降趋势，四、五年级相对平稳，五、六年级之间出现明显下降趋势；“亲社会倾向”从三年级到四年级出现明显下降，五年级相比四年级显著提升，但到六年级时又出现了显著下降的趋势；同样地，四年级的“行事效

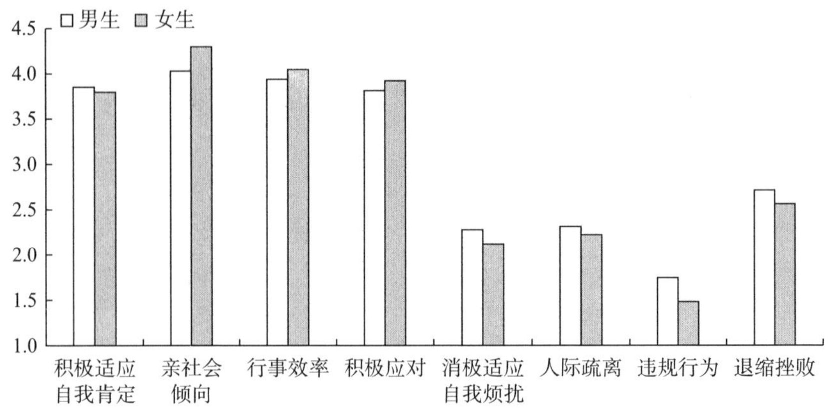

图 1－7 流动儿童的积极心理适应和消极心理适应

率”显著低于三年级，四、五年级保持平稳之后，六年级继续出现明显的下降趋势。上述变化趋势表明，在三到六年级的年龄跨度上，四年级是一个较为明显的转折点，其积极适应功能相比三年级出现明显的下降趋势，尽管五年级之后趋势相对平稳，但总体趋势到六年级时依然是下降的（见图 1－8）。

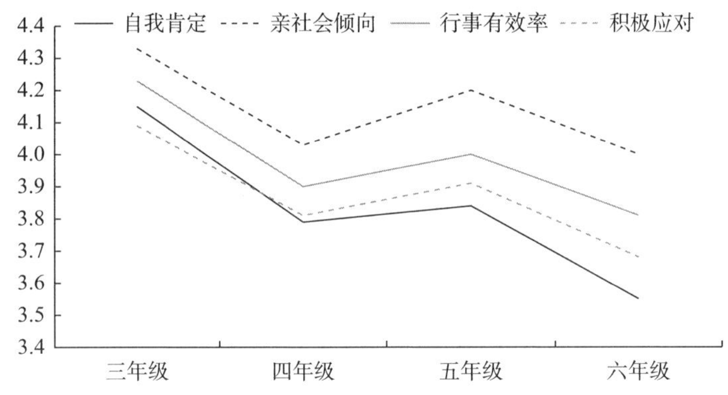

图 1－8 积极适应功能的年级变化趋势

其次，在消极的适应功能方面，被调查的流动儿童判断相关内容与自身的符合程度在“2（不太符合）”的分值附近。性别比较结果显示，男生的“自我烦扰”（$M=2.28$，$SD=1.08$）显著高于女生（$M=2.12$，$SD=1.04$），$t(747)=2.01$，$p=0.045$；男生的“违规行为”（$M=1.74$，$SD=1.00$）显著高于女生（$M=1.48$，$SD=0.90$），$t(747)=3.66$，$p=0.000$；男生的“退缩挫败”（$M=2.72$，$SD=1.16$）显著高于女生（$M=2.57$，$SD=1.09$），$t(747)=1.85$，$p=0.064$（边缘显著）。上述结果表明，总体上被调查者在消极适应功能的四个方面表现的强度都不明显，其均分值显著低于积极适应功能，说明他们能够较好地避免关于自我的消极评价和低自尊、人际交往障碍、违规行为以及面对挫折的消极应对方式。但是性别比较的结果发现，相比女生，男生在自我烦扰、违规行为和退缩挫败这三方面表现得较差。

年级比较的结果显示，在消极适应功能的四个维度上，“退缩挫败”从三年级到四年级出现了明显的上升趋势，而在四年级到五年级又出现了明显的下降，五年级到六年级趋于稳定；“自我烦扰”的变化趋势与之类似，即三年级到四年级显著提高，四年级到五年级显著下降，五、六年级之间不再出现明显的变化；四年级比三年级的“人际疏离”显著提升，一直到六年级时才开始回落；“违规行为”随年级的变化趋势与上述三个维度略有不同，三年级和四年级的违规行为保持相对平稳，到五年级时明显下降，到六年级时继续下降。总体上来看，四年级的儿童在消极适应功能方面会出现反弹性增长的现象，但在五、六年级之后会逐渐下降并趋于平稳（见图 1 -9）。

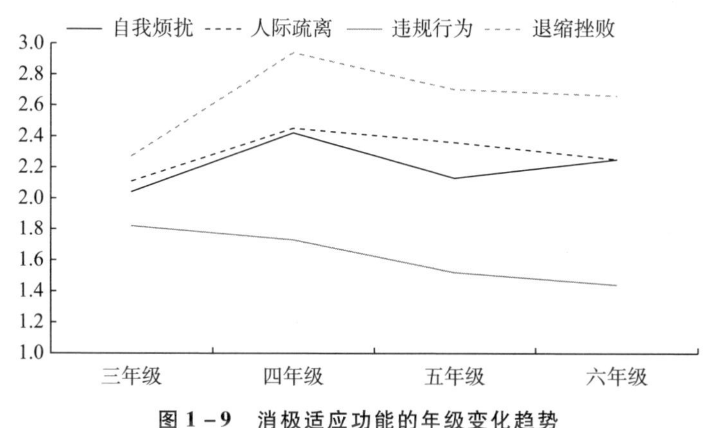

图 1 -9　消极适应功能的年级变化趋势

2. 心理适应的领域（环境适应、自我适应、人际适应、行为适应）

从心理适应具体的内容领域来看，上述八个维度可以整合到四个领域中。这四个领域反映了流动儿童心理适应的基本内容，第一是“环境适应”（“积极应对”维度得分减去“退缩挫败”维度得分），指的是个体如何应对环境变化或挫折的方式、方法，如积极的环境认知、问题解决、主动应对等，与之相反的是在生活中遇到困难或挫折时表现出消极退缩，包括消极的认知和处理方式。本调查中的流动儿童在“环境适应”方面的表现是最差的。第二是“自我适应”（“自我肯定”维度得分减去“自我烦扰”维度得分），指的是个体对自我保持积极的态度、满足和自主控制，而不是绝望、抑郁或依赖。

本调查中的流动儿童在这方面的表现略好于“环境适应”，但仍然处于较低水平，这表明相对于自我满足、自尊、自我价值等方面的积极的自我知觉，他们更多地表现出一些消极的自我评价和情感体验。第三是“人际适应”（“亲社会倾向”维度得分减去“人际疏离”维度得分），指的是个体与他人建立和保持温暖友爱的关系，彼此给予善意和支持的状态。与之对应的是人际疏离，即在人际交往中疏离、回避、保持孤独等人际关系不良的状态。本调查中的流动儿童在这方面的表现较好。第四是“行为适应”，指的是个体在社会情境中能否有效地遵守社会规则，高效率地行为处事并取得相应的成就，与之对应的是懒散和违规的校园行为。本调查中的流动儿童在这方面的表现是最好的，这表明他们至少在行为层面上能够认可并遵守学校的相关规则和制度（见图 1 – 10）。

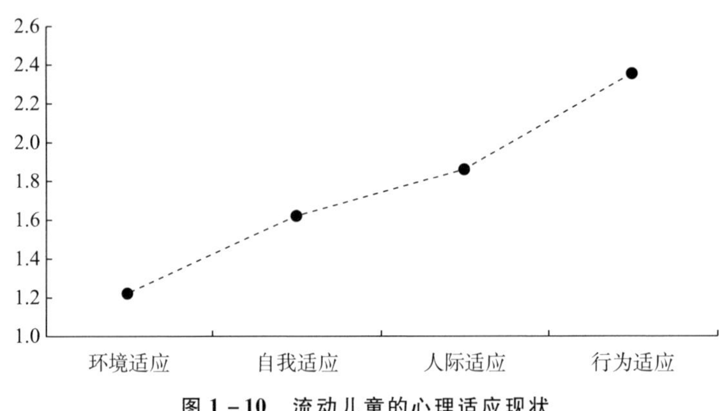

图 1 – 10　流动儿童的心理适应现状

四　分析与建议

（一） 社区服务视角：打破沟通壁垒，促进社区融入

这部分调查主要包括在社区生活的背景下，了解流动儿童的环境感知、生活稳定性和当前生活现状这几个方面。基于这几方面的调查结果，可以梳理出针对这一群体的社区服务方法和路径。

首先，在环境感知方面，调查样本中的流动儿童对 A 市的总体印象是比较好的，喜欢 A 市的占很高的比例；但是流动儿童自身感知到来自本地人的偏见依然存在。这种感觉可能来自一个一个普通的本地人，以及在不同的场合下发生在外来务工人员及其子女和本地人之间的互动（人际互动、事务性互动和商业互动等），也可能来自这个城市在自然风貌、地域文化、综合治理、社会服务等诸多方面表现出来的层次和水准，进而促使外地人针对城市所产生的整体印象。因此，无论是从学校工作的角度，还是从社会服务和社区服务的角度，都应重视流动儿童的环境感知，一方面，相关的城市软实力策略中应加强针对外来务工人员及其子女所开展的宣传，即全方位地宣传城市，帮助移民群体更准确、客观、全面地认识和了解自己所处的城市；另一方面还要增加流动儿童和本地人接触的机会，使他们更多地进行交流和互动，在地位平等的前提下鼓励不同群体之间的接触，可以逐步消除彼此之间互相形成的刻板印象。此外，调查样本中的大多数流动儿童是从距离较远的地方随父母来到A市，对于A市的语言产生了较为明显的差异性感知。这种感知可能会减少流动儿童主动使用A市本地语言的概率，进而延缓其在新环境下的适应进度。因此，学校情境下应坚持推广使用普通话，增加流动儿童和本地儿童交流的机会。

其次，在生活稳定性方面，A市的大部分流动儿童所在的家庭没有频繁的搬家，在生活环境方面普遍比较稳定（住房条件以租房为主）。在针对外来务工人员及其所在家庭的社会服务体系中，租房管理始终是一个重点内容，A市的情况也不例外。学校应配合社区进行租房和安全教育，同时也可以借助发生在身边的生活情景引导儿童了解与租房有关的法律、法规，树立规则意识和契约意识。

将近1/5的被调查者认为其所在的社区不完全具备“健身器材”、“公园”和“绿地”的功能。在流动人口的社会适应议题下，生活和工作环境是影响其在一个新的城市环境下的适应速度和适应质量的重要因素。对于流动儿童而言，学校和家庭以外的社会（社区）环境如果太单调、缺乏深入进行社会互动的基础，那么他们就会自然地将更多的时间与精力放在相对熟悉和安全的家庭或学校活动中。这样就失去了很多了解社区及人群互动、探索城市及其背后文化的机会。因此，对于普通社区而言，看似简单的“健身器材”或“公园”、“绿地”，其背后则蕴含着更多的文化融合、社区融入、社会接纳的因素。

最后，在当前生活现状方面，调查样本中的流动儿童除了拥有比较稳定的住房条件外，在住房质量以及由此反映的生活质量方面的评价也是相对积极的；流动儿童对自身所在家庭的经济情况普遍持有较为积极的预期和判断；流动儿童对社区生活环境的感知是良性的，但参与和融入这个环境的意愿和行动却还是比较低的；相比身边的社区，他们更倾向于以游客的身份接触和了解A市。这一组关于社区活动和城市游览相对照的数据在一定程度上反映了流动儿童在城市融入之初的“客居心态”。从另一个角度来看，如果流动人口在进入一个新的环境之初受到这里古已有之的传统文化和历史底蕴的吸引而逐渐对新城市的过去和现在产生兴趣，尽管还是以“客居心态”来审视这一切，但城市管理者可以利用这种心态，将其作为实现流动人口适应新环境、融入本地社区的切入点，在“新A市人”群体中打“文化牌”和“历史牌”，利用纵向维度上的文化资源来促进当下的群体融合，提高当代语境下的文化凝聚力，使外来务工人员逐步建立对新环境的认可和信任，最终实现真正的融入。从这个角度来看，像A市这种具有较强历史文化底蕴的城市，相比其他城市，对于外来人口的包容和接纳，以及外来务工人员在这里的适应和融入都有一些独特的优势。

（二）“家庭、学校、社区”三点联动，提升社会适应力

这部分的调查主要是通过对流动儿童过去（主要是指在老家的时候）和现在（主要是指随父母迁徙到A市以后）的比较，借助前后比较中所出现的变化来了解流动儿童在家庭生活、学校生活和社会生活这三个层面上的适应情况。第一，在家庭生活层面，被调查者报告自己的父母当前对自己的要求显著高于先前。这个结果一方面反映了流动儿童对父母进入城市之后的教养风格方面发生变化的感知，也反映了父母面对环境变化（这里主要涉及与总体的受教育氛围、学校的要求、同伴群体等方面有关的环境）所做出的调整和改变。就家庭生活层面而言，流动儿童跟随父母进入城市之后，和父母的关系并未发生变化，但父母会根据环境的变化对他们会提出新的且更高的要求。学校可通过与家长沟通的机会（如家访或家长会）向其传递这方面的信息，鼓励家长积极学习城市对儿童学习和成长提出的新要求，积极更新家庭教育理念，使得家庭教养方式、亲子互动模式等不断与学校教育理念进行匹配和协调，在“家校一体化”的层面上帮助流动儿童更好更快地融入新的学习环境中去。

第二，在学校生活层面，流动儿童对当前所在学校的兴趣比过去（进入A市之前）明显提升了，在现在的学校中更容易融入同伴群体中，能够更好地处理与同伴交往中出现的问题，即在对学校的兴趣、同伴群体融入和同伴关系调解这三点上出现了明显的提升。另外，流动儿童进入A市前后在感知

教师关心、师生互动、学校人际环境的亲社会性、学业难度和学业负担这几点上没有表现出明显的差异。对于流动儿童来说，学校生活的适应包括三个层次的内容：一是和教师的互动以及随之建立的关系；二是学业方面的适应情况；三是和同龄同学的社会交往的群体适应情况。此次调查结果表明，流动儿童在第三方面的适应情况较好，流动性给儿童带来了新奇的生活体验（表现在对新学校具有较强的兴趣），扩展了群体交往的广度和深度，在不同区域的生活经历提高了他们应对人际挑战的能力；另外，相比同伴交往，流动儿童和教师的交往则未出现明显的改善。这会给学校带来如下启示：第一是自上而下的思路，教师应加强对这一部分学生的关心，这种关心不限于学习情况，还应包括校园生活诸多方面的细节，比如对学校管理和相关制度的想法和建议等；第二是自下而上的思路，学校应鼓励流动儿童和本地儿童进行充分而深入的交往，通过适当的活动设计，加强群体融合，通过良好的群体适应带动学习适应，并促进学生和教师、学校之间形成良性的关系。

第三，在社会生活层面，流动儿童从农村或其他城市进入 A 市之后，在社区生活观感方面发生了显著的变化，相比先前的生活环境，他们认为当前的社区环境、社区治安和社区人际氛围都有显著的、正向的提升。流动儿童在家庭和学校之外最重要的生活环境就是社区，社区所能提供的基本生活和休闲设施、卫生和环保设施（硬环境）以及基于社区居民长期生活互动所形成的人际交往环境和治安保障（软环境）可以为迁入其中的外来务工人员及其子女参与社区生活，甚至参与社区自治奠定基础。本次调查发现流动儿童所处的社区生活环境较之进入 A 市之前的环境有明显的改善，这反映了 A 市在城市环境治理和社区治理等方面的工作成效，另外也为学校在针对流动儿童的社会适应方面开展工作提供了参考。第一，从学校的立场上来看，良好的社区硬环境和软环境可以协助学校完成流动儿童的帮扶工作。在“学校 - 社区”的互动过程中，双方可在对等地位的前提下形成合作关系。由于优质的社区资源可以在流动儿童的家庭生活和学校生活之外发挥积极作用，即帮助他们更快更好地融入新的环境、适应新的环境，因此可以在传统的“家校一体”理念的基础上，进一步引入社区资源（社区工作者或专业社会工作者），借助社区稳定的人际环境，通过有主题的小组活动（小组成员可以是邻里子女、小区玩伴等）帮助流动儿童学会如何与人相处、如何察觉和识别他人的情绪和需要、如何处理同伴交往中的冲突和矛盾等，基于社区内的互动而使其社交能力和社会适应力得到提升，这些能力会进一步迁移到学校生活中，使其在学校的群体互动中发展出更好的社会能力。这样就会使社区治理的成效为学校教育助力，形成“家庭、学校和社区”三位一体的新型教育格局；第二，从家庭的立场上来看，良好的社区环境使家庭进入社区成为可能，而社区适应则是走向社会适应，乃至融入整个城市的第一步。因此，流动儿童及其所在的家庭积极而主动地融入其所在的社区，首先参与由社区居民自发组织的休闲娱乐、兴趣爱好等活动，进而深度参与到社区居民自组织和社区居民自治的相关活动中，在社区融入的过程中逐渐参与到社区管理和社区建设的相关事务中，提升社区责任意识和作为社区成员的主体意识。通过这种实际的参与和互动，他们可以在社区生活中获得良好的适应，以此来推动流动儿童对社区和城市的认同感，使其在学校生活中更好地建立自信，进而更好地适应学校生活。

（三）加强自我建设和环境建设，促进心理和谐

根据“青少年社会（心理）适应问卷”中的八个维度，首先将这些维度归到积极适应功能和消极适应功能两大类中，考察社会心理适应的积极面和消极面，分别在性别之间和年级之间做出比较，并在此基础上提出相应的教育对策和建议。以下是具体的分析。其次将这些维度归到不同的内容领域，分别考察流动儿童的社会适应现状，并在此基础上提出相应的教育对策和建议。

1. 基于“积极适应和消极适应”的群体内比较

在性别差异方面，流动儿童具备一般儿童在这个年龄阶段的普遍特点：与男性相比，女性在情绪识别和控制能力、同伴交往技能、人际关系的建立和维护等方面发展得相对较早、较快、较好，但同时在问题行为方面表现得更为“内隐”，女性比男性表现出更多的言语攻击行为；而这个年龄段的男性在社交能力方面的发展相对较慢，在问题行为方面表现得相对比较“外显”，比如明显的违规行为、肢体攻击行为等。本次调查进一步发现，除了明显的违规行为，男生在自我认同方面的评价更低，在遇到挫折时更容易采用消极退缩的策略。因此，针对流动儿童的心理健康辅导和社会适应训练的过程应该区分不同性别，进行有针对性的教育和干预，对于女生应将其情绪发展水平和社交能力向正面、积极的方向引导，对于男生则要加强其社交能力的训练，并重点关注男生的自我认同和困难面前的抗逆能力的培养。

在年级差异方面，第一，四年级是一个值得重视的时间点，“积极适应功

能”在四年级会出现明显的下降趋势，而“消极适应功能”在四年级则出现了明显的上升趋势；第二，六年级儿童在“积极适应功能”方面的下降和“消极适应功能”的上升反映了其心理发展过程的动态性和多变性。六年级即将告别儿童期，同时也是青春期的开端，所谓疾风暴雨式的成长阶段即将到来，这个阶段的变化比较迅速，且具有过渡性，即由儿童期的状态向青年期的过渡，这其中还会出现一系列的矛盾和冲突，比如寻求独立和无法完全脱离家庭依赖之间的矛盾、家庭规则和同伴群体亚文化所形成的规范之间的矛盾以及个体成长和社会化需求之间的矛盾等。这个阶段的儿童在外显行为上最典型的表现就是对规则和框架的反叛以及对独立和自由的追求，背后所隐含的是儿童主要依赖的社会支持系统从家庭向同伴群体的转移，以及由此引发的行为规范和价值观体系的变化。这种独特表现就要求教育者重视青少年本身的心理发展规律，要充分考虑这个阶段的心理和行为发展特点。

2. 基于心理适应内容领域的群体内比较

从心理适应的四个内容来看，本调查中的流动儿童在“环境适应”方面的表现是最差的。这提示学校要加强针对这一群体儿童的耐挫折能力方面的教育和引导，帮助他们学会在困难和挫折面前更为主动和理性的应对方式，同时要学会控制消极退缩和随之出现的消极情绪。可以基于以下几方面来考虑上述教育和引导目标的实现路径，第一是改善学校环境，减少或消除环境中可能会给流动儿童带来挫折和使其退缩的线索，增加校园环境的人性化设置，强化校园环境对个体耐挫能力的正向作用。比如修改校园宣传栏、墙报、标语等内容中局限于 A 市地方文化的措辞和表达方式等，扩展校园语言的包容度和开放度，使其对来自全国各地的流动儿童具有更强的亲和力，减少由语言和文化适应压力所引发的消极退缩机会；第二是增加校园活动的探索性和创造性，鼓励学生在活动中学会协商与合作，通过同伴之间的相互比较和相互促进，体验积极应对和消极退缩之间的差异，进而使其在同龄群体生活中不断积累经验和自信，并在校园生活中总结出适合自己的应对模式，同时将其迁移到家庭生活和社区生活中去。

本调查中的流动儿童在“自我适应”方面的表现略好于“环境适应”，但仍然处于较低水平，这表明相对于自我满足、自尊、自我价值等方面的积极的自我知觉，他们更多地表现出一些消极的自我评价和情感体验。流动儿童较低的自我适应与他们生活环境、同伴群体等因素的频繁变化有关，相比在学业成绩方面的努力，积极稳定的自信心系统所起到的作用更为重要和长远，因此学校在教育引导中应注意对流动儿童进行自我效能、自信心的培养。这方面的工作应从两个角度着手，第一是流动儿童本身的角度，学校和教师应鼓励流动儿童在不同场合展示自己、表达自己、发现自己，最终实现提升自己的目标。在儿童时期，重要他人（家长和教师等）所组成的社会支持系统是促使他们逐步形成独立而强大自我的重要支撑；第二是人文环境的角度，针对流动儿童特有的生活经历，学校应尽可能地营造一种稳定的、可信赖的人文环境，这种环境有助于流动儿童尽快找到可靠的群体归属，并以此为基础来完成自我认知的同一性进程（即在不同的时间和空间下对自我保持稳定统一的理解和认识），同时，这种做法本身也有助于学校形成符合自身特色、不同于其他学校的校园文化。总之，健康的学校支持体系更容易使流动儿童从容有序地探索和实现自我价值，并不断减少针对自我的消极评价和消极情感体验。

本调查中的流动儿童在“人际适应”方面表现较好，学校应进一步优化校园人际环境，建立一个充满人情味的学校环境，促进他们更好地适应和成长。

本调查中的流动儿童在“行为适应”方面的表现是最好的，这表明他们至少在行为层面上能够认可并遵守学校的相关规则和制度。这与我们在其他样本中所得到的研究结果是一致的，对于儿童来说，在面对新环境所进行的社会适应的过程中，最先适应的是外显的、具有强制性奖惩意义的内容，即这里所谓的规则和制度，可称之为“硬的适应”，这种策略对当事人具有保护性作用，能够保证儿童在最初的适应过程中得到基本的安全感；接下来就要面对相对比较内隐的适应任务，比如人际环境、自我认识和如何应对失败和挫折等方面，可将其称为“软的适应”，这个阶段能够帮助儿童达到真正的适应状态，并获得理解和应对环境变化的自主性能力和资源。这就启发学校在引导过程中要注意流动儿童社会适应的特点和节奏，避免简单化处理。

五　结论

本次调查在 A 市西区选取一所流动儿童小学，主要围绕流动儿童的学校和社会生活现状展开调查，旨在了解三方面的内容：第一是了解流动儿童在 A 市的基本生活现状，为学校、家庭和社区开展相关的教育干预工作提供参考和依据；第二是了解流动儿童的家庭生活、学校生活和社会生活在进入 A 市前后所发生的变化，并据此分析这种变化给他们带来的潜在影响，探讨流动儿童父母的职业和居住地的流动性给儿童带来的影响；第三是了解流动儿童基于环境的改变所出现的心理适应状况，为开展更为深层次的心理健康教育和辅导提供参考。以下是将调查结果和分析建议整合以后的基本结论。

第一，尽管可以感知到来自一部分本地人的偏见，但流动儿童对 A 市的总体印象较好，他们在 A 市的总体生活环境比较稳定。我们建议重视流动儿童的环境感知，通过全方位的城市宣传来帮助移民群体更准确、客观、全面地了解 A 市，建议加强外来务工人员及其家属生活环境的优化和社区品质的提升，利用城市文化资源提高城市凝聚力，促进群体间的融合。

第二，被调查的流动儿童感知到父母现在对自己的要求显著高于过去（在老家时）；他们对当前所在的学校的兴趣比过去（在老家时）也有明显提升；相比在老家时的情况，他们对当前所生活的社区环境、社区治安和社区人际氛围都给予了更高的评价。我们建议在家校一体化的基础上进一步加强学校和社区的互动，促进优质的社区资源在流动儿童的家庭和学校生活之外发挥积极作用，同时鼓励与促进家庭和社区的融合，通过社区感的建立与培育来帮助流动儿童树立城市公民的主体性身份意识，提高适应水平。

第三，在心理适应方面，被调查者在心理适应的积极功能方面总体表现良好，他们在自我意识、人际交往、行为规范和耐挫折等方面都能达到基本的适应性要求，女生在社交方面相比男生表现得更为出色。四年级是“积极适应功能”随年级变化趋势中的一个转折点，被调查者在“消极适应功能”方面表现的强度都不明显，总体上能够避免这些消极因素带来的影响，但相比女生，男生在自我烦扰、违规行为、退缩挫败这三方面的表现更为突出，从年级趋势上来看，四年级的儿童在消极适应功能方面出现了反弹性增长的现象。我们建议注重基于不同性别进行有针对性的教育和干预，并结合儿童的心理发展特点加强对四年级儿童的关注和引导。被调查者在心理适应内容领域中的“行为适应”方面表现最好，在“环境适应”方面的表现相对较差，我们建议学校加强学生耐挫能力的教育和引导，同时注重改善学校环境，强化校园环境的人性化、亲和力、包容度和开放度，增加校园活动的探索性和创造性，并鼓励流动儿童主动参与校园建设。

附录1－1　流动儿童综合适应状况调查问卷（节选）

您好，非常感谢您参与我们的调查。本次调查主要想了解大家在城市生活的一些基本情况，请您根据自己的实际情况在相应的空白处填答或者在相应的选项上打“○”。问卷是不记名的。问卷中的有关问题只用于科学研究，我们承诺为您的个人信息保密。

A部分（基本情况）

[A1] 你的性别是：________ 1. 男　2. 女

[A2] 年龄：________岁

[A3] 年级：________年级

[A4] 你的老家是________省________县（市）

[A5] 你到A市大约多长时间了？________年零________个月

你到现在的学校多长时间了？________年零________个月

[A6] 你的户口是？

1. 农村户口；2. 城市户口；3. 不清楚

[A7] 你的户口是否在广东？

1. 在广东；2. 不在广东

[A8] 你的家乡话和A市的话有差别吗？

1. 没差别；2. 有点差别；3. 差别很大

[A9] 在过去一年里，你回过几次老家？

1. 两次以上；2. 一次；3. 没有

[A10] 你家来A市以后搬过几次家？________次

[A11] 你家现在住的房子是________

1. 租的；2. 买的；3. 亲戚家，不用付钱；4. 住在父母工作单位的房子，不用付钱

5. 其他，请写出________

你对现在住的这个房子满意吗？

1. 非常满意；2. 比较满意；3. 一般；4. 比较不满意；5. 非常不满意

[A12] 你家周围有免费的健身器材、公园或绿地吗？

1. 有（请继续回答A11－1题）

［A12－1］若有，你经常去吗？

1. 经常去；2. 偶尔去；3. 从没去过

［A13］你去 A 市的景点玩过吗？

1. 去过很多；2. 去过一些；3. 不太多；4. 一个都没有去过

［A14］父亲的年龄：________；母亲的年龄：________。

［A15］父母来 A 市的时间是________年________个月。

［A16］父亲的文化程度是：

1. 小学及以下；2. 初中；3. 高中（含中专、职业学校）；4. 大专；5. 大学及以上

［A17］母亲的文化程度是：

1. 小学及以下；2. 初中；3. 高中（含中专、职业学校）；4. 大专；5. 大学及以上

［A18］父亲的职业是：

1. 党政机关干部；2. 专业技术人员；3. 公司或企业职员；4. 工人；5. 个体经营者；6. 军人；7. 私营企业主；8. 农民；9. 退休人员；10. 自由职业者；11. 实业下岗职工；12. 农民工；13. 全职妈妈（或爸爸）

［A19］母亲的职业是：

1. 党政机关干部；2. 专业技术人员；3. 公司或企业职员；4. 工人；5. 个体经营者；6. 军人；7. 私营企业主；8. 农民；9. 退休人员；10. 自由职业者；11. 实业下岗职工；12. 农民工；13. 全职妈妈（或爸爸）

［A20］你觉得你家的经济情况怎么样？

1. 非常好；2. 比较好；3. 一般；4. 比较不好；5. 非常不好

B 部分（社会生活适应）

请你仔细阅读下面的每一道题目，并与自己过去（在老家）和现在（在 A 市）的实际情况进行比较，在对应的选项上打“○”。请大家注意，这些题目的答案没有对错好坏之分，你只需要按照你平时所想的和自己的实际情况回答即可，真诚感谢你的合作！

		完全不符合 不太符合 有点符合 比较符合 非常符合
1. 我和父母的关系相处得很好	过去	1 ------------ 2 ------------ 3 ------------ 4 ------------ 5
	现在	1 ------------ 2 ------------ 3 ------------ 4 ------------ 5

续表

		完全不符合 不太符合 有点符合 比较符合 非常符合
2. 父母对我的要求非常严格	过去	1 ------------ 2 ------------ 3 ------------ 4 ------------ 5
	现在	1 ------------ 2 ------------ 3 ------------ 4 ------------ 5
3. 班主任和任课老师都很关心我	过去	1 ------------ 2 ------------ 3 ------------ 4 ------------ 5
	现在	1 ------------ 2 ------------ 3 ------------ 4 ------------ 5
4. 在学校遇到困难的时候，没有人能帮到我	过去	1 ------------ 2 ------------ 3 ------------ 4 ------------ 5
	现在	1 ------------ 2 ------------ 3 ------------ 4 ------------ 5
……（以下略）		

C 部分（社会心理适应）

		完全不符合 不太符合 有点符合 比较符合 非常符合
1	我为自己做的一些事情感到自豪	1 ------------ 2 ------------ 3 ------------ 4 ------------ 5
2	我感觉自己并不比别人差	1 ------------ 2 ------------ 3 ------------ 4 ------------ 5
3	我认为我有许多好的品质	1 ------------ 2 ------------ 3 ------------ 4 ------------ 5
4	我觉得自己是有用的，是不可缺少的人	1 ------------ 2 ------------ 3 ------------ 4 ------------ 5
5	我相信，别人能做到的，我也能做到	1 ------------ 2 ------------ 3 ------------ 4 ------------ 5
6	我对自己的相貌感到满意	1 ------------ 2 ------------ 3 ------------ 4 ------------ 5
7	我对自己的未来充满希望	1 ------------ 2 ------------ 3 ------------ 4 ------------ 5
8	我对自己感到满意	1 ------------ 2 ------------ 3 ------------ 4 ------------ 5
9	我愿意真心帮助别人	1 ------------ 2 ------------ 3 ------------ 4 ------------ 5
……（以下略）		

第二章 青少年手机依赖及其影响因素研究

引　言

青少年正处在身体发育和心理发展的关键时期，移动互联网时代的来临给正处在这个发展阶段的青少年带来全新的挑战。智能手机改变了人与人之间进行社会交往的传统形式，在手机社交软件的帮助下，人们可以随时随地与他人发生互动、建立联结（快速反应特征），还可以建立一个数量庞大且精细分类的自定义朋友圈（海量存储特征），这就使得“市民广场”或“社区活动中心”这样的实体性社交空间变得不再重要。在此基础上，人与人之间在传统的面对面交往过程中所积累的信任与依赖以及由此而建立的社交资本也发生了深刻的变化。人际信任和社交安全感在移动社交平台被重新定义，智能手机使得人们继电视之后再一次出现“对现实的关系投入不足（很少花时间去陪家人和朋友）”的现象（Shirky，2010：19）。

在这场社交革命中，青少年受到的影响是首当其冲的。青少年的社会性尚未成熟，正处在稳步发展的过程中，传统意义上的社会化也没有完成。因此他们需要稳定的社会交往空间和持续的人际关系资源，通过与父母、教师以及同伴的互动，在真实的生活场景中去体验人际互助、分享、合作、谦让和妥协等活动背后的社会性内涵，进而在以上“实战学习”过程中逐步完成社会化。但是，移动互联网的快速反应特征和海量存储属性弱化了上述空间与资源的作用，手机社交软件输出的碎片化信息和扁平化社交活动占据了青少年大量的空闲时间，缩短或消除了青少年在现实的人际互动场景中进行学习和实践的过程，这在一定程度上提前结束了本应持续更长时间的社会化过程，并对青少年人际关系的建立与维护、群体规范的习得与内化等发展性任务产生了消极作用。

智能手机一方面占据了青少年原本用于线下社交的时间和精力，现实互动的减少使他们在群体认同与接纳、爱与归属等方面出现了缺失；另一方面又反过来为他们提供了补偿这种缺失的机会，从而形成一个让人无奈的恶性循环。由于互联网在虚拟社区和在线互动方面的“易得性”和“匿名性”等特征，很多青少年越来越多地受到智能手机的影响，同时也越来越离不开智能手机。这导致作为一种社会亚型的“宅文化”逐渐盛行，甚至成为一些青少年的主流生活方式。尤其是对于那些在现实世界遭遇无权处境的青少年（比如学校评价体系标定为“差生”和“不守纪律者”，以及在高流动性环境下被标定为“流动儿童”）来说，移动社交平台为他们提供了自发性增权的机会，使他们高度依赖智能手机去满足其群体归属、人际接纳和高自尊的社会性需求，但是这种策略同时又加大了青少年沉迷于网络世界的机会，并引发新的问题，比如由于手机依赖而导致的低学业成绩、消极人际关系、低自尊、社会排斥等（陈侠等，2003）。

因此，针对青少年和手机的关系，如何进行有效的把控与合理的引导就显得尤为重要。我们可以在学校、家庭和社区组成的青少年成长系统中整合出可利用的资源，进而帮助他们理性认识智能手机在人际交往中的优势和局限，以及手机社交软件对现实中同伴交往的消极影响。亲社会行为干预是实现上述目标的有效介入手段，根据我们在学校开展亲社会行为团体辅导课程的经验（寇彧、张庆鹏，2017），亲社会行为涵盖了青少年自我认识、人际关系的感知与实践以及群体规范和群体社会化等诸多领域。围绕这些领域开展的一系列团体辅导课程，其宗旨在于借助群体互动的力量将青少年聚集在现实的社交活动场景中，让他们身临其境地体验真实世界的人际互动和社会交往，并能够从中得到提升。“智能手机依赖”看似是近五年来突出显现的新问题，但隐含在其背后的本质内涵依然是青少年社交性发展的问题，因此上述干预理念依然是可取的。当我们纳入移动互联网的要素，重新审视围绕青少年的社会交往议题时，我们首先需要深入客观地了解青少年手机依赖的影响因素和行为后果，进而设计出更有时效性和针对性的教育干预策略。

以往研究在考察青少年手机依赖的影响因素时较多地考虑青少年自身特点以及学校和社会环境的影响，在学校框架内主要关注教师特征、师生关系、管理风格和管理制度对青少年使用手机的影响，此外还包括青少年群体本身对手机依赖行为的特定认识和理解，以及群体内部形成且默会的规范对行为的影响。但是，这些研究较少从家庭的角度，尤其是间接的角度来看待青少年的手机依赖问题。目前的研究主要关注家庭内部与青少年使用手机直接相关的因素，比如父母对青少年使用手机的时间和频率等方面的监控和管教等。从家庭系统的角度来看，夫妻双方的互动模式、冲突类型、冲突解决策略以及由此而形成的关系类型是影响下一代子女的幸福感、情绪稳定性以及社会化进程的重要因素，也是帮助青少年形成稳定而安全的依恋类型和情感归属的重要影响源。所以，诸如家庭结构（单亲或双亲家庭、组合家庭等）、父母对子女的教养风格、父母之间相处风格和关系质量这样的家庭因素可能对青少年的手机依赖行为产生更为长期而稳定的影响。因此，本章将从间接性家庭因素入手，探讨家庭结构类型、父母教养方式与父母关系感知和手机使用、依赖情况的关系，并以微信为例，具体分析青少年在移动互联网背景下使用社交平台的情况，及其与上述间接性家庭因素之间的关系。

一　“手机依赖”的问题与研究

（一）“手机依赖”引发的消极后果

关于青少年成瘾行为的研究历来是国内外研究者关注的重点，随着时代的变迁，由于科技手段的不断进步，成瘾问题已从原来的物质层面（对烟草、酒精和毒品等物质的依赖）演进到行为和精神层面，比如由于过度沉迷于传统互联网（以电脑为载体）和移动互联网（以手机为载体）的虚拟社交、网络游戏等活动，并无法对其施加有效的控制，进而表现出某种特定的、异乎寻常的行为方式（徐华等，2008）。这种行为依赖（behavioral addiction）不涉及任何具体直接生物效应的物质（高文斌、陈祉妍，2006），更多的只是表现出对群体互动和人际互动模式的沉迷与依赖，因而被认为是比物质成瘾更为隐形、影响更为深远的精神成瘾现象。

关于手机依赖的危害，贺金波等人从生理危害、心理和社会功能损害等方面进行了梳理。在生理危害方面，长期使用手机会引发心、脑、睡眠等方面的问题，还会影响到神经和导致内分泌系统功能紊乱甚至降低男性精子质量；在心理和社会功能方面，对手机的过度使用和依赖会引起抑郁、焦虑等压力症状，在校学生则会出现社交孤立和学校生活的受挫感（贺金波等，2012）。此外，研究者已经通过实证研究建立了具有精神成瘾特征的行为依赖与消极的心理行为后果及症状之间的关系。首先，过度沉迷于以互联网为媒介的各种活动，对网络产生了强烈、持久的渴求感和依赖感，进而导致个体出现明显的社会和心理功能损害（Goldberg，1995）；其次，那些对手机有成瘾型依赖的青少年在吸烟、饮酒、自杀等健康危险行为以及生活和学习满意度等方面更容易出现问题，手机依赖组的青少年在上述问题上的出错频率显著地高于对照组，在男生、女生、初中、高中等亚群体中也呈现类似的趋势（汪婷、许颖，2011）；最后，一项针对大学生手机依赖与大五人格①的关系研究发现，手机依赖倾向较强的大学生具有高神经质和低宜人性的特点，高神经质者具有情绪化和冲动、焦虑、依赖性强以及逃避现实的特点，低宜人性则反映在更多地对他人抱有敌意、为人多疑，难以与他人形成良好而稳定的友谊（徐华等，2008）。从以往的研究可以看出，手机依赖对青少年的影响具有系统性、多维性和复杂性等特点，较容易引起情绪困扰、问题行为、社交障碍等心理和社会功能方面的问题。

（二）青少年“手机依赖”的影响因素

1. 内部因素和外部因素

关于青少年手机依赖的影响因素，国内研究主要基于外部因素和内部因素这一经典的二分法思路来进行探讨，并考察上述两类因素对手机依赖后果的交互影响。例如，刘红等人借助“手机成瘾指数量表”（Leung，2008）分析了其中的四个因子（失控性、戒断性、逃避性、低效性）与孤独感的关系，发现孤独感对大学生手机依赖倾向及其各因子均存在正向预测关系，表明孤独感会加剧手机依赖并导致生活学习功能受损（刘红、王洪礼，2012）。黄海等人采用相同的测试工具在分层抽样所得的410名大学生中筛选出33.5%的手机依赖者；在与大五人格特征的关系研究中发现，手机依赖组大学生的神经质（易情绪化的冲动和焦虑等）、开放性（对新鲜事物的好奇、对新异性和独特性的容忍和接受）得分更高，宜人性与严谨性得分较低，低宜人性代表人际互动中更多的敌意和对立，低严谨性则代表意志力和自控力方面较弱（黄海等，2013）。外部环境也会影响青少年的手机依赖程度，并且会与内部因素共同发挥作用。许颖等人的研究发现，青少年对手机的依赖行为与其抵制不良因素的效能感、父母行为和态度以及父母的监控显著相关，父母监控

① “大五人格”是研究者基于词汇学方法得到的五种可以涵盖人格基本特质的因素，因此又称为“人格五因素模型”。这五种因素分别是开放性（openness）、责任心（conscientiousness）、外倾性（extraversion）、宜人性（agreeableness）以及情绪稳定性（neuroticism）。

以及青少年自身的抵制效能感越高，青少年出现网络成瘾和手机依赖的可能性越低（许颖等，2012）。黄林娟等人通过对中学生青少年手机使用者进行的访谈，归纳出手机心理需求的四个核心类别，即基于信息获取的认知需求、基于身心放松的娱乐需求、基于自我展现的个性时尚需求以及基于沟通和归属的社会情感需求（黄林娟、林丹华，2011）。这些核心类别的心理需求结构既包括内部的个性和认知要素，也包括通过与外界建立联结而满足自身社会需要的要素。上述研究表明手机依赖是在外部环境和内部心理特征共同作用下形成的。

2. 手机依赖影响因素的理论基础

国外研究者对影响手机依赖的外部因素和内部因素做出了更为精细的研究，一方面是外在环境对其行为产生直接或间接的影响作用。对于青少年而言，家庭和同伴群体是其社会化过程中重要的环境因素，来自父母的监控和同伴群体中的亚文化规则体系对青少年的心理和行为形成双重的影响，父母的积极态度和监控会促进青少年察觉并控制自己无节制使用网络的行为，减弱其形成网络成瘾的趋势（Scholte et al.，2009；Lin et al.，2009）。此外，当青少年认识到自己是同伴群体的一员时，他们就会自动把群体特征吸收为自我概念的一部分（Abrams and Hogg，2006：59），通过与群体交往来澄清自我概念是促进青少年使用手机的重要推手，而同伴群体衍生出来的亚文化规则是青少年在查找应对策略时的重要资源库，群体亚文化对手机的解读则直接影响个体在使用手机时的习惯和倾向（Igarashi，2008）。另一方面，青少年的行为也受到其自身因素的影响，可以借助两个经典理论来帮助我们理解青少年建构自我概念的质量和强度在应对手机依赖消极影响时所发挥的作用。第一，根据社会认知理论，个体的自我效能感对行为的习得、保持和消除均具有重要作用，抵制效能感（人们对自己能否抵制消极影响的判断和感受）在个体行为改变和健康行为发生的过程中发挥积极作用（Bandura，2003），清晰而坚定的抵制效能感是提升自我控制、避免对成瘾型的物质或非物质形态产生行为依赖的重要内部力量（Young et al.，2006）。第二，根据自我决定理论（Deci and Ryan，1985；2000），人类具有三种基本的心理需求，即自主需求（autonomy）、胜任感需求（competence）和社会联结需求（relatedness），这三方面心理需求的满足会促进个体成长和完善，实现幸福感的提升；而它们在得不到满足的情况下则会引发一系列的认知失调、情绪障碍和行为问题。尽管目前较少有研究直接将自我决定理论中最核心的三大需求与青少年的手机依赖建立联系并通过实证研究加以验证。但是通过分析自我决定理论在目标定向、认知评价、情绪管理、行为调节等方面的研究成果，我们依然可以看到青少年对手机的依赖与上述三种心理需求的密切关系，首先，青少年需要借助手机的移动网络功能来建构一个可控的、独立的空间（自主性）；其次，他们通过完成任务和游戏等形式获取自我效能感（胜任感）；再次，他们同时可以通过手机与同伴交往，以便更容易融入同伴群体（社会联结）。可见，从内部心理动力过程来看，三种基本的心理需求会推动青少年对手机及其相关内容（包括社交平台、游戏、在线购物等）产生依赖。

（三）“手机依赖”问题的测量与干预

1. 手机依赖行为的测量工具

针对手机依赖的测量主要用于理解和考察手机依赖的影响因素和心理机制。最早由比安其（Bianchi）和菲利甫（Phillips）编制的“手机问题使用量表”（Mobile Phone Problem Usage，MPPUS）包括五个方面：耐受性、逃避问题、戒断性、苛求性以及社会、家庭等产生的消极生活事件（Bianchi & Phillips，2005）。梁（Leung）基于精神障碍诊断标准，结合手机使用的特点编制了“手机成瘾指数量表”（Mobile Phone Addiction Index，MPAI），包括 17 个项目，共四个因子。这些因子分别是（a）失控性：长时间使用手机，缺乏自控。（b）戒断性：切断与手机联系以后出现消极情绪反应。（c）逃避性：利用手机回避焦虑源，解决孤独问题。（d）低效性：对于手机的过度使用导致生活和学习效率下降（Leung，2008）。库（Koo）针对韩国青少年编制了“手机依赖量表”（Cell Phone Addiction Scale），共包括 20 个项目，涉及三个维度：戒断症状、社会功能失调、强迫性。利用该工具可以将青少年区分为手机依赖者、严重使用者、一般使用者这几类（Koo，2009）。比列斯（Billieus）等人编制的“手机问题使用问卷”（Problematic Mobile Phone Use Questionnaire，PMPUQ）则涉及手机使用的四个维度：超限使用、危险使用、理财问题和依赖症状（Billieus，et al.，2008）。我国学者对手机依赖的测量以徐华等人编制的“手机依赖量表”为主要代表，其中包括耐受性、戒断性、社会功能和行为成瘾这四个维度（徐华等，2008）。

2. 手机依赖行为的干预

当前的研究更多的是描述手机依赖的现象，考察手机依赖与心理和生理健康、情绪、行为之间的关系，探索手机依赖产生的心理和社会机制，以及根据手机依赖的程度和类型对人群属性进行鉴别或区分。但关于手机依赖的干预研究鲜有涉及。个别研究从学校、家庭和社会的三个层面提出来的预防策略（聂岚、刘玉林，2014；符明秋、校嘉柠，2014）则缺乏操作性和针对性。尽管没有直接的文献支持，但针对青少年亲社会行为的干预研究可以为手机依赖问题的干预方案提供参考，比如，寇彧等人（2006，2008，2011）基于青少年社会性发展和健康人格教育方面的理论研究与实践经验，提出了以亲社会行为促进为基本内容框架的德育体系，采用团体心理辅导和团体活动干预的形式，将道德教育和创造性的培养有机结合起来。亲社会行为促进框架的干预内容包括：提高解决同伴冲突技能的“冲突解决六步法”（王磊等，2005）、提升社会交往中情绪胜任力的团体活动（寇彧等，2006），此外还包括“知恩、识恩、谢恩、报恩和施恩”五个环节为主题的感恩教育（黎洁等，2012）。上述研究可以为移动互联网环境下的青少年心理和行为干预提供启发：即通过对共享规则体系的澄清和认同（亲规则）、对虚拟空间社群环境的保护与提升（亲环境）以及对同伴群体与人际关系质量的维护与提升（亲社交）三个层面促进青少年更为理性地看待手机的作用，更为全面地理解互联网世界，更为高效而合理地安排自己在虚拟空间的社群活动。当青少年的亲社会行为得到有效促进之后，他们借助智能手机的社交软件来寻求群体接纳、爱与亲密的需求也会降低到一个更为平和与正常的水平上来，从而能够更好地使他们适应移动互联网建构的全新社会结构。

二 家庭因素与青少年手机依赖

关于家庭因素与青少年手机依赖问题的关系，目前的研究主要关注家庭与青少年直接相关因素。研究者普遍发现消极的教养方式与智能手机的过度依赖甚至过度沉溺有关。比如，邓兆杰等人的研究发现，父母的教养方式、主观幸福感和大学生手机依赖行为有密切关系，积极的父母教养方式与手机依赖之间是负相关关系，而消极的父母教养方式与手机依赖之间是正相关关系；父母教养方式能够通过主观幸福感的中介作用来影响手机依赖行为：首先，消极的教养方式首先降低个体的主观幸福感，促使个体寻求其他方式来进行幸福感的补偿，对手机及其所负载的移动互联网平台的过度使用，乃至形成依赖与成瘾是这些方式中的重要成分；其次，积极的教养方式会提高个体的外向性、自尊水平和自信心，进而能够寻求多元化的手段或载体来满足自己的需求，于是就会降低对手机的依赖（邓兆杰等，2015）。此外，手机依赖、网络成瘾在父母拒绝和过度保护这两个维度上均存在显著差异，表明父母拒绝和父母过度保护这两个维度可以显著地预测手机依赖状况（杜广建，2011）。又比如，许颖等人的研究发现，青少年对包括智能手机在内的新媒介的依赖行为与父母行为和态度以及父母的监控显著相关：父母本身长时间使用智能手机上网的态度和行为正向预测青少年的新媒介依赖行为；而父母监控却增进了良好的亲子关系，对青少年的新媒介依赖行为产生约束作用，增强了青少年自身对新媒介的抵制效能感（许颖等，2012）。总之，关于父母教养方式和青少年手机依赖的关系，我们在以往研究中看到的更多是父母教养方式中的消极内容与手机依赖情况的产生或恶化之间的联系，但理论上还应存在另一条逻辑，即父母教养方式中的积极内容（比如情感温暖维度）在减缓或消除手机依赖症状方面的积极作用。目前在这个方向上的实证研究还相对较少。

除了父母和子女之间的互动，父母本身存在的问题也可能是诱发青少年过度依赖手机的重要原因。研究者在较早时就已经发现，父母的关系好坏会显著影响子女的行为。郑希付采用自编的父母关系问卷考察了上述问题，该问卷涉及有关父母关系质量的九个维度，分别是沟通的透明度、相互依赖程度、相互吸引程度、冲突水平、相互理解程度、沟通满意程度、权威性程度、相互关心以及共同活动，并将具有明显心理疾病症状或行为症状量表的检出标准作为异常行为的指标。结果发现，父母关系越差，子女的异常行为水平越高（郑希付，1997）。因此，除了来自父母的直接教育和监控，家庭中的另外一些因素也可能对青少年的手机依赖行为产生间接影响。比如，父母的关系中较高频率的冲突会使子女的心理机能恶化，增加情绪波动的概率；父母的习惯性冲突还可能影响子女的社会适应能力，甚至增加罹患精神分裂的概率。不良的父母关系可能会增加夫妻之间关注对方的时间，使双方在处理夫妻关系方面耗费较多的精力，进而减少对子女的关注和陪伴，这就促使青少年在精神上离开家庭，在其他领域或空间寻求安全感、归属感、自尊以及群体接纳。此时，负载着丰富、有趣而多元化信息的智能手机恰好可以扮演这一角色。但是，目前尚无明确的实证研究可以为上述推断提供支持。

以往研究存在三方面的问题，期待进一步研究的拓展。

第一，关于手机依赖的行为指标体系，以往的研究主要关注个体针对手机本身在认知、情感和行为方面的成瘾症状及其背后的影响因素和生理、社会、心理机制。对于“手机”本身以及与之相关议题的细致区分和深入刻画略显不足。事实上，在移动互联网时代，人们表现出对手机的依赖，背后真正依赖的可能未必只是手机本身所包含的功能、用途等要素，可能还会涉及通过网络社交平台而建立的社会关系网络以及在其中深度参与的人际互动场景与内容。因此，对于手机依赖的心理和行为研究应进一步区分手机本身（含功能和用途）与基于手机而延展出来的社交网络，除了针对手机依赖的直接调查，在相关的问卷设计中还应同时考虑常用的手机社交平台（比如微信、微博等），考察青少年通过手机使用这些社交平台时表现出的积极或消极行为症候及其背后的影响因素。

第二，以往关于青少年手机依赖的研究在选择研究对象时，出于取样的方便，绝大多数研究者关注的年龄是12～22岁，即那些正在学校接受普通中学教育或普通高等教育的青少年群体。但事实上，在这个年龄段，除了上述这类青少年以外，还有一部分青少年则进入中职院校，接受职业教育。社会系统对这两类学生的影响模式存在差异。前者较多地接触现代科学知识体系，后者在接触现代科学知识体系的同时还获得了在现代社会分工格局下的技术知识体系。因此，普通中学生和中职院校学生在使用手机、依赖手机等方面是否存在差异、具体存在哪些差异？目前尚无法从已有的研究中找到直接相关的证据。

第三，关于家庭因素对青少年手机依赖的直接影响，目前已有较为丰富的研究资料，而诸如家庭结构（单亲或双亲家庭、组合家庭等）、父母相处风格和关系质量这样的家庭因素则可能对青少年的手机依赖行为产生更为长期而稳定的影响。因为从家庭系统的角度来看，夫妻双方的互动模式、冲突类型、冲突解决策略以及由此而形成的关系类型是影响下一代子女的幸福感、情绪稳定性以及社会化进程的重要来源，也是帮助青少年形成稳定而安全的依恋类型和情感归属的重要影响源。但是，以往关于家庭因素之于手机依赖行为的间接影响尚鲜有研究涉及。

鉴于此，本章将分别探讨家庭因素中的家庭结构类型、父母教养方式和父母关系对青少年手机依赖行为的影响，并提出六项假设。第一，在“手机依赖”的议题中，准确的依赖对象是以手机为载体的社交网络，即功能性依赖而非实体性依赖。在移动互联网时代，智能手机本身所搭载的各种社交和娱乐功能比手机本身更有吸引力、更具成瘾性，因此提出假设1：青少年对手机本身的依赖程度应处于中等偏弱的水平。第二，我们以微信为例，探讨移动互联网社交和娱乐平台对用户的吸附作用和由此产生的依赖性，因此提出假设2：青少年对手机本身的依赖和对社交娱乐平台的依赖是相对分离的，二者之间不是紧密相关的。第三，在家庭因素的框架下，对青少年手机依赖产生间接影响的家庭因素还可以进一步区分为两个层面，第一个层面是远端的间接影响，包括责任家庭结构类型和父母受教育程度，第二个层面是近端的间接影响，包括青少年感知到的父母教养方式和父母关系质量。因此提出假设3：远端因素对青少年在手机本身和基于手机所搭载的移动社交平台的依赖或成瘾情况的影响比较微弱；相比远端因素，近端因素和手机依赖、微信使用情况等诸多指标之间的关系更为紧密。第四，在家庭因素的近端影响因素组成的框架内，父母教养方式中的“拒绝”和“过度保护”这两个维度带有明显的消极特性，因此提出假设4：教养方式中的消极成分与青少年对手机依赖程度（包括对手机本身的依赖和对手机社交平台的依赖）之间存在正向的相关关系。第五，父母教养方式中的“情感温暖”维度在青少年成长中具有积极特性，因此提出假设5：教养方式中的积极成分与青少年对手机的依赖程度之间存在负向的相关关系。第六，青少年感知到的父母关系质量中的消极成分也可能与手机依赖的消极行为有关联，因此提出假设6：父母关系的消极成分和青少年对手机依赖存在正向的相关关系。

我们将青少年在移动互联网时代遇到的问题放置在一个更为宏观的系统中，从家庭的整体角度来理解这个问题，由此可以在理论上进一步拓展与充实手机依赖机制的社会心理框架，使得研究更具有生态效度。从实践角度来看，目前针对手机依赖或成瘾问题的教育干预尚存在不足，现有的教育干预行为大多局限在学校层面。本研究通过对家庭因素在其中的影响机制的挖掘和揭示，能够为学校的道德教育、行为习惯培养、社会性和健康人格培育等工作提供有益的补充，在机制和功能层面上实现“家校一体”。同时也可以为社区开展的青少年社会工作提供参考，因为相比学校，社区在通过整合家庭资源来促进与改善青少年社会功能方面具有更多的优势。

三　教养风格、父母关系感知和青少年手机依赖的关系

本章基于调查研究结果分析了父母的教养风格以及青少年对父母关系的感知与其手机依赖行为倾向的关系。借以进一步充实以往研究中关于手机依

赖影响因素的成果，将非直接关联的家庭因素引入青少年手机依赖行为的影响源体系，探讨更为稳定和长期的影响模式。

（一）调查对象

调查对象是某中职学校的青少年[①]，样本数量为 $n=262$，其中男生 158 人，女生 102 人，缺失性别信息者 2 人；平均年龄 16.55 岁，标准差 0.89；该校共三个年级，本研究抽取的样本以一年级学生为主，共 176 人，此外还有二年级学生 83 人以及三年级学生 3 人。

关于被调查者的家庭基本情况，主要调查了两方面内容。第一是父母的受教育程度，调查题目设置的选项是，(1) 小学（含小学以下），(2) 初中，(3) 高中/中专，(4) 大学（包括大专及大学以上）。其中，父母学历在小学或小学以下的比例是 8.1%（父亲）和 5.8%（母亲）；父母学历是初中学历的比例是 44.2%（父亲）和 43.2%（母亲）；父母学历是高中/中专的比例是 38.8%（父亲）和 42.0%（母亲）；父母学历在大学以上的比例是 8.9%（父亲）和 8.9%（母亲）。第二是家庭结构的类型，调查题目设置的选项是，(1) 多代家庭，(2) 普通家庭（即核心家庭），(3) 离异家庭，(4) 单亡，(5) 双亡，(6) 其他。其中，多代家庭的比例是 13.5%，普通家庭的比例是 79.5%，离异家庭占 4.2%，单亡家庭占 1.2%，其他类型的为 1.5%。

（二）研究材料

1. 手机使用情况调查

采用徐华等人编制的《手机使用调查问卷》（徐华等，2008），问卷首先简要了解被调查者的手机使用情况，包括手机品牌、目前使用的是第几个手机、每月手机话费（含短信费和通话费）以及每天的开机时间。问卷的正式部分首先是从不同角度具体了解被调查者对手机的使用情况，共 13 个题目，其中涉及四个维度：(1) 戒断维度（举例："一开始使用手机，总是无法停止"），(2) 耐受维度（举例："时时刻刻都想手机放在手边"），(3) 社会维度（举例："为了拥有和使用手机，可以放弃别的业余爱好和娱乐活动"），

① 被调查者是来自山西太原市一所中等职业技术院校的学生，学历起点为普通基础教育的初中毕业，符合青少年的年龄范围。不同于普通高中生的是，中职学生所接受的是职业技术教育，因此，本研究对被调查者的选取可以在青少年手机依赖的心理与行为研究中进一步拓宽研究对象的范围，有效补充以往研究尚未关注的群体。

（4）生理维度（举例：“一天内手机没响，就情绪不稳定、易被激怒”）。该工具已被证明具有较好的信度，被调查者对自身依赖手机程度的自评得分和量表总分之间存在较为显著的正相关。在外部验证中也发现，各维度得分与人格、社会状况和网络成瘾等方面均出现了可预测的关联（消极的或不稳定的情绪状态以及不良的社会关系与不当使用手机之间的关联）（徐华等，2008）。

在这次调查中，这四个维度的内部一致性信度在0.60以上。研究者要求被调查者在1~5标尺上判断问卷中描述的内容与自身情况的符合程度（（1）完全不符合，（2）有点不符合，（3）不好说，（4）有点符合，（5）完全符合）。最后是一个总结性的调查问题：排除正常的交流联系，你认为你对手机的依赖程度如何？（上网、游戏等不在考虑范围之内）。研究者要求被调查者在1（完全不依赖）至7（完全依赖）的标尺上做出判断。

2. 微信使用情况调查

由于《手机使用调查问卷》是在2008年编制的，当时的智能手机尚未普及，在青少年中的使用率更低。因此该问卷更多的是要了解青少年对手机本身的依赖情况。随着移动互联网时代的来临，人们对手机的功能定位不断扩展，手机已经不再局限于之前的打电话和发短信功能。因此，本研究在一般性依赖的基础上，增加了对微信使用情况的调查，旨在了解青少年在移动互联网的社交平台上对常用社交软件的依赖，主要从使用频率和使用深度这两方面出发来衡量这种依赖程度。

自编的《微信使用情况调查问卷》主要涉及个体使用微信的年限、原因、微信好友数量、每天在朋友圈和微信群发布、转载以及评论信息的数量等。

3. 父母教养方式问卷

采用蒋奖等人编制的《简式父母教养方式问卷》（蒋奖等，2010）。该问卷为自陈式量表，涉及父亲和母亲两个对应的版本，每个版本设21个题目，一共42个题目。采用四点计分（（1）从不，（2）偶尔，（3）经常，（4）总是），要求被调查者根据自己的体验进行选择。问卷测量了父母教养方式的三个维度，拒绝（rejection）、情感温暖（emotional warmth）、过度保护（over protection）。在本研究中，这三个维度的内部一致性信度分别是：父亲_拒绝维度（$\alpha=0.77$），父亲_情感温暖维度（$\alpha=0.82$），父亲_过度保护维度（$\alpha=0.62$）；母亲_拒绝维度（$\alpha=0.81$），母亲_情感温暖维度（$\alpha=0.88$），母亲_过度保护维度（$\alpha=0.68$）。

4. 父母关系感知问卷

采用张娥和訾非编制的《父母关系感知问卷》（张娥、訾非，2012），共设 25 个题目。同样是自陈式量表，采用五点计分（（1）几乎从不，（2）很少，（3）有时，（4）经常，（5）几乎总是），被调查者根据自我感知和对相关经历的回忆，报告他们感知到的父母关系。该问卷包括三个维度，分别是父母关系消极感知（$\alpha = 0.93$）、父母关系积极感知（$\alpha = 0.95$）和父母关系绝望感知（$\alpha = 0.82$）。

（三）施测过程

采用集体施测的方式，首先向被调查者呈现指导语："亲爱的同学：您好！我们正在进行一项关于青少年使用手机等移动互联网平台的调查，该调查是不记名的。我们郑重承诺：该调查只用于科学研究，不会将相关信息泄露给商业或私人用途。请您根据自己的实际情况和真实体验，进行填答或选择……"，整个施测过程由研究者及其助理全程追踪，保证问卷填答有效。此外还由学生所在班级的班主任协助完成试卷发放、现场监督以及试卷回收工作。最后共收回有效问卷 262 份。现场调查结束之后，研究者邀请两名助手将被调查者在原始问卷中填答的信息录入数据分析软件（SPSS 23.0）中，同时邀请另外两名未参加调查和数据录入的研究助理对数据文件进行检查与核对，修正其中明显的错误录入。核查结束后针对系列问卷中所涉及的变量和行为数据，依次进行统计分析。

（四）研究结果

基于上述的研究材料，分别考察使用手机（反映对手机本身的依赖情况）和使用微信（反映对手机搭载的社交功能的依赖情况）与一系列家庭因素的关系。

1. 手机使用情况和家庭因素的关系

（1）手机使用情况的描述性统计结果。《手机使用情况调查》共 13 个题目，包含四个维度，戒断性维度包括题目 1、4、11 和 12，该维度是指个体在使用手机过程中的心理戒断反应，得分越高代表戒断难度越大；耐受性维度包括题目 3、5、9 和 10，该维度反映个体在使用手机过程中的心理耐受性强度，得分越高代表越难以离开手机；社会性维度包括题目 2、6 和 13，该维度反映使用手机对个体社交生活的影响，得分越高表示手机对社交生活的负面影响越大；生理性维度包括题目 7 和 8，该维度反映使用手机过程中出现的消极生理症状，得分越高代表这种生理反应越明显。各维度分数相加得到总体的手机依赖指标，总分越高，表明依赖程度越强。表 2-1 呈现了被调查者在上述四个维度上的平均分，从中可看到两个方面的信息：第一，相对来说，被调查者在耐受性和戒断性维度上得分较高；第二，四个维度的平均得分均未超过 3（3 处于 5 点评定标尺的中点位置），对它们分别进行的单样本 T 检验（将四组平均数分别与 3 进行比较）结果显示，三组平均数均显著小于 3，最小的 t 值为 5.62，$p=0.000$。这表明被调查者在上述四个维度所分别反映的手机依赖情况均未达到中等强度。

最后采用被调查者自评的方式来了解总体的手机依赖情况，即排除正常通信，以及上网和游戏之外，判断自己对手机本身的依赖程度。题目表述为“你认为你对手机的依赖程度如何?”在 1~7 点的评价表尺上，被调查者的平均打分是 3.65，将其与平均分值 4 进行单样本 T 检验，$t\ (261)=-4.30$，$p=0.000$，即显著小于 4，这表明本研究所取样本反映的整体性手机成瘾症状并不严重。另外，总体依赖情况与上诉四个维度以及维度总分之间的相关分析结果发现，与总体手机依赖情况相关最高的是戒断性维度，接下来依次是维度总分、社会性、耐受性和生理性（详见表 2-1）。上述五个方面与自评依赖情况的相关均显著，表明《手机使用情况调查》对手机依赖行为的测量获得了一个比较可靠的效标效度证据。

表 2-1　手机使用问卷维度和总分及其与自评总体性依赖的关系

	戒断性	耐受性	社会性	生理性	维度总分
平均数（标准差）	2.54（0.93）	2.70（0.88）	2.29（0.86）	1.96（0.94）	9.49（2.97）
与评价中值比较	$t\ (261)=-8.00$	$t\ (261)=-5.62$	$t\ (261)=-13.24$	$t\ (261)=-17.79$	/
与自评依赖相关	$r=0.46^{**}$	$r=0.34^{**}$	$r=0.37^{**}$	$r=0.16^{*}$	$r=0.40^{**}$

注：* 表示相关系数在 0.05 水平显著，** 表示相关系数在 0.01 水平显著。后表同。

（2）手机使用情况与家庭基本情况的关系

首先分别考察手机依赖的四个维度以及维度总分与父母受教育程度的关系。由于被调查者报告的父亲受教育水平与母亲受教育水平的相关值为 $r=0.431$，故将二者的平均数作为父母受教育程度的指标。然后计算父母受教育程度与手机依赖指标的相关值，发现父母受教育均值与手机使用的戒断性、耐受性、社会性、生理性以及总体依赖情况的相关系数分别是－0.002、－0.090、0.113、0.038、0.018均未达到显著相关的水平。

其次分别考察手机使用的四个维度以及维度总分与家庭结构类型的关系。本研究基于类别数据来了解被调查者的家庭结构，因此将家庭结构类型作为自变量，将手机使用指标作为因变量，采用单因素方差分析来考察在不同家庭类型下手机使用情况的差异。结果显示，不同类型的家庭结构所对应的手机使用中的依赖情况未出现显著差异。

（3）手机使用情况与父母教养方式及父母关系感知的关系

首先分别考察手机使用的四个维度以及维度总分与父母教养方式三个维度之间的关系。相关分析的结果显示，从统计学意义上来看，手机使用的戒断性维度与父亲和母亲的拒绝态度、过度保护均呈显著正相关；耐受性维度与母亲的过度保护呈显著正相关；社会性维度与父亲和母亲的拒绝、过度保护均呈显著正相关，与父母的情感温暖呈显著负相关；生理性维度和父亲的拒绝、过度保护呈显著正相关，和母亲的过度保护呈显著正相关；总体性依赖情况与父母的拒绝和过度保护呈显著正相关（详见表2－2）。上述相关分析的结果表明，父母教养方式中的消极成分（即拒绝的态度和行为以及过度保护的养育策略）越明显，对手机依赖症状的戒断难度越高，因手机而带来的负面社交影响越大，频繁使用手机所带来的消极生理反应也越明显。

表2－2　手机使用行为指标体系与父母教养方式的关系

	教养方式（父亲）			教养方式（母亲）		
	拒绝	情感温暖	过度保护	拒绝	情感温暖	过度保护
戒断性	0.136*	0.011	0.191*	0.177**	－0.033	0.224**
耐受性	0.088	0.045	0.081	0.118	－0.048	0.134*
社会性	0.190**	－0.140*	0.146*	0.144*	－0.143*	0.100
生理性	0.142*	－0.098	0.157*	0.113	－0.089	0.165**
总体依赖性	0.169**	－0.055	0.176**	0.168**	－0.094	0.191**

其次考察手机使用的四个维度以及总体依赖分值与父母关系感知三个维度之间的关系。相关分析结果显示，手机使用的四个维度得分、总体依赖分值和消极、积极的父母关系感知均不存在显著的相关。但是社会性维度、生理性维度以及总体依赖程度与父母关系的绝望感知出现了统计学意义上的显

著正相关（详见表2－3）。这表明被调查者感知到无法改善、面临崩塌的父母婚姻关系（即绝望感知）与他们在使用手机过程中对社会交往的消极影响以及因手机而出现的消极生理反应存在关联。

表2－3　手机使用行为指标与父母关系感知的关系

	父母关系感知		
	消极感知	积极感知	绝望感知
戒断性	0.115	－0.006	0.118
耐受性	0.068	－0.108	0.080
社会性	0.095	－0.098	0.180**
生理性	0.076	－0.081	0.151*
总体依赖性	0.108	－0.088	0.161*

2. 微信使用情况和家庭因素的关系

（1）微信使用情况的描述性统计结果

根据《微信使用情况调查问卷》中所涉及的题目，对被调查者使用微信的基本情况进行分析。首先，被调查样本中使用微信的比例是92.7%，表明微信作为一款移动社交软件在青少年群体中已经非常普及；其次，使用微信的平均年限是2.7年，由于微信是在2011年开通的，距今6年左右，所以2.7年的“微龄”可反映被调查群体已接近微信的“中、重度用户群”；再次，关于查看微信的时间间隔，14.9%的被调查者不到10分钟查看一次，19.4%的被调查者10～30分钟查看一次，14.9%的被调查者30～60分钟查看一次，6.2%的被调查者1～2个小时查看一次，10.7%的被调查者2～4个小时查看一次，33.9%的被调查者4个小时以上查看一次。根据上述前三个比例累加可知，49.2%的被调查者一个小时之内至少查看一次微信（见图2－1）；最后，在网络互动方面，被调查样本平均每人每天发出的点赞数量是5～10条，发出的评论数量是5条以内，所写评论的平均字数是5～10个字，原创受到的点赞数量是5～10条，原创收到的评论数量是5条以内。

接下来分析与微信使用有关的两个指标，即使用频率和使用深度。第一，分别对被调查者的“经常查看微信的时间段（包括早晨、中午、晚上、下午、夜间、凌晨这六个时间段）”进行1，0计分，得到6列数据（举例：被调查者选择早晨和夜间，则编码为：1、0、0、0、1、0），然后将6列数据相加，得到微信使用频率的指标。微信使用频率的统计结果显示，从总体上来看，

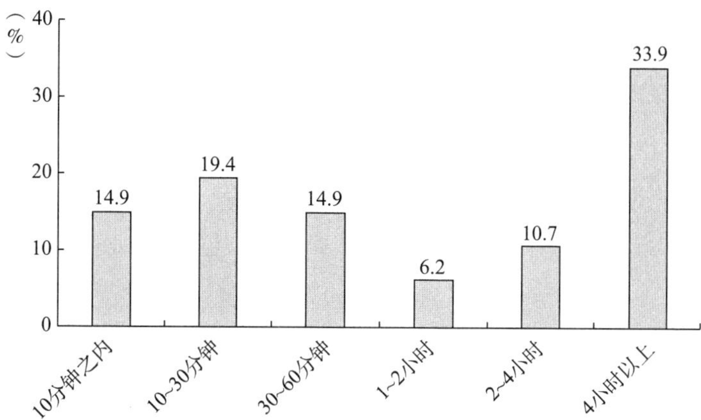

图 2-1 查看微信的频率及其对应的人数比例

72.5%的被调查者每天至少会选择一个时间段查看微信平台上的社交性信息。第二，首先将被调查者报告平均每天收到和发出的“点赞数量”求平均数，得到“平均点赞”；其次将被调查者报告平均每天收到和发出的“评论数量”求平均数，得到“平均评论”；最后以二者的平均数作为微信使用深度的指标。微信使用深度的统计结果显示，上述点赞和评论数被整合以后得到的平均数是1.39，标准差是0.80，也就是平均每天在微信社交平台和别人通过点赞或评论互动的次数在1到2次之间。

最后来考察手机使用量表的四个依赖性维度及总体手机依赖分值与微信使用频率和深度的相关性。结果显示，手机依赖的戒断性维度、生理性维度和总体依赖性情况与微信使用深度呈现出了统计学意义上的显著相关（详见表2-4）。这表明与单纯的频繁查看微信相比，像点赞、评论这样的深度社交行为与手机依赖指标体系中的戒断性、生理性维度之间的关系更为密切。

表 2-4 微信使用频率与使用深度和手机依赖症状之间的相关

	戒断	耐受	社会	生理	总体手机依赖
微信使用频率	0.034	0.011	0.052	0.035	0.040
微信使用深度	0.163**	0.078	0.113	0.129*	0.148*

（2）微信使用频率与使用深度和家庭基本情况之间的关系

首先考察微信使用频率与使用深度和父母受教育程度的关系。相关分析结果显示，父母学历均值与被调查者使用微信频率的相关值为 $r=0.080$，与使用微信深度的相关值为 -0.051，均未达到显著水平。

其次考察微信使用频率与使用深度和家庭结构类型的关系。将家庭结构类型作为自变量，将微信使用频率和深度作为因变量，采用单因素方差分析来考察不同家庭类型下微信使用情况的差异。结果显示，被调查者报告的微信使用频率和使用深度并未随着家庭结构的不同而表现出显著差异，$F_{频率}(4, 254)=0.865$，$p>0.05$；$F_{深度}(4, 254)=0.464$，$p>0.05$。

（3）微信使用频率与使用深度和父母教养方式即父母关系感知的关系

首先考察微信使用频率与使用深度和父母教养方式三个维度之间的关系。相关分析的结果显示，母亲教养方式中的过度保护维度与被调查者的微信使用频率呈现显著的正相关，父亲和母亲教养方式中的情感温暖维度与被调查者的微信使用深度均呈现显著的正相关（见表 2－5）。这一方面揭示了母亲对青少年过度保护的教育与养育风格和青少年频繁使用微信之间的联系；另一方面则反映了来自父母的情感温暖与青少年使用微信的深度之间的关联。

表 2－5 微信使用情况与父母教养方式的关系

	教养方式（父亲）			教养方式（母亲）		
	拒绝	情感温暖	过度保护	拒绝	情感温暖	过度保护
微信使用频率	－0.006	0.120	0.113	0.006	0.084	0.135*
微信使用深度	－0.043	0.122*	0.069	0.025	0.151*	0.027

其次考察微信使用频率与使用深度和父母关系感知三个维度之间的关系。相关分析的结果显示，被调查者对父母关系的消极感知和微信使用频率呈现显著的正相关。这表明青少年频繁使用微信的情况与自身针对父母关系的消极预期有关。而针对微信的使用深度与父母关系感知的三个维度之间均未出现明显的关联（见表 2－6）。

表 2－6 微信使用情况与父母关系感知的关系

	消极感知	积极感知	绝望感知
微信使用频率	0.135*	0.046	0.059
微信使用深度	0.012	0.033	－0.015

（五）讨论

1. 青少年手机使用及依赖的基本情况

本研究首先对青少年在使用手机过程中表现出来的依赖性特征进行了总体调查。其中，《手机使用调查问卷》主要是了解被调查者对手机本身的依赖程度；《微信使用情况调查问卷》主要是了解被调查者在使用微信社交平台时在接触频率和互动深度方面表现出来的特点。这一部分的调查结果回应了假设1和假设2。首先，被调查者自我报告对于手机本身的依赖程度在四个维度上均呈现出中等偏弱的状态（与评价标尺中值“4”的差异性检验结果反映，均数显著小于4），回顾《手机使用调查问卷》中的内容可知，该调查主要从广泛意义上了解青少年在使用手机时的成瘾状态，对于“手机”的界定较为笼统，即没有对手机本身特征（如品牌、外观、质地等）和手机所搭载的社交功能（如移动社交网络、即时通话、图文共享等）做进一步的区分，因此这个笼统的界定可以理解为一种特征和功能的集合体，基于此所进行的手机依赖调查，所获取的是针对手机本身的总体性依赖水平，换言之，我们用“总体性依赖”的表述去回应关于“手机集合体”的调查。在本研究中，被调查者对这个“集合体”表现出的中等偏弱的依赖性，一方面可能是因为他们没有完全理解问卷中对于“手机”的概念设定，没有注意到特征背后的社交功能，所以他们按照对手机特征的理解来回答问题，这种基于理解对象的片面性会掩盖一部分真相；另一方面，被调查者可能确实理解了问卷中对于手机表述的含义，于是基于总体性感知来判断自己对手机的依赖情况，而在这里所表现出的中等偏弱的依赖则是相对客观的，但依然存在一种可能，即对于特征依赖性较低，对功能的依赖性较高，而在针对特征和功能的集合体的依赖性判断时就会出现总体评价被低估的情况。从上述两方面的分析可知，在研究手机依赖这一问题时应注意对“手机”进行深入细化的界定，尽管从总体来看，青少年对手机本身所产生的依赖并不是特别严重，但这一部分结果无法推知青少年对手机使用过程中具体细节（比如基于移动网络平台的社交功能）的依赖情况是否也是较弱的。

其次，鉴于上述考虑，我们基于《手机使用调查问卷》设计了《微信使用情况调查问卷》，旨在从功能角度具体了解青少年通过手机进行网络社交时所连带产生的依赖性或成瘾性的情况。本研究发现，微信对青少年群体具有较强的“黏性”。样本中的微信使用率超过90%，使用微信的年限接近3年，

49.2%的被调查者一个小时之内至少查看一次微信，接近3/4（72.5%）的被调查者表示自己每天至少会在某一个固定的时间段查看微信平台上的社交信息或公共文章，平均每天在微信社交平台上与他人互动五次以上（包括互相点赞、互写评论）。可见，这里所说的黏性既包括针对微信平台的单向关注，可以将查看微信的频率作为衡量指标；也包括在这一社交平台上的双向互动，可以将人与人之间的信息交换和信息反馈的数量作为衡量指标，借以反映互动的深度。整合之后的“微信使用频率”和之前所得的手机依赖维度之间的相关并不显著，而“微信使用深度”则和手机依赖的戒断性维度和生理性维度存在一定程度的正相关。这部分结论揭示了青少年对手机本身的依赖和对社交平台的依赖存在相对的分离，即结构和功能的分离。换言之，基于结构和功能集合体的、宽泛而笼统的手机依赖情况较弱（低于中等水平），而在这个集合体中剥离出功能性元素之后，（以微信为例的）社交功能方面则表现出“黏性-依赖性”共存的现象。由此回应了假设2（青少年对手机本身的依赖和对社交娱乐平台的依赖是相对分离的，二者之间不是紧密相关的关系）。

这个结论对教育实践具有一定的启发意义。第一，在学生管理工作中，对于“在校期间使用手机”该不该禁止呢？很明显，简单的禁止是不合理的。智能手机是一个集多元化功能为一身的载体，这个载体可实现信息、情感和价值观的传播、交流与再生产。一方面，学生对手机本身并没有出现成瘾性症状，因此不必视其为“洪水猛兽”；另一方面，因为学生沉迷于手机的社交、娱乐等功能而对手机实施全面禁止则可能会影响他们使用手机的其他功能，比如信息检索、知识获取以及在社会支持网络中必要的情感互动等。第二，尽管全面禁止是不合理的，但完全放任也是不合适的。本研究发现，青少年在使用手机的网络社交功能方面的频率较高，也就是会在移动社交平台上耗费较长的时间，进而可能影响正常的学习和生活。这表明青少年（尤其是本研究所关注的中职院校学生）在移动社交平台的社交生活中尚做不到很好的自我监控和时间管理，故需要成人的适度引导。因此，在学生教育和管理工作中应针对学生使用手机这一问题进行区别化和有指向性的管控。

2. 家庭因素和手机依赖的关系

本研究考察了不同层面上的手机依赖表现与家庭因素的关系。根据布朗芬·布伦纳的社会生态系统理论，影响青少年心理发展的社会因素是一个由宏观系统、中观系统和微观系统组成的嵌套式生态系统（车广吉等，2007）。个体和不同层面的系统发生互动，并受到它们的影响。微观系统是亲身接触并参与其中直接产生经验的环境（如家庭、学校和同伴群体）；中观系统是两个或多个微观系统之间的相互关系，比如家庭和学校的联系、社区和家庭的联系等；而外在的宏观系统则是指学校、家庭和同伴群体所处的外在系统以及个体成长所处的文化环境（刘杰、孟会敏，2009；车广吉等，2007）。事实上，这种嵌套式的社会生态系统是动态、多元和多角度的，即便在某一个系统层面上进一步考察其影响作用时也会发现其中所蕴含的层级性。就家庭系统而言，不同因素所处的层级是不同的。首先是“远端层级”，也就是和青少年社会认知、社会行为以及受此影响的社会生活关系相对较远的家庭因素，本研究关注的是家庭结构类型和父母受教育水平。结果发现，就这两个因素而言，它们和青少年手机依赖（无论是对于手机自身的依赖，还是对于手机社交功能的依赖）的关系是比较微弱的（统计分析均为显著差异）。对于这一结果的理解应从两个角度来解释。第一是直观角度，即所谓远端因素与手机依赖无关，说明其处在“远端”，难以对青少年使用手机、对手机功能成瘾等问题产生直接影响，此外，本研究所选取的青少年样本来自同一所学校，他们的家庭结构和父母受教育水平相对比较同质，这也是从这两个因素上难以看到直观差异的原因。第二是内隐角度，用直观的角度来分析这个问题很可能具有表面性，因为家庭结构类型和父母受教育水平是相对比较稳定的结构性因素，是不容易随时间和环境而改变的。这一类家庭诸多处在下位层级、具体的非结构性因素的总体性影响源，同样是不容忽视的，例如，家庭结构类型会影响成员间发展出不同的信息和情感互动模式，普通家庭和单亲家庭的互动模式是不同的，丧亲或离异而出现的组合型家庭的互动模式和普通家庭又存在较大的差异，在这种基于家庭结构不同而产生的不同的互动模式基础上，在一定情境因素激发的条件下，青少年就会对移动社交平台产生补偿性或反弹性的依赖；此外，父母的受教育水平会在家庭内部营造一种与之相对应的文化氛围，这种氛围会成为家庭教育的底色，并潜在地影响父母之间的关系、针对子女的教养方式、监控风格以及子女的应对方式等，不同的受教育水平会导致父母采用不同的思路和策略来和自己的孩子相处，因而也会对青少年在社会交往，尤其是基于移动互联网平台的社会交往内容、对象、时间等方面的行为决策产生影响。换言之，尽管本研究未发现上述远端因素和手机依赖的直接关联，但这并不能否定下列可能，即某种特定的内在或外在条件下，特定的家庭结构类型或父母受教育水平会引发青少年对手机使用产生偏离平均水平的依赖或成瘾现象。

其次是“近端层级”，也就是和青少年使用手机这一议题的关系相对较近的家庭因素，本研究关注的是父母教养方式和感知到的父母关系质量。渐次回应了假设3～假设5。第一，在父母教养方式方面，以往研究已经从不同角度探讨了父母教养方式与青少年行为问题之间的关系，例如，网络成瘾倾向者与非网络成瘾倾向者的父母教养方式之间存在显著差异，前者的教养方式更倾向于过度干涉、严厉惩罚和拒绝（李涛，张兰君，2004）；同时还发现父母教养方式中的积极成分与青少年行为问题之间的负相关关系，例如，父母教养方式中的情感温暖、理解与女生的行为问题（焦虑强迫、体诉、分裂样、抑郁退缩、不成熟、违纪、攻击性和残忍等）存在显著的负相关关系（蒋奖，2004）。综合以往研究可知，关于教养方式和青少年行为问题之间的关系，基本的模式是：消极教养方式和问题行为之间呈现较为显著的正相关关系，积极教养方式与问题行为之间呈现较为显著的负相关关系，或者无相关关系。已有研究对青少年的行为问题较多地集中在传统议题上，即情绪困扰、攻击行为和不成熟的社会适应水平等，对于移动互联网背景下的新型问题行为（如网络和手机成瘾），则鲜有研究将其置于教养方式的影响框架之下进行考察。本研究的相关分析发现，父母教养方式中的消极成分（拒绝和过度保护）越明显，青少年使用手机时的戒断性维度得分越高（即戒断难度越大），因为频繁使用手机而带来的负面的社交影响越大，由此产生的消极性生理反应也越明显。母亲教养方式中的过度保护维度与青少年的微信使用频率呈现显著的正相关关系，父母教养方式中的情感温暖维度与青少年的微信使用深度呈现显著的正相关关系。从这些结果可知两点。（1）在手机总体依赖的议题下——除耐受性维度以外，拒绝和过度保护风格下的教养方式和手机依赖的其他三个维度之间均存在显著的正相关关系，而在情感温暖风格下的教养方式则和手机依赖的所有维度均不存在显著相关。这与上文所述的“教养方式与行为问题”的关系模式相一致。本研究的结果进一步夯实了“由于手机依赖而产生的一系列症状反应可以被看作是负面行为问题”这一论断。此外，本研究也在布朗芬·布伦纳的社会生态系统中建立了一个关于手机依赖影响源的中观节点，即所谓“近端层级”上的父母教养方式。从相关分析结果来看，相比情感性的柔性影响过程，父母在教养过程中采用类似“拒绝”和“过度保护”这样的硬性影响风格似乎更容易导致青少年将注意力和精力转向虚拟的同伴社交网络（现实生活中的同伴群体交往也可能被父母以过度保护为由而切断或限制），在这个虚拟的网络中去寻找归属感和安全感的补偿，由此而表现出的对于手机本身的戒断性障碍、社会性依赖和生理性反应都至少被理解为在生硬的教养风格下寻求反弹和叛逆的自然反应，因此值得家长反思。（2）在使用微信社交平台的议题下——首先，与父亲相比，母亲教养方式中的过度保护维度与青少年的微信使用频率呈现更为显著的正相关关系。频繁查看微信可能反映青少年在网络社交过程中的诸多消极品质，比如较高的焦虑水平（担心对方对自己发出的信息不予回复或反馈）；较低的人际信任（不相信对方会按照预期的形式或内容做出反应）；较低的人际归属感（担心被群体排斥，渴望被群体接纳）；较低的人际安全感（担心群体成员或好友不再重视或关注自己）。母亲采用过度保护的教养风格可能使青少年在解决人际交往过程中的焦虑、信任、归属和安全等问题时缺乏必要的独立训练机会和人际自主性，因此在网络或现实社交场景中体现出比较差的适应能力。其次，父亲和母亲教养方式中的情感温暖维度与青少年的微信使用深度呈现显著的正相关关系。在微信使用过程中，与“使用频率”这一个反映使用者焦虑心态的指标相比，“使用深度”这一指标则更多地体现了从容社交的姿态，换句话说，青少年在移动社交平台上与他人进行对等的、深度的信息、情感和价值观的交换，正是体现在较高的使用深度这一方面。这个指标至少说明青少年能够比较稳定地与他人进行社交，并能够得到一系列动态增长的社交成果。本研究的结果提示我们，这种从容的社交姿态可能与父母在教养过程中所采用的柔性的情感温暖风格有密切关联。和硬性的教养风格相比，柔性的教育和养育更加润物无声，且较少施加压力，从而可以给青少年充足的空间去进行深度的人际实践。另一个佐证是，微信使用深度和父母教养方式中的消极成分并不存在明显的关联，这也进一步支持了微信使用深度的积极内涵。总之，在以微信为例的移动社交平台上，青少年表现出的不同的使用风格可以反映其内在的特定需求和行为动力系统，这些内容超过一定限度则可能出现成瘾或依赖的情况，而这种情况又和家庭因素中的父母教养方式存在特定的关联。这就揭示了青少年在社会化初期面临家庭系统和社会系统的对接和相互适应的过程中所表现出来的认知和情感反应特征。通过对手机及其所搭载的社交网络使用特点的调查和分析，其实可以窥见家庭因素在青少年寻求独立和实现社会化的历程中所发挥的持久而强有力的作用。

第二，在父母关系感知方面。首先，消极关系感知维度、积极关系感知维度和手机总体依赖与四个维度均未出现显著的相关关系，而绝望感知维度和手机依赖的社会性维度呈正相关关系，并和生理性维度呈正相关关系。我们知道，绝望性感知是父母关系感知结构中“最糟糕”的一个维度，反映了青少年对恶化的父母关系抱以消极预期，绝望性关系感知是比消极感知更强烈的负面感受。父母关系感知结构中的三个维度已被证明与心境结构中不同类型的情绪因子存在符合逻辑的关联：针对父母关系的消极感知与绝望感知都和消极情绪的四个因子（即愤怒、激动、抑郁和无活力）呈现显著的正相关关系，这两种负面感知和积极情绪无关；针对父母关系的积极感知和积极情绪的三个因子（活跃、愉悦和平静）呈现显著的正相关关系，同时和大部分消极情绪因子呈显著负相关关系（张娥、訾非，2012）。总体而言，父母关系感知是积极还是消极，可以作为预测青少年一系列情绪和行为问题的效标。消极、恶性甚至冲突的夫妻关系会对子女造成广泛的影响（Cummings et al.，2001）。在本研究的理论框架内，绝望的父母感知对应的是手机依赖带来的社交困扰和消极的生理反应，该结果继续支持了这种广泛影响的存在。本研究同时还发现了微信使用频率和消极关系感知之间的正相关关系，进一步支持了使用频率与个体消极层面上的情感和行为反应模式之间的关联。作为相关分析，本研究无法提供父母关系感知和手机使用过程中积极或消极反应之间的因果关系证据，但是依然可以呈现二者之间的关联，并为家庭教育提供几个侧面的参考或启发。一方面，就父母关系质量而言，这种间接性的家庭因素对青少年行为问题的影响是相对隐蔽的，这种隐蔽性容易被父母忽视，因为父母往往强调直接针对问题本身向青少年所传递的知识、经验和价值观，而忽视了自身因素在其中发挥的潜在作用，即重视直接的教育过程并关注教育对象由此受到的影响、改变，忽视了自己作为家庭教育主体在其中所发挥的作用，包括教育者自身的情感和行为反应模式，以及不同教育者之间的互动关系和交往模式等；另一方面，父母应学会对夫妻关系进行有效的管控，充分发挥和利用关系中的积极成分，使其成为提高家庭教育质量的有力推手，同时避免关系中的消极成分过多地暴露在家庭教育现场，以此将家庭因素的消极影响尽可能地降到最低。

四　结论

本研究基于问卷调查的方法，考察了青少年使用手机从事社交活动时的心理与行为特征；同时考察了处在家庭结构中不同层面上的因素和上述特征之间的关系。研究结论可总结为三点。

第一，青少年的手机依赖对象分为手机本身和基于手机而搭载的移动社交平台，前者可称之为实体性依赖，后者可称之为功能性依赖。青少年对手机的实体性依赖和功能性依赖是相对分离的，实体性依赖程度处于中等偏弱的水平，而青少年对诸如微信等移动社交功能的依赖则处于较强水平。

第二，围绕青少年手机依赖议题的家庭因素是一个分层级的立体系统。远端层级上的家庭结构类型和父母受教育水平对该议题的影响比较微弱；近端层级上的父母教养方式和父母关系感知和手机实体依赖、功能依赖的关系更为密切。

第三，在近端层级的家庭因素组成的框架内，父母教养方式中的消极成分和实体性手机依赖之间存在正向的相关关系，教养方式中的积极成分和实体性手机依赖之间存在负向的相关关系、同时与功能性手机依赖的深度指标之间存在正向的相关关系；父母关系感知中处于极端状态的消极成分（绝望性关系感知）和实体性手机依赖之间存在正向的相关关系、父母关系感知中一般性消极成分（消极关系感知）和功能性手机依赖的频率指标之间存在正向的相关关系。

第二篇

亲社会行为的理论概览

“亲社会行为”（pro-social behavior）泛指那些对他人有利，并对个体之间和群体内互动质量发挥重要作用的一组行动。在发展心理学和社会心理学领域，青少年的亲社会行为是近40年来被研究者、教育实践者和社会工作者持续关注的一个热点。

首先，我们感兴趣的问题是亲社会行为是如何发生的，进而探讨诸如他人取向的自我建构（other-oriented self construct）、移情（empathy）、利他（altruism）的特质与动机以及亲社会或亲自我价值取向（pro-social/pro-self orientation）等内部心理机制，还会探讨诸如同伴关系、群体社会化和亲子互动等社会影响机制，以及更为宏观的环境设置和文化习俗等影响因素。其次，教育实践者所感兴趣的则是如何让学生习得并保持具有亲社会特征的社会适宜行为（appropriate behavior），进而探讨将亲社会行为干预融入青少年社会教育、学校心理健康辅导、学校德育课程、行为规范训练以及团体提升训练等教育体系中的理论依据和操作方法。最后，社会工作者在亲社会议题上感兴趣的问题是如何营建亲社会的社区，包括社区感（sense of community）的建立、社区共识（community consensus）的培育和社区行动的训练等。

亲社会行为的机制研究和干预研究都会对青少年的社会性提升与行为促进带来启发。本篇的两章将系统梳理亲社会行为的基础理论，介绍亲社会行为的界定、特征、类别与行为发生路径以及通过一项实证研究来探讨亲社会行为背后的社会认知机制。

第三章
亲社会行为的概念与行为发生路径

引　言

“亲社会行为”（pro-social behavior）泛指那些对他人有利，并对个体之间和群体内互动质量发挥重要作用的一组行动。英语词典中对“Pro-social”的解释是“亲社会的，忠实（或拘泥）于既定社会道德准则的”。亲社会行为所指的就是具有上述特点的行为。《广雅》对“亲”的解释是“亲，近也”。我国学者寇彧基于对青少年亲社会行为的长期研究，将中国传统文化中的“亲知、亲善、亲仁”作为核心观点整合到亲社会行为中。可见，“亲社会”可以反映人们对外部世界的趋近和认同。亲社会行为在社会心理学上是指发生在人际互动过程中的一种积极的社会行为。随着健康心理学和积极心理学风潮的兴起，研究者对积极社会行为的兴趣正逐渐提升。从 20 世纪 70 年代开始，有关亲社会行为的理论研究以及青少年亲社会行为的发展和培养已经受到人们的广泛关注（Wispe，1972；Barrett and Yarrow，1977）。研究者感兴趣的问题是亲社会行为是如何发生的，进而探讨诸如他人取向的自我建构（other-oriented self construct）、移情（empathy）、利他（altruism）的特质与动机以及亲社会或亲自我价值取向（pro-social/pro-self orientation）等内部心理机制，还会探讨诸如同伴关系、群体社会化和亲子互动等社会影响机制，以及更为宏观的环境设置和文化习俗等影响因素。

一　亲社会行为的类型特征与范畴界定

在多元视角下，以往研究者针对亲社会行为的分类结构提出了各自不同的观点，这些观点的差异主要源于研究者对亲社会行为本质的不同理解，归纳起来共有三种。

第一种理解将亲社会行为的本质等同于利他行为，即根据行为效果来判断亲社会行为的利他性特征。从行为发生后所产生后果的角度来看，亲社会行为涉及一系列旨在增加或保证他人利益的行动，包括助人、慷慨、牺牲、忠诚、尊重别人的权利及情感、有责任感、合作、保护他人、分享、同情心、安慰、抚养他人、关心别人的利益、好心、拒绝非正义事物等（Eisenberg et al., 2006）；亲社会行为指一切符合社会期望的、有益于他人和社会的行为，如助人、分享、合作、自我牺牲等（章志光，2015：336）；如果将行为动机作为亲社会的内涵，则可以划分出旨在促进他人福祉与幸福的帮助和分享等行为，并且其背后并未有意识地关心个人利益得失（Hoffman，1981）。上述研究者侧重于强调亲社会行为的“利他性”特征，但是单纯指向外部的利他性并不是亲社会行为的唯一特征。利他行为是一种只想给他人带来利益、不期望得到外部奖赏或避免惩罚的行为，因此利他行为是最高层次的亲社会行为，亲社会行为比利他行为的范围更广。另一些研究者将亲社会行为归纳为自愿或有目的的给他人带来利益的行为，而有益于他人的原因既可能是无私的利他，也有可能使双方获得对等的利益（Eisenberg and Miller, 1987; Radke-Yarrow and Zahn-Waxler, 1986）。此外，还有一种观点将亲社会行为看作是从单纯地指向自我利益变化到单纯地指向他人利益的行为连续体（Kerbs and Hesteren, 1994）。总之，在利他主义框架内，亲社会行为在形式上和结果上具有利他性特征，在动机上则处于纯利己到纯利他连续体上的任意一点。

第二种理解将亲社会行为的本质内涵注入了更多的“社交性”要素。亲社会行为的发生具有多重后果，一方面使得行为接受方获得了现实的利益，从而实现了利他性目标；另一方面也促进双方建立了牢固而积极的关系，提升了人际关系质量，因而具有一定的社交适宜性（Greener and Crick, 1999; Eisenberg et al., 2006）。因此亲社会行为的研究中应该充分考虑到行为双方之间的人际交往作用和由此形成的关系模式。社交性特征使得亲社会行为的类别范畴比利他行为更广，它既涉及个体对外部世界的积极反映，同时也涉及内部的自我建构。因此，除了“利他性”，“社交适宜性”也能够反映亲社会行为的核心内涵。寇彧等人（2017）总结了亲社会行为社交性特征的八种具体表现形式，分别是：（1）调节行为，比如通过谦让、幽默、鼓励和赞美等方式来调节他人的情绪，通过改变其不良状态来达到助人的目的；（2）人际互助，通过互相帮助而使得双方同时获利；（3）分享行为，实际上是用物理意义上的资源或空间来交换心理意义上的接纳与认可，比如把自己的物品或机会让给他人，进而获得他人的赞赏、尊重或回报，使同伴关系更牢固；（4）习俗行为，能够被一个社会中大部分人所接受的行为方式，比如为人和善或待人礼貌等；（5）接纳行为，能够接受群体新成员，邀请他们参与群体活动，使他们成为群体一员；（6）公正行为，在同伴群体中维护公平正义，以及见义勇为、挺身助人等；（7）控制行为，阻止消极的人际互动，比如阻止打架、谩骂等不友好行为；（8）群际亲社会行为，在超越个体之间关系的群际关系框架内，发生在群体之间的积极互动，包括偏见的消除、群际合作和群体互助等（寇彧、张庆鹏，2017：5）。总之，在关系主义框架内，亲社会行为在形式上依然是助人获益的积极表现，但在其背后则揭示了更为丰富的社交性内涵。

第三种理解则强调亲社会行为的公共性内涵。对于青少年来说，这里的“公共性”主要在两个方面。一方面是青少年对群体规范的认同与维护，在问题解决、行为决策和同伴交往等方面均受到潜在群体的影响，也就是会考虑“其他同龄人会怎么想/怎么做”，在行为上表现为“遵规”。这方面的良性适应状态会使青少年顺利完成群体社会化，并顺利推进自我和社会性的发展；而在群体层面上的不良适应状态则会在发展进程中设置更多的危险性因素，表现为学业不良、问题行为和社交障碍，甚至出现发展性危机。“公共性”内涵的另一方面涉及青少年在同伴群体以外更为广阔的社会空间（如社区）内的社会互动、公共参与和集体行动，社区亲社会行为可以构建与维护良性的人文社会环境，提高公共福祉（Larson et al.，2015；Paillé and Boiral，2013；Rice，2006；），因而也就可以促进青少年更好地发展社会性、培育健康人格并达到良好社会适应状态。在公共性框架内，亲社会行为的表层含义或结果取向主要是指个人对不同利益的关照与维护，包括家庭、社区、社会组织与机构乃至整个社会的利益。

综合以上三方面的观点，本书依据大多数研究者普遍共识，将亲社会行为界定为“自愿做出的、可以给别人带来好处，并促进与他人形成和谐人际关系、提升社区公共利益的行为”，这个定义揭示了隐含在亲社会行为背后的三个特征：

（1）给他人带来直接或潜在的好处；

（2）使交往双方的关系变得更和谐；

（3）使同龄群体乃至整个社群的总体价值得到提升。

这三个特征勾画出了亲社会行为的定义结构，基于这个结构可以探索影响亲社会行为的特质和环境因素，也可以据此设计干预方案，促进亲社会行为，养成亲社会品质。

二　亲社会行为的概念：表征方式与表征结构

以往针对亲社会行为的研究主要集中在以下两个方面：第一，探讨亲社会行为在不同年龄阶段的发展规律和表现特点（Eisenberg et al.，1991；Eisenberg et al.，2002；Fabes et al.，1999）；第二，考察影响亲社会行为的外部因素（比如道德词汇、亲社会歌曲、亲社会游戏和图片等）和内部因素（比如自我概念、价值取向和人格类型等稳定特质）（de Groot and Steg，2009；Pichon et al.，2007；Smeester et al.，2009）。这些研究发现，亲社会行为既受到先天个人特质因素的影响，又是社会环境的产物。而在特质和环境之间发挥连接作用的则是个体的社会认知系统，人们基于不同的内在特质对环境产生了风格迥异的社会性解读，从而对行为的意图及其执行产生了影响。影响行为的社会认知过程涉及普通人对亲社会行为概念的理解和呈现（即概念表征），进而与后续出现的行为之间建立了联系。亲社会行为的概念表征主要指向两个问题：(1) 个体是如何快速识别亲社会行为的？(2) 人们所理解的亲社会行为具体包括哪些内容？由于“亲社会”一词反映了人们在社会互动过程中共同认可的积极规范，而个体对上述规范的朴素认识就构成了概念性的认知表征。启动这样的规范表征会调节个体的行为表现，使其符合社会期望。所以，身处不同群体的个体，对亲社会行为的不同认识有可能会对行为产生不同的影响。为了查明行为发生的心理机制，就需要我们去探寻人们基于朴素理论所表征的亲社会行为概念。这里的概念表征涉及两方面的含义，即概念的表征方式和在特定的表征方式之下构成概念的主要成分以及诸成分之间的相关关系（概念的表征结构）。

在考察某种特定的心理特质或行为时，首先应对该特质或行为本身的概念表征（尤其是当事人的看法）进行研究，对概念的精细分析有助于我们更好地了解相关变量的本质。研究者日益重视人们对社会心理学领域的一些传统变量的概念表征研究，探讨了人们对“情绪”“爱情”“男性化或女性化”，以及“成熟”等概念的表征（Feher and Russell，1991；Lysak et al.，1989；Aron and Westbay，1996；Aron et al.，1996；Lauree et al.，2001）。但是，以往研究对人们如何表征亲社会行为概念的关注较少。概念表征涉及表征的方式和内容结构：首先，概念是如何表征的；其次，在特定的表征方式之下构成概念的主要成分以及它们之间的关系是什么（汪安圣，2012：170）。在概念表征研究的视角下，上述两方面的澄清可以为测评指标系统的确定提供理论依据，也可以为实验室条件下进一步研究行为发生机制提供参考。只有在深入分析概念，并且确定其内部结构之后，才可确立符合概念确切含义的测量维度，所以，概念结构的澄清是编制测评工具乃至设计干预方案的必不可少的基础性工作。另外，概念表征的内容和模式反映了个体对此概念本质的朴素认识，我们可以将其理解为人们在特定文化和特定群体中形成的共识性认识。来自文化研究的证据表明，人们的行为会受到其知觉到他人普遍持有的观点和信念的影响（Zou et al.，2009；Chiu，et al.，2010）。人们基于朴素概念认知而持有的观点会在很大程度上成为影响其行为发生的潜在因素。因此，对于亲社会概念的研究可以在教育实践方面（亲社会行为测评和干预）和理论建构（亲社会行为心理机制）方面拓展该领域全新的研究方向。

（一）亲社会行为的概念表征方式

关于概念表征方式的理论主要有两种：概念的经典理论和原型理论。经典理论认为，概念是通过符号所代表的具有共同的典型特征来表征的，概念的类属成员都必须符合这一表征的必要和足够的特征，处于同一层级的概念成员相互平等并相互独立，成员之间有绝对清晰的界限。

然而，研究发现，对于复杂的心理概念（比如“爱情”“成熟”等），人们习惯于采用概念范畴下最能代表该范畴的典型特征集合（即原型）来表征它们（Rosch et al.，1976；Rosch，1978：31）。罗斯（Rosch）指出，人们在判断复杂概念的范畴时，对范畴中的典型成员的判断时间要比非典型成员的判断时间短，例如，判断“苹果是水果”的时间比判断“龙眼是水果”的时间短。这可能是因为在人们关于水果的概念表征中，苹果比龙眼更具典型性。因此，人们可能是用范畴中最能代表该范畴的典型成员（最接近原型）来表征这个概念的，每一个概念范畴都由一系列与原型接近程度不同的成员组成，成员间的边界是模糊的，相互之间可能有重叠。这就是概念的原型表征。罗斯提出了两个决定原型概念表征的因素：（1）接近原型的最佳实例（类属成员）；（2）成员相对于原型的代表性程度。原型概念范畴中的成员具有不同的代表程度，有的成员更接近于原型，处于核心位置（即最佳实例，或可称其为“中心成员”），另一些成员则由于对原型的代表程度较低而处于相对边缘的位置，可称其为“边缘成员”。

在以往的亲社会行为研究中，人们大多沿用概念的经典理论，将“利他性”作为处在亲社会行为概念边界之内的必要和足够的特征，将“帮助”“分享”“合作”“安慰”“赠送”等几种行为平行地列为范畴类型，没有考虑这些成员中的一些可能比另一些更能代表其属性，也没有考虑成员之间可能存在交叠，这种表征方式会影响科学概念的建构。近来的一些研究者针对经典理论表征下的亲社会行为概念提出了质疑：首先，人们对亲社会行为概念的表征更符合原型范式，用原型分析的方法可以得到较多的关于“自然情境下亲社会行为”的描述（Bergin et al.，1995）；其次，儿童对于不同种类亲社会行为的认识并不等同，他们对同伴之间的关系纳入行为更为敏感，这表明不同类型的亲社会行为对于个体而言具有不同的意义和重要性（Greener and Crick，1999）；最后，非典型的亲社会行为和攻击行为之间存在共同的部分，概念内部成员之间的模糊边界导致相邻概念之间的边界也不是清晰的（Boxer et al.，2004）。在此基础上，研究者在对青少年认同的亲社会行为进行分类，发现有的行为兼具了几种行为的特点，难以按照概念的经典理论明确将其归入某一类，这表明该范畴中的各种行为之间并不是完全独立的，青少年对不同亲社会行为的提名频次差异很大，表现出对这些亲社会行为不同的认同度。青少年对亲社会行为的概念表征可能更接近于原型模式（寇彧等，2004；2005）。因此，基于原型理论的视角来研究青少年关于亲社会行为的概念表征及其结构是非常有意义的。

在原型理论和研究范式的指导下对概念进行分析时，首先要确定概念中的类属成员及其关系；其次，通过相关概念的认知差异来验证这种概念结构。具体包括四个步骤：

（1）借助“产生式”（production pethod）的方法收集概念的类属成员。研究者要求被试者根据给定的概念类属（category），按照自由联想的方式，列出该种属下的所有类属成员，然后将被试者列举的项目频次分布作为衡量概念内部结构的指标之一（Hassebrauck，1997）。

（2）通过原型符合程度评价程序，即“中心评价法”（centrality rating method）来确定概念表征下的从中心类属成员到边缘成员的排序。研究者让被试者对这些类属成员的典型性（也就是对原型的代表程度高低）进行评价，多数被试者给出的概念类属会作为重要指标来决定概念表征的排序模式。在原型研究领域，这种方法经常用于确定概念的内部结构。例如，费尔（Fehr）

和罗素（Russell）1991 年对爱情概念的研究；哈斯布克（Hassebrauck）1997 年对亲密关系质量的研究；卡恩斯（Kearns）和芬彻姆（Fincham）2004 年对“宽恕”概念的原型分析等都采用了此方法。

（3）通过认知提取性实验来验证已有的概念表征模式。研究者的一般假设是，概念原型的激活会对个体记忆产生影响。原型的激活会使得概念中和原型联系紧密的成员更容易被注意到，从而引发被试者的优先回忆和再认，而人们对那些处在概念类属中边缘位置成员的记忆则存在一定的难度（Hassebrauck，1997）。换言之，原型结构不仅会影响被试者对概念原型符合程度的评价，而且会对被试者回忆和再认的表现产生影响。因此，研究者可以通过比较被试者在记忆任务中对不同类属成员的加工水平，来验证概念内部的原型结构。

（4）通过比较不同群体对概念原型符合程度的评价差异来对特定群体的概念原型做出外部验证。概念原型的突出特点是“群体特异性”，对于某一个概念，来自不同群体的人们所持有的原型认识是不同的。比如，居住在北极圈附近的爱斯基摩人和居住在中国北方的人们对于“鸟”这个概念的认识就存在很大差异，前者可能认为“潜水鸟”最接近“鸟”的原型，而后者则会认为“麻雀”才最能代表“鸟”的概念原型。因此，通过比较不同群体对同一概念的原型符合程度评价，也可以对已有的概念原型结构做出验证。

在概念原型研究的经典范式下，笔者及所在团队对根植于青少年群体的亲社会行为概念进行了深入的分析。具体的做法有四步。

第一步，获取青少年认同的亲社会行为类别（即概念类属成员）。研究者采用焦点群体访谈的方法，对 141 名青少年组成的 24 个焦点群体进行深入访谈，通过引发青少年对亲社会行为的两个特征（给他人带来好处、促进双方的和谐关系）及相关行为的讨论，探寻了青少年认同的亲社会行为类型。然后，通过严格的编码程序和专家评价，得到 43 种亲社会行为类型，由此确定了青少年群体认同的亲社会原型概念中的类属成员（寇彧、付艳、张庆鹏，2007）。

第二步，按照青少年对不同亲社会行为类别与其心目中亲社会原型之间符合程度的评价，将这些行为类别划分为接近原型的中心类别成员和相对远离原型的边缘类别成员。结果发现，青少年的确是根据概念原型来表征亲社会行为。青少年对于以概念原型为中心，顺次排列的不同类别的亲社会行为有不同的理解与评价，某些类别更接近他们心目中典型的亲社会行为，因而更容易被他们所接纳和认可，另一些行为则处于他们心目中的边缘类别范畴。这样的心理表征还可能在特定情境下影响青少年是否实施这种行为（寇彧、张庆鹏，2006）。

第三步，“原型”所反映的是个体在快速知觉某一类事物时的直接认识（Fehr and Russell，1991）。比如，“提到鸟，首先想到的是麻雀”。这个反应通常是“不假思索”的。在大多数情况下，个体通过阈下信息加工完成对原型的识别，表现出比识别非原型材料时更明显的优势，此外还会在相关信息的编码、回忆、社会判断、预期乃至可观察的行为等方面均表现出优先的激活（Markus and Zajonc，1985）。因此，在原型研究中，研究者对特定概念结构的探讨不会止步于意识层面，还要通过多元化的实验手段为“原型”的真实性提供内隐的证据。比如在已有的针对情绪、爱情、男性化或女性化以及成熟等概念原型分析的研究中，研究者所采用的手段不仅包括回忆与再认实验，而且包括阈下反应实验（Fehr，1994；Fehr and Russell，1991；Louren，1993；Lysak et al.，1989）。青少年的亲社会行为概念研究也采用了这一方法，在探明概念的原型结构之后，采用记忆实验的手段对其进行验证。从被试者的记忆成绩来看，他们能够更多地回忆和再认与原型特征相似的中心成员，甚至会对之前没有见过，但与原型联系紧密的中心成员产生偏好，进而做出错误的回忆和再认（张庆鹏、寇彧，2008）。这表明亲社会行为概念中的“中心成员”类别比“边缘成员”类别更容易被激活，存在“原型的优势加工效应”。记忆实验验证了概念结构中以原型为核心，从中心成员到边缘成员的排列格局。

第四步，研究者验证了亲社会概念原型的群体特异性假说（张庆鹏，2007）。研究者发现，在针对青少年亲社会行为概念原型的符合程度评价中，与青少年的评价相比，校长群体的评价异质性最高，其次是教师群体；此外，在青少年群体内部，不同的亚群体对某些典型亲社会行为的理解和认识也存在差异。可见，亲社会行为概念的原型结构不仅在异质群体（学生、教师、校长）间存在群体特异性，而且在某一类型的内部的不同亚群体（性别、社会经济地位、年级）间也存在特异性。

（二）亲社会行为的概念表征结构

关于概念表征的内容——表征结构，传统的亲社会行为研究较多强调利他性内涵，并将利他性作为符合亲社会行为概念的必要和充分特征，这不但使亲社会行为的研究局限在“帮助、分享、安慰、合作”等少数几种行为上，而且制约了人们对亲社会行为的理解。单纯强调利他性，势必在评价方面违反人格健全发展的教育理念，也不能起到促进亲社会行为的导向作用（寇彧，2005）。事实上，亲社会行为概念的内涵远非“利他性”可以概括。比如，贝杰（Bergin）等人（2003）采用访谈的方法，发现青少年认同的亲社会行为可分为24种类别，其中的“鼓励他人”“接纳他人”等颇具社交意味的行为被青少年高度认同，这些类别已经远超出了传统研究涉及的范围。

在概念的原型理论视角下，不仅可以获得亲社会行为概念类属从中心到边缘的排序结构，而且可以根据青少年对所有类属成员的原型符合性的评价，进一步提炼出概念结构的基本维度。研究者根据采用焦点群体访谈的方法发现的43个类别（寇彧等，2007），基于原型符合度评价的数据，通过探索性因素分析的方法初步提炼出了亲社会行为概念的基本结构：它们由“遵规与公益性”、“关系性”、“特质性”和“利他性”四个维度构成（寇彧、张庆鹏，2006），每个维度上都有较接近概念原型的中心行为和相对远离概念原型的边缘行为，它们共同构成了青少年关于亲社会行为的概念结构。其中，遵规与公益性维度上的典型行为是亲情行为、体谅他人行为、家庭养育行为、拾物归还行为、遵从习俗行为；特质性维度上的典型行为是忠诚的行为、同情他人的行为；关系性维度上的典型行为是增进友谊的行为、关心他人的行为；利他性维度上的典型行为是帮助行为、照顾行为。而帮助行为、亲情行为、增进友谊的行为、忠诚行为则是四个维度上的最佳实例。在各个维度上，除了最佳实例外，还包括距离原型较远的非典型亲社会行为。整个概念体系呈现出一个具有层次性和结构性的行为类别组合。

概念结构是亲社会行为的基本内涵，据此可以确立亲社会行为测评的基本维度，并在充分验证其有效性和一致性的基础上，编制亲社会行为测评的指标体系。另外，从亲社会行为概念的结构中还可以抽取影响亲社会行为的内部和外部因素，进而深入研究亲社会行为的心理机制。但是，上述四维结构是基于对青少年亲社会行为概念原型分析获取的，这反映的是青少年对亲社会行为的理解和认识，如果要将此概念结构运用到考查青少年行为表现的测评工具的编制和开发中，它还需要得到进一步验证。

三　亲社会行为的发生路径

亲社会行为不只是“单线式”指向他人获益的利他行为，而是从自我获益到他人获益的连续体（Krebs and VanHesteren，1994）。从行为结果看，亲社会行为的确为他人带来了益处；从动机看，亲社会行为是含有自我服务成分的，它是有利于自我发展的。青少年认同的亲社会行为不仅是“助人为乐”或“舍己救人”的利他行为，而且涉及个体自身积极品质和自我价值感提升、自己与他人和谐关系提升以及社会公共价值感提升等行为。可见，青少年关于亲社会行为的概念表征范畴已经突破了亲社会行为在传统意义上的单一利他性特征，青少年亲社会行为的概念表征结构揭示，个体在内部寻求自我提升，在外部寻求自我和社会的整合与适应的自我增强心理需求是广泛存在的。下面，笔者将基于自我增强（self enhancement）的视角，探讨亲社会行为在内部和外部两条路径上的发生机制。

（一）亲社会行为的自我增强取向

传统研究更多强调亲社会行为的利他性特征，强调亲社会行为的外部指向性，也就是通过关注他人利益来努力使自我整合到特定的人际关系或社会单元中。可见，研究者在传统上将较多的注意力投向了亲社会行为的外部取向。但是，人们对他人的关注是源于人际联结的需要（Twenge et al.，2007），以及信任和移情等复杂的社会认知与情感因素（Penner et al.，2005）。来自个体内部的特定需要与亲社会行为的关系已得到诸多实证研究的支持。例如，青少年的自尊与亲社会倾向之间存在较强的正相关，亲社会倾向强的儿童具有积极的自我概念，有很强的自我效能，以及清晰的亲社会自我图式。“对自己感到满足的儿童可能会关注其他人的需要，因为他们可能感觉自己有能力帮助他人。”（Eisenberg et al.，2006）这说明自我满足和高自尊会增加个体对外部世界的积极关注。再例如，普通人对亲社会行为的概念也涉及个体内部品质的提升；上文提到的亲社会行为概念表征的四维度结构不仅扩展了传统亲社会行为研究的外部取向（其中的“关系维度”与人际关系提升有关，“遵规与公益维度”与社会公共价值的提升有关），而且同时纳入了内部取向下的亲社会内涵（“特质维度”下包含了大量与积极自我品质有关的行为样例）（寇彧、张庆鹏，2006）；另外一项关于亲社会行为类别的群体焦点访谈研究也发现，努力提升个人品质的行为（例如，做一个勤快而不懒惰的人）也被青少年认同为亲社会行为（寇彧等，2007）。显然，研究者越来越重视内部取向下的亲社会行为，也特别需要将内外取向下的亲社会行为进行整合，以便能够更好地理解人类的亲社会行为。

有关自我增强（self enhancement）的研究指出，自我增强涉及个体有选择的关注、强调与夸大自我积极的方面（王轶楠，2005），也兼具内部和外部的指向特征。研究发现，自我增强需求在特定情境下会促进个体完成亲社会行为（Ryan and Deci，2000）。同时，自我增强也反映着个体对自身状态的知觉，是自我知觉的产物。在经典的社会知觉研究中，针对他人的社会知觉被划分为两个基本的维度，即能力维度（competence）与社会情感维度（warmth），前者是指个体知觉到他人的能力感，比如智力、技能、创造力和效能感等；后者是指个体对他人社交意图的知觉，比如友好的、助人的、诚挚的、可信任的和有道德的（Fiske et al.，2007）。在助人场景中，受助者也会依据这两个维度对施助者进行社会判断。首先，判断对方是否愿意帮助我；其次，判断对方是否有能力实现帮助我的意图。与针对他人的社会知觉相类似，个体的自我知觉也包括两个基本维度（Bakan，1966），即能动性（agency）和社交性（communion），巴克（Bakan）1966 年将它们描述为“两种基本的存在形态，能动性是指有机体作为个体的存在，而社交性则是指在某种范畴更大的有机体中，个体仅作为其中的一部分而存在”。能动性源于个体化和扩张自我的努力，包括在实现目标过程中的手段、意图、能力、效能感等。此外，在文化研究的视角下，一些研究者将能动性纳入内隐理论的范畴（implicit theories of agency，IAT），强调个体在追求目标实现的过程中，掌控信念、需要等心理状态的意向性（intentionality）、自主性（autonomy），以及实现信念和需要的能力（Chiu and Hong，2005；Kashima et al.，2005；Morris et al.，2001）。因此，在能动性知觉维度上，个体会基于自身的独特性品质来实现对自我的界定，从而形成独立性自我。同时，在社交性知觉维度上，个体会通过关注他人的福利、与人合作、对他人表达情绪等方式将自我整合到更大的社会单元中（Bakan，1966）。社交性维度涉及个体的表达性功能（expressive function），即与群体保持一致，与他人保持团结与和谐的状态。个体根据自己与他人的关系来界定自我，并形成相依性自我（Abele and Wojciszke，2007）。由上述分析可知，在社会知觉过程中，这两个维度均具有自我服务的功能，个体可以借此满足自我增强的心理需要。能动性促进个体的主动性行为意愿和自我效能感，进而提升自尊；社交性为个体融入更大的社会单元提供手段和途径，并使个体在与他人的互动过程中提高自身的社会价值感。

因此，个体在自我增强过程中所关注、强调与夸大的自我积极方面既包括个体能动性的增强，也包括个体通过关注他人利益而获取的社会价值感和被认同感，即社交性的增强。自我增强在自我知觉的两个基本维度上均与助人过程中的基本心理需要有关（Ryan and Deci，2000）。助人行为背后的心理需要包括自主性需要（个体体验到的自由和全人状态：Today，I felt free to be who I am.）、胜任感需要（个体体验到的控制感和能力感），以及提升关系需要（个体体验到的与他人亲密度的提升及自己行为所引发的他人积极反应）。可见，助人的自主性和胜任感，以及对相互关系的提升感均反映了个体知觉到的积极的自我状态，满足了自我增强的需要。还有研究进一步发现，自主性助人动机会通过上述基本心理需要的满足而使助人者产生幸福感（Weinstein and Ryan，2010）。这表明自我增强作为驱动助人行为的心理需要，在得到满足时还会给行为主体带来积极的反馈。

由此可见，与单线式指向他人利益的利他性亲社会行为相比，自我增强取向下的亲社会行为反映了个体与他人共同获益、共同实现自我价值提升的需求和意愿，具有双向性和动态性特征，有利于促进良性的社会互动，具有更强的适应价值，因而也能帮助研究者更准确地解释普通人关于亲社会行为的概念，并进一步完善亲社会行为研究的理论模型。下面，我们将分别探讨基于内部的能动性维度和基于外部的社交性维度实现的亲社会行为的影响因素和发生机制。

（二） 基于能动性维度的亲社会行为发生路径

个体在能动性知觉维度和社交性知觉维度上的社会认知加工过程并不是平行的。在社交性知觉维度上，社会情感过程会优先发生，因而情感和行为反映的权重更大（Fiske et al.，2007）。格兰特（Grant）等人 2010 年发现，来自受助者的感谢既会提升施助者的社会价值感，也会提升施助者的自我效能感，但受助者的感谢仅通过施助者的社会价值感（而不是自我效能感）来进一步促进其亲社会行为，这在一定程度上支持了亲社会行为在社交性维度上的优先加工效应。但是，格兰特等人选取的情境变量（来自受助者的感激）本身就具备比较明显的社交含义，在此类情境下，“他人”在环境中的作用会被凸显出来。因而更容易强化社会情感加工过程对亲社会行为的影响，同时削减内部的能动性因素对行为意图的影响力。因此，上述能动性知觉和社交性知觉两个维度在社会认知加工过程中的激活顺序可能取决于它们与刺激材料或环境变量的关联度。

此外，还有的研究者基于知觉自我和知觉他人的视角，根据艾西（Asch）

1946 年关于人格印象形成的经典研究，将社交性维度与促进他人获益的倾向（other-profitability）联系在一起，将能动性维度与自我获益的倾向（self-profitability）联系在一起进行研究。比如，菲斯克（Fiske）等人 2002 年发现，个体对外群体成员的刻板印象是“冷的”还是“热的”（即社交性特质），取决于这些外群体成员是否具有仁爱与善心，以及能否提高个体所在群体的利益；而个体对外群体成员的刻板印象是“高能力的”还是“低能力的”（即能动性特质），则取决于外群体成员所处社会权力地位的高低，以及能否有效追求自我利益。总之，这些研究者采用利他和利己的对立性尺度将能动性和社交性置于亲社会行为利他性强度的两端，认为前者和利他性的联系更为紧密，后者与利己性的联系更为紧密。

但事实上，看似“自利”的能动性，在特定情境下也可能会给他人带来好处。能动性路径上的亲社会行为其实具有提升他人利益和提升自我价值的双重功能，而并非总是指向自我获益。研究者发现，基于能动性的目标胜任感并不只是源于自我服务的内部需要，还可能同时源于提升他人利益的需要，能动性的利他属性取决于目标和意图的特性。当个体所追求的目标具备“高社交性”或“可信任”的特征时，能动性就兼具了利己和利他的特性，进而会使其他人受益（Abele and Wojciszke, 2007），这表明利己和利他之间并不存在严格的分界线。一方面，亲社会行为在使他人获益的同时，也会满足能动性层面上的自我提升或自我增强的心理需求；另一方面，胜任感需要和自主性需要与亲社会行为的关系也在诸多实证研究中得到证实。

首先，在助人场景中，关于自己“是否有能力帮助他人”的预期反映了个体知觉到的胜任感（即助人效能感）大小，因而与能动性知觉有关。人们在决定是否做出亲社会行为时，会根据个人价值观和行为标准以及知觉到的个人能力来设定助人目标，进而努力去实现目标。个体积极或消极的助人能力知觉在自我超越价值观对亲社会行为意图和决策的影响中发挥中介作用（Gian and Patrizia, 2007）。可见，助人效能感在促进亲社会行为的过程中发挥着重要作用。但吉安（Gian）等人将助人效能感看作是稳定的倾向（Chronic disposition），采用问卷法来测量这一变量，未考查在特定情境下启动自我效能信念对助人行为的促进作用。如果助人效能感同样可以被情境启动的话，则表明可以在实验室研究的范式下考查助人效能感和亲社会行为之间的因果关系。阿基诺（Aquino）等人 2011 年关于道德同一性的研究可以为上述假设提供支持。作为一种被普遍认为是稳定特质的道德同一性（moral identity）可以通过回忆和自由联想的方法被启动，进而作为可被操纵的变量（manipulated variable）影响行为意图（Aquino et al.，2011）。道德同一性涉及个体将道德元素纳入自我概念中心的程度，是个体界定自我的基础，同时也是囊括了一系列道德特质的自我图式（Aquino and Reed，2002），并且被看作是驱动道德行为的自我调节机制（Shao et al.，2008）。从社会认知理论的视角来看，道德同一性知觉与“是否有能力帮助他人”的自我效能信念有关，因此后者同样可能作为可操纵的变量被启动。

其次，能动性的提升与较强的自主性助人动机也是有关的。自主性助人动机与个体在实施助人行为时体验到的自主性和价值感有关。奥来利（O'Reilly）等人1986年的研究发现，高自主性与较高水平的志愿帮助行为有关。自我决定理论认为，亲社会行为既可能基于自主性认同与价值一致性的动机发生，也可能基于压力与责任动机而发生（Gagné and Deci，2005）。源于自主的、内部的动机倾向于正向预测工作绩效，而且影响更为稳定和持久，甚至会在行为发生之后对长期的行为意愿产生持续影响（Grant，2008）。来自内部的动机能够促使个体体验并享受亲社会行为本身的乐趣和价值，进而基于自主需求的驱动而做出亲社会行为（Weinstein and Ryan，2010）。由于这种行为是基于自由选择而实现的，因此与较高的能动性密切相关。与自主性动机相对应，受控性助人动机源于外部的社会关系和社会评价（比如取悦他人或遵从外部习俗的要求），并且与社会性情绪（比如羞耻、骄傲等）紧密相关，因而是外部取向的（Ryan and Connell，1989）。外部控制越强，个体就越会在“应该帮助他人”的压力下去做出亲社会行为。外部压力威胁自主性心理需要的满足，因而它会降低个体的能动性。反之，自主性助人动机反映了个体内部相对稳定的特质，被较强的自主性助人动机驱动的个体，会更加关注助人本身的价值和受助者的状况，因而更不容易受到环境因素（比如情境压力信息）的影响。

由此可见，基于能力知觉的助人效能感和基于内部控制的自主性助人动机是能动性路径上的重要变量。助人效能感的提升会促进亲社会行为意图，而稳定的自主性助人动机则可能会在其中发挥调节作用。能动性路径可以帮助人们理解亲社会行为的内部机制，而要查明外部的社会关系背景对亲社会行为的影响，则还需要继续探讨该行为在另一维度上的发生机制。

（三）基于社交性维度的亲社会行为发生路径

亲社会行为的社交性维度强调个体关注他人福利，注重与他人合作，以及向他人表达情绪，并以此实现自我与社会的整合。与能动性路径不同，社交性维度上的亲社会行为更加强调行为背后的社会意义，并且更容易受到个体与他人之间关系的影响。具体体现在两方面。（1）个体在社会情感加工过程中还会关注抽象意义上的“群体”，尤其是特定群体的文化以及这种文化对个体社会行为的一般期望。基于对这种期望的知觉和判断，个体出于维护积极社会形象的考虑（social image concerns），会通过遵从习俗与规则来赢得良好的社会评价，这就促进了亲社会行为的产生。当人们的亲社会行为受到公开奖励时，维护社会形象的考虑会成为引发亲社会行为的主要动机源（Lacetera and Macis, 2010）。另一项关于环保产品的消费心理研究发现，当被试者的社会地位动机（social status motives）被启动以后，他们更倾向于选购环保产品，而不去选择同类的非环保产品。在公开消费的条件下，社会地位动机更容易促进被试者选购环保产品；尤其当环保产品的价格高于非环保产品时，昂贵的价位会激发社会地位动机较强者的购买欲望，因而使得提升社会地位的动机对亲社会消费行为的预测作用更明显（Griskevicius, Tybur, and Van den Bergh, 2010）。由此可见，如果行为公开性的线索在情境中被激活时，个体可能会更加看重行为背后的社会意义。（2）个体在社会情感知觉过程中还会关注他人，也会关注自己与他人之间的关系。个体对关系的知觉会影响自身的亲社会行为意图。研究者指出，“中国人虽然常常因为社会义务而帮助其所属群体中需要帮忙的对象，但他们却未必乐于帮助陌生人”（黄光国，2006：10）。此外，研究者还发现，个体与他人之间的支持性友谊关系与亲社会行为存在正相关关系，而两类消极的友谊关系质量则与不同程度的反社会行为有关，例如冲突型友谊与外显性攻击行为和同伴排斥存在正相关；而排他型友谊则与关系型攻击行为和同伴接纳存在负相关（Sebanc, 2003）。人际关系的亲密程度也会影响亲社会行为，研究者针对九年级和十年级青少年的研究发现，朋友的亲社会行为会促进个体追求亲社会目标的动机，进而促进稳定的亲社会行为；个体知觉到的友谊质量和人际交往频率会调节“朋友的行为”和“亲社会目标追求”之间的关系：只有在青少年与朋友之间的关系是稳定而积极的、彼此的交往频率又很高的情况下，朋友的行为才能正向预测个体的亲社会目标（Barry and Wentzel, 2006）。不但实际存在的关系亲密度影响亲社会行为的发生，被试知觉到的关系亲密度也会影响亲社会行为。研究发现，知觉到的同伴接纳水平与个体的亲社会行为有着直接的联系（Wentzel and McNamara，1999）。由此可见，尽管存在诸多情境性因素，但从总体上讲，当人们决定是否发起亲社会行为时，主体与受助者之间，关系是一个重要的影响因素，这里的“关系”既包括实际存在的关系质量，也包括主观知觉到的关系表征。

四　结论与展望

研究者越来越认为亲社会行为囊括了自我提升、关系提升和社会价值提升等多重内涵。个体在社会性发展领域的自我增强需求会成为促进亲社会行为的内部动机。研究者不断完善的社会认知基本维度为探索亲社会行为的发生机制提供了有益的参考，亲社会行为可以基于内部的能动性路径来实现，也可以基于外部的社交性路径来实现，二者都能满足个体的自我增强需求。能动性路径上的亲社会行为具有提升他人价值和提升自我价值的双重功能。基于能力知觉的助人效能感和基于内部控制的自主性助人动机是能动性路径上的重要成分。较强的助人效能感会促进亲社会行为，而作为内部稳定特质的自主性助人动机则会制约助人效能感对亲社会行为的影响。未来的研究应在社会认知的能动性层面上寻求助人效能感和自主性动机的理论整合，并考查助人效能感对亲社会行为的启动效应，以及自主性动机在其中可能发挥的调节作用，从而为上述假设提供实证支持。社交性路径上的亲社会行为强调个体与他人的合作及情绪表达，以此实现自我与社会的整合。个体对自身行为的社会价值和社会公开性的知觉能够满足个体提升自己社会形象的需求，从而促进亲社会行为；同样，个体知觉到的“施助者——受助者”双方之间的关系表征，以及自身与受助者之间关系的亲疏也会影响个体的亲社会行为。虽然以往的研究已经分别在上述两方面为社交性路径的亲社会行为提供了实证支持，但研究者并未将二者同时纳入社交性维度之下。在关系主义取向的中国文化背景中，宏观意义上的群体激励特征对助人行为的影响可能会受制于微观层面上的人际关系的影响。因为人们会根据知觉到的人际关系类型与亲疏，针对不同的对象而设定相应的行为准则。由于中国人倾向于在既定的关系框架内满足社会亲和的需求，所以很难在更大的群体范围内扩展社会关系（黄光国，2006）。因此，“关系影响力”可能会冲淡在宏观层面上相对松散的“社会影响力”。由此可以推测，基于社会价值提升需求的行为公开性对亲社会行为的影响，取决于个体对双方关系亲密度的知觉，当知觉到的亲密度增强时，社会公开性的影响会减弱。因此，未来研究应进一步细分社交性路径上的社会价值因素和关系价值因素，探讨二者在中国文化背景下对个体思想和行为影响力的相对权重。此外，当能动性路径和社交性路径被同时激活时，二者对亲社会行为的交互影响机制是怎样的？在自我因素与社会因素同时运作的复杂情境下，个体将如何调节自身的行为决策？对于这些问题，未来的研究可能需要建立一个更为复杂的理论模型来加以考查。

第四章
亲社会行为机制的实证研究

引　言

以往的研究者在建立和验证概念的原型结构时，侧重于强调原型对认知过程的影响，借以考察原型的优势加工效应，进而确定概念结构（Hasse-brauck，1997）。但他们较少关注概念原型与行为之间的联系，未能从“原型对行为的影响”着手，考察行为指标的变化来验证以原型为基础的认知机制。在亲社会行为的研究领域，关于概念以及概念原型和亲社会行为之间的关系也较少被论及。实际上，考察概念原型的启动对行为意图甚至真实行为表现的影响不但可以为概念原型的合理性提供行为层面上的证据，而且可以帮助研究者从概念的自动化加工层面上探索亲社会行为的心理发生机制。

近25年来的研究表明，社会规则、目标、情绪、刻板印象的启动可以在无意识层面上引发自动化的行为反应（Bargh，2006；Dijksterhuis and Bargh，2001）。比如，在“粗蛮无理”启动条件下的被试者比“礼貌”启动条件下的被试更倾向于无理。这表明与特质有关的词汇被激活以后，会对所关联的社会行为产生影响。当启动项目由单一特质变为抽象性更高的类别化属性（stereotype）之后，这种影响依然存在。当实验组看到与“老人”的类别化属性高度相关的词汇时（elderly stereotype-related word），他们离开实验室时的行走速度明显比控制组慢了很多（Bargh et al.，1996）。这项研究支持了特定的类别化属性或具体特质与社会行为之间的自动化联系，也为亲社会行为的自动化研究奠定了基础。

此后出现了大批涉及亲社会行为启动效应的实证研究，这些研究基于不同的视角，考察了特定信息对助人、捐赠、合作等亲社会行为的影响。比如，在阈下启动道德特质词汇（例如守信的、诚实的、孝顺的）的情况下，个体的助人水平会得到显著提高（迟毓凯，2009：154）。皮森（Pichon）等人的研究发现，与控制组相比，在实验条件下启动具有积极意义的宗教词汇，被试组表现出了更为强烈的亲社会意图（Pichon et al.，2007）。纳尔逊（Nelson）等人则发现，代表正义化身的“超级英雄”的启动也可以促进亲社会行为的发生（Nelson and Norton，2005）。

与道德相关的情境刺激之所以会引发亲社会行为，是因为它们相对于亲社会行为具有很高的认知可达性（cognitive accessibility）。皮森等人的研究支持了上述观点，他们首先查明了积极宗教词汇对亲社会行为的正向预测作用。同时还发现，相比控制组，被试组在启动积极宗教词汇的条件下能够更快地识别亲社会词汇（Pichon et al.，2007）。这就意味着此类词汇更加接近人们大脑中的亲社会行为图式，因而具有较高的认知可达性。因此，情境因素的启动首先会激活与亲社会有关的行为图式，进而才会引发亲社会行为。新近的研究进一步支持了该中介假设。托释厄斯（Greitemeyer）等人的研究发现，带有亲社会含义的歌曲会通过移情的中介作用来提高亲社会行为的认知可达性（Greitemeyer，2009）。进一步研究发现，环境刺激（比如亲社会的电子游戏）首先激活了亲社会行为的认知可达性，并通过其中介作用促进亲社会行为的产生（Greitemeyer and Osswald，2009）。这表明在启动具体的道德或宗教词汇、亲社会形象以及亲社会电子游戏的条件下，首先被激活的是亲社会行为的认知可达性，进而才会引发亲社会行为。因此，亲社会认知可达性的激活可以在认知层面上解释各种环境下的启动因素对亲社会行为的影响机制。

尽管亲社会行为的自动化研究已经取得较为丰富的结果，但以往研究在选取情境变量时，倾向于关注具体的特质或属性，或者关注具有典型亲社会特性的人物形象和具有明显亲社会特征的积极词汇。而较少有研究者将情境刺激抽象到亲社会行为概念本身上来，所以当前尚缺乏直接和充足的证据来支持概念原型基于亲社会行为的认知可达性而促进亲社会行为的心理发生机制。由于认知可达性反映了个体在信息加工过程中对某种概念或行为的趋近程度，认知可达性越高，相关行为发生的可能性就越高。相比具体的道德词汇或道德形象，抽象性较强的概念原型具有更高的亲社会可达性。这是由于概念原型抽取了诸多行为类别的共同性特征，这就使得个体更容易回忆和再认接近原型的具体行为类别（张庆鹏、寇彧，2008）。费赫（Feher）等人关于“爱情”的研究也支持了原型在认知过程中的高可达性特征，在实验中，被试者对于接近原型的中心成员的识别速度明显快于远离原型的边缘成员（Fehr，1994；Fehr and Russell，1991）。这种优势加工效应为原型的高可达性促进亲社会行为的推论提供了证据。此外，由于原型具有较高的抽象性，这也使它比那些抽象层级较低的行为更容易激活亲社会行为的可达性。纳尔逊等人 2005 年的研究发现，启动“超级英雄”（superhero）的类别比启动具体的样例（superman 或 spider-man）更能提升助人行为的强度和持久度（Nelson and Norton，2005）。类别相比于样例处在更上位的概念层级，具有更高的抽象性，这表明亲社会典型形象的抽象水平越高，在特定环境刺激下的认知可达性就会越高，进而更容易对亲社会行为产生明显的启动效果。如果说超级英雄类别是对一个具体的超级英雄样例（比如超人、蝙蝠侠等）特性的抽象性概括的话，我们就可以将抽象出来的类别理解为超级英雄的“典型代表”。但它与亲社会行为概念原型不同，前者是对具体的形象或人物的抽象，而亲社会行为概念的原型则集中了具有亲社会特性的典型特征，是对特性的抽象，因而具有比“超级英雄类别”更高的抽象性。因此我们推测，概念原型的启动也可能会促进亲社会行为认知可达性的提高，从而可以在认知加工层面上为亲社会行为的原型启动效应找到合理的解释。

由以上论述可知，概念原型的启动可能会促进亲社会行为的发生，其内在的原因是原型相对于亲社会概念具有更高的认知可达性。这一过程可以在认知层面上揭示概念表征方式对行为的影响机制。那么，在原型表征的模式之下，概念表征的具体内容（即表征结构）又如何影响亲社会行为呢？接下来，我们将对亲社会行为概念表征之下的四维度结构进行深入的分析，旨在从自我建构与社会互动的视角出发，继续探寻亲社会行为的发生机制。

一　研究目的

如前所述，相比具体的词汇等环境刺激，亲社会概念原型具有更高的概念层级和抽象水平，因此它的启动可能会更为直接和持久地影响亲社会行为。而原型的启动之所以会预测亲社会行为，是因为原型相对于和亲社会概念相关的信息具有较高的可达性。因此，本研究将在已有研究的基础上，探讨概念原型对亲社会行为的影响。

研究 1，将志愿者活动中的基本助人意愿和预期志愿行为频率作为亲社会行为的指标，考察概念原型启动对亲社会行为的影响，并提出假设：相比远离概念原型的边缘类别词汇，在启动接近概念原型的中心类别成员的条件下，被试志愿者行为的意愿更加强烈；在此基础上，研究 2 将进一步探讨上述启动效应背后的认知机制，以“遵规·公益”“关系”“特质”和“利他”作为亲社会概念的基本结构，进而在启动亲社会概念的条件下，比较中心成员和边缘成员的认知可达性差异，为研究2提供认知层面上的解释，由此提出假设：亲社会行为概念相关信息的启动会提高中心类别成员的认知可达性。在亲社会概念启动条件下，相比远离原型的边缘类属成员，被试者能够更快速地识别出接近原型的中心成员。

二　研究1：亲社会概念原型启动对亲社会行为意图的影响

（一）预实验

预实验的主要目的是对实验材料做出适切性评估。主要比较两种材料（见附录4－2）。

（1）纵横字谜任务。参考皮森等人（2007）的研究结果，结合汉字特点设计出中文版本。在指导语中告诉被试者正在进行的是一项关于语言识别能力的测试，然后向被试者呈现10×10的汉字矩阵，告诉被试者每个矩阵中都隐含着5个语法通顺的句子，这些句子可能是按照从上到下、从左到右，以及从左上到右下的三个方向直线排列的。要求被试者找到它们，并将其标记出来。在实验组，这5个句子中的4个是与启动任务相关的句子（其中包含亲社会概念结构中接近原型的中心词，称作中心启动组），另外1个是与亲社会行为无关的中性句子。在对照组，4个句子是亲社会概念结构中相对远离原型的边缘词，称作边缘启动组，另外1个是与亲社会行为无关的中性句子。附录4－1列出了包含中心词和边缘词的亲社会行为词表。

（2）组句子任务，参考纳尔逊等人（2005）的研究，向被试呈现一串意义独立的词（5个），被试如果按给定顺序阅读，则无法形成符合语法的正常句子。要求被试从这5个词中选出4个，并将其重新排序，使其成为符合语法要求，并有实际意义的一句话。实验组的句子中包含中心词，对照组是边缘词。

这两种任务在以往的启动实验中均被广泛使用，但以往研究主要的考察对象是在校大学生（更多的是北美大学生）。鉴于本研究的被试包括中国的初中生，因此我们需要对这两种方法进行甄别和比较，从中选出一种适合初中生实际情况（包括认知水平、任务难度、取样所在学校所能提供的实验时间等）的任务。预实验采用被试自评和专家评价的方法，评价这两种启动任务。

A：被试自评（初中生）

被试来自北京市 A 中学初一两个班的学生，总人数 $n=57$，其中男生 29 人，女生 28 人，平均年龄 12.36 岁，标准差 0.52 岁。

在发给被试的材料中，第一题为“青少年语言能力测评”，被试按要求完成相应的词句任务（即上文提到的两种任务）。为避免两种材料之间的相互干扰，要求一个班的学生完成纵横字谜任务；另一个班的学生完成组句子任务。

接下来要求被试在 6 点标尺上对任务难度做出评定：“你觉得完成这个测试的难度有多大?”（1 代表“非常困难”，6 代表“非常容易”）

比较两组被试对任务难度的评价结果发现，被试在理解这两类任务时存在差异，被试报告的组句子任务（$M=5.62$）比纵横字谜任务（$M=5.07$）更容易些，$t(54)=1.75$，$p=0.09$。

B：专家评价

研究者邀请 6 名发展心理学专业的研究生（4 名博士生和 2 名硕士生，均有中小学授课经验）对两类任务材料的形式、内容和适切性进行评定，并从中选出一种适合初中生的任务。评价结果：5 名评价者认为“组句子任务”形式较为简单，内容容易理解，因而更适合初中生来完成。

C：结论

综合考虑青少年自评和专家评价的结果，本研究采用“组句子任务”作为实验的启动材料。

（二）正式实验

本研究选取两个年龄段的被试，即青少年（北京市 A 中学初一学生）和大学生（广东 A 大学大四学生）。（1）初中生被试：总人数 $n=69$，男生 30 人，女生 39 人。被试报告的年龄范围是 12～13 岁，平均年龄 12.33 岁，标准差 0.47 岁。（2）大学生被试：总人数 $n=74$，男生 35 人，女生 39 人，被试报告的年龄范围是 20～24 岁，平均年龄 22.10 岁，标准差 1.02 岁。

采用“组句子任务”作为启动材料。启动材料由 43 个描述亲社会行为类别的句子组成（见附录 4－1）。43 类亲社会行为是基于团体焦点访谈而获得的（寇彧等，2007），其中包括 23 个接近概念原型的中心类别和 20 个相对远离原型的边缘类别。一部分被试被随机安排到“中心词句启动组”，所接受的材料是23个中心亲社会词串（目标词）和3个只涉及日常普通生活事物的非亲社会词串；另一部分被试被随机安排到“边缘词启动组”，所接受材料包括20个边缘亲社会词串（目标词）和3个无关词串。

实验程序共有4个部分。第1部分，首先告诉被试“我们正在进行一项关于语言识别能力的测试……请你用最快的速度，从下表左侧每一行的五个词中选出四个词，用它们组成一个通顺的句子，并写在右侧的空白处。”同时举例说明规则，“举例：出现了，雨后的，彩虹，天空，卡片——雨后的天空出现了彩虹。”（见附录4－2）

被试完成上述任务之后休息五分钟，按照要求回忆刚才所写的句子中出现过的词，并将回忆的结果写在所要求的横线上。主试强调：请根据你的回忆快速填写，不要在意写的是否正确，直到完全回忆不出来为止，并且不要翻到前面看。

第2部分，助人行为测量。参考以往研究者在考察道德启动对亲社会行为的影响中所采用的行为测量方案（迟毓凯，2009：172），采用自编的假设情境，比较不同的原型词启动条件下被试在助人事件中的反应，同时充分考虑到所选事件与青少年被试实际生活场景的贴合程度（见附录4－3）。

第3部分是猜测倾向测试，询问被试（1）是否知道本次调查的目的？（2）是否在完成任务的过程中猜到启动任务和行为测量之间的关系？后续研究中将明确表示猜测到实验意图的被试数据剔除（所有实验任务结束之后，向前来询问的被试解释真正的实验意图）。

第4部分是控制变量的测查。由于本研究的因变量测查具有较强的社会称许倾向，被试可能迫于来自社会期待的道德压力而做出不符合实际情况的选择，因此我们增加了“马洛－克罗恩社会称许量表（Marlowe－Crowne Social Desirability Scale，MCSD）”（见附录4－4），将其作为控制变量。该测试共33道题目（0、1计分），总分越高，表示赞许性需求越高。本研究参照吴燕，徐建平（2007）对第27个项目的修改，将“我从来没有不认真检查车辆安全就开始长途旅行的情况”这一个不符合中国初中生实际情况的题目改为“我从来没有不认真检查自行车的安全性就骑车出门”（吴燕，徐建平，2007）。被试最后完成人口统计学变量的填答，全部任务完成，实验结束。

（三）结果分析

以往很多研究均发现，亲社会的认知、情感和行为这三个层面上均存在性别差异，女性比男性表现出更强的亲社会推理水平、移情能力以及合作行为（Warden and Mackinnon，2003；Eisenberg et al.，1991）。由于性别差异并不是本研究所要考察的主要问题，因此将性别因素作为控制变量加以处理。接下来分别分析初中生和大学生两组被试的实验结果。

1. 初中生

去除作答极端值和猜测测试不过关的被试，最终有效被试 $n=60$，其中男生 26 人，女生 34 人；平均年龄 12.37 岁，标准差 0.49。

研究者比较了中心词启动组（$n=30$）和边缘词启动组（$n=30$）在基本助人意愿和预期志愿行为频率这两方面的差异。方差分析结果显示，在控制社会赞许倾向和性别因素（将其作为协变量纳入方差分析模型）的情况下，（1）中心启动组（$M=1.00$，$SD=0.00$）和边缘启动组（$M=0.90$，$SD=0.31$）的基本助人意愿无明显差异，$F(1, 56)=2.17$，$p>0.05$；（2）中心启动组被试预期自身参加志愿者行为的频率（$M=4.27$，$SD=0.78$）显著高于边缘启动组（$M=3.53$，$SD=1.14$），$F(1, 56)=6.75$，$p<0.05$，$\eta^2=0.11$。

2. 大学生

大学生组的有效被试 $n=72$，其中男生 33 人，女生 39 人；平均年龄 22.09 岁，标准差 1.00。

研究者比较了中心词启动组（$n=37$）和边缘词启动组（$n=35$）在基本助人意愿和预期志愿行为频率方面的差异。方差分析结果显示，在控制社会赞许倾向和性别因素的情况下，（1）中心启动组（$M=0.95$，$SD=0.23$）和边缘启动组（$M=0.77$，$SD=0.43$）的基本助人意愿之间存在显著差异，$F(1, 68)=6.10$，$p<0.05$，$\eta^2=0.08$；（2）中心启动组被试预期自身参加志愿者行为的频率（$M=4.05$，$SD=1.05$）显著高于边缘启动组（$M=3.14$，$SD=0.91$），$F(1, 68)=16.10$，$p=0.00$，$\eta^2=0.19$。

（四）讨论

研究 1 考察了接近亲社会概念原型的“中心词”和相对远离概念原型的“边缘词”这两类词对亲社会行为意图（参加志愿者行为的意愿和预期频率）的影响，结果验证了中心词对亲社会行为的启动效应：相比边缘词，在启动中心词的条件下，初中生和大学生的预期志愿行为频率均得到明显的增强。另外，接近原型的中心词也能够正向预测大学生报告的基本助人意愿。上述结果在已有研究的基础上进一步验证了中心词和边缘词在亲社会概念原型结构中的不同地位：两类词对亲社会行为意图的激活强度不同。中心词之所以能够正向预测志愿者行为意图，可能是由于中心词与概念原型的本质更加接近，使得这类词对概念相关信息的“易感性”更高，因而与具体的亲社会行为之间的联系更为紧密。

以上针对行为发生原因的分析只是一种推测，如果这种推测成立，则需要进一步验证“中心词与概念原型的本质更加接近”这一假设，该假设的成立需要满足以下条件：在启动亲社会概念的条件下，接近原型的中心成员比边缘成员具有更高的认知可达性。研究 2 将在这一思路的指导下验证上述假设。

三　研究 2：亲社会概念启动对原型可达性的影响

研究 2 主要采用词辨别任务（Lexical Decision Task）（Wittenbrink，Judd，and Park，1997；2001），研究者在不同的实验条件下（亲社会概念启动和非亲社会的中性启动），分别收集被试在识别中心词和边缘词时的认知反应，以此作为亲社会认知可达性的指标。本研究主要考察的是，在启动亲社会概念的条件下，接近概念原型的“中心词”是否具有比“边缘词”更强的认知可达性。

（一）预研究

1. 启动材料

亲社会概念的启动材料是一个与利他主义议题有关的写作任务（见附录 4 -5）。被试结合自身经验，写出 3 件与表中材料的描述相符的个人经历或名人故事。主试强调“根据真实情况尽可能详尽的写出这些经历或故事”。

2. 启动材料的有效性检验

实验组的写作任务中所涉及“给他人带来好处的行为所产生的三种可能的结果”源于研究者对亲社会行为利他性在三个层面上的扩展，即“主体的人格特质（积极品质的提升）、主体和群体中其他个体的相互作用（人际关系的和谐），以及主体对群体利益、对社会规范和制度下业已达成的积极共识的认同与维护。”以此作为“亲社会行为概念”的启动材料。

这三方面的内容与亲社会行为概念联系紧密，为验证这些内容在文字表述上是否与接近概念原型的中心词具有更强的关联度，采用专家评定的方法，比较了上述三个方面的内容与亲社会概念结构下的中心组词和边缘组词的关联度，旨在排除中心词比边缘词在词义层面上更容易被识别的可能，保证材料间的同质性。

研究者邀请的专家（共10位）是社会心理学专业的研究生，其中包括5名博士生和5名硕士生。研究者首先向每位专家呈现43个描述亲社会行为的词（其中包括23个接近原型的中心词和20个相对远离原型的边缘词，两类词混在一起，未向专家透露这两类词的性质），然后根据这些词与表中三句话（分别是A：提升道德品质和个人素养；B：提升与周围人们的关系；C：维护正向的社会规范）的关联程度，分别将关联度最高的词编号填入与表中三点相对应的空格内（见附录4－6）。要求（1）三个空格内的编号不要重复出现；（2）主要从语义层面上分析这些词和每句话的关联程度，不考虑它们之间的因果关系；（3）只填写关联程度较高的词编号，并不要求必须把43个项目都写满。

研究者分别记录每位专家在A、B、C这三句话后面对应的空格内所写下的中心词和边缘词的数量，并将中心词提名频次除以23、将边缘词的提名频次除以20，计算这两类词被提名的频率。

最后，每位专家对应6个数据，即分别与A、B、C关联的中心词提名频率，以及分别与A、B、C关联的边缘词提名频率。接下来汇总10位专家的数据，分别计算与A、B、C关联的中心词提名频率（A－中心、B－中心、C－中心）和与A、B、C关联的边缘词提名频率（A－边缘、B－边缘、C－边缘）之间的相关性，结果如下表4－1所示：

表4－1　与亲社会表述（A、B、C）关联的中心词和边缘词提名频率之间的相关

	A－边缘	B－边缘	C－边缘
A－中心	0.70*		
B－中心		0.76*	
C－中心			0.70*

注：*表示相关系数在0.05水平上显著。

以上结果显示，与A、B、C这三方面内容有关联的中心词的提名频率和与此有关联的边缘词的提名频率具有显著的高相关，这表明在外显的语义学层面上，亲社会概念启动材料中所涉及的“三方面后果”与中心组词和边缘组词的关联强度是等同的。因而排除了由于语义接近而提高相关词汇的认知可达性。

3. 反应材料（亲社会真词和无意义假词）

根据前期研究结果（寇彧、付艳、张庆鹏，2007），将43个亲社会行为词辨别任务中的“真词”的来源（即23个中心词和20个边缘词）。为了平衡两类词的数量，在专家评定的基础上，结合青少年社会生活的实际情况与本研究的关注点（与青少年社交生活紧密关联的行为），对于原有的43个亲社会词进行再分析，删除表述比较抽象，与青少年具体社交场景距离相对较远的3个词（利群体、家庭养育、爱护动物）。最终整理出40个亲社会词，其中包括20个接近概念原型的“中心组成员”，以及20个相对远离概念原型的“边缘组成员”。

根据亲社会行为概念结构的特点，研究者将上述词中的所有单字与《现代汉语常用字表》[①] 中的“常用字表”（共2500个）相对照，对不在此范围内的字、词进行修订，保证所有字都进入常用字范围；同时将所有词统一用四字短语表述，目的是避免词频、词长等语言学因素对认知判断的影响。

接下来，根据两批被试的特点分别设计“假词”材料（共40个无意义的假词）。首先，针对初中生被试的假词材料全部取自小学《语文》课本（义务教育课程标准实验教科书，经全国中小学教材审定委员会2003年初审通过）中的“六年级下册”，从其中选出10篇文章，在这些文章中随机挑选出160个汉字，随后将其随机排列组合，组成40个无意义的四字短语。为了进一步验证这一批假词的性质，避免其中出现生字、可能具有的意义以及可能基于联想产生的意义，研究者邀请一位具有中小学授课经验的教师对上述无意义的假词做出评定（见附录4－7），评定对象是初中生的语言认知水平，评定内容主要包括三方面内容，（1）每个词中是否包含（初中生可能不认识的）生字；（2）是否具有某种特定的意义；（3）初中生能否从中联想到某种意义。通过专家评定，针对专家认为存在上述问题的词做进一步的修改，使

① 《现代汉语常用字表》是国家语言文字工作委员会于1988年出版的字表（语文出版社），内收3500字，分为常用字（2500字）和次常用字（1000字）两部分，可以视为中国大陆现行规范汉字的依据之一。

其符合实验要求。

针对大学生被试的假词材料全部取自《现代汉语常用字表》，研究者邀请一位文科专业的硕士研究生对这些词进行逐一评定，评定内容与上文一致，评定对象改为“在校大学生的语言认知水平”。根据评定结果修改并确定假词材料组。

（二）正式实验

1. 被试

本研究选取两个年龄段的被试，即初中生（北京市 B 中学）和大学生（来自北京的 B 大学、C 大学和来自广东的 D 大学）。(1) 青少年被试，$n=38$，其中男生 15 人，女生 23 人；平均年龄 12.24 岁，标准差 0.43 岁；(2) 大学生被试，$n=30$，其中男生 10 人，女生 20 人；平均年龄 21.40 岁，标准差 1.61 岁。

2. 主试

培训主试，向其详细讲解第一部分“写作任务”和第二部分“上机任务”的操作程序（详见附录 4－8）。由于第二部分实验需要被试在计算机上基于按键反应来完成，因此我们采用硬件测评软件“360 硬件大师”对所有参与实验的计算机的性能进行测评，测评内容包括处理器性能、显卡性能、内存性能、硬盘性能。测评结果显示，所有实验用计算机的处理速度、硬件反应速度均处于正常水平。此外，实验要求所有计算机停止其他无关程序或进程，并切断网络，保证计算机具有正常的运算和反应速度。

3. 亲社会概念的启动

实验组：被试首先完成第 1 部分“写作与个人经验”（写出“给别人带来好处并可能引发上述三方面后果的个人经历或名人故事”），并隐蔽真正的研究意图。主试要求被试的表述尽可能简洁明了，但须将相关的个人经历或名人故事的核心要素写清楚（即包括时间、地点以及事件的起因、基本经过和结果），另外，主试还需注意控制时间，提醒写得太多的被试注意“叙述简介”。接下来，被试完成第一部分的写作任务之后，主试向其布置第二个任务：认真回忆之前刚刚写过的词或句子，并将回忆的结果写在另外一张纸上。向被试强调“尽可能多的回忆，快速填写，不要在意写的是否正确”，并提示被试不要翻看前面写过的内容。

对照组：研究者将第 1 部分“写作与个人经验”中的内容更换为“请结

合自身经验和感受，从三个方面简要描述一下你所在的城市，这里并不限制你所描述的范围，你只需自由联想，写出你能想到的任何三个方面即可”，其他程序与实验组完全相同。

4. 亲社会概念原型可达性检验

主试确定被试穷尽回忆内容以后，休息 5 分钟。然后，主试引导被试进入第 2 部分，并向其强调“这是一项关于语言理解能力的测试”。要求被试在计算机上单独完成这部分内容（采用 E－Prime 程序编辑、呈现）。引导被试阅读指导语：

（1）首先，屏幕上会出现一个符号“＋”，这表示任务即将开始。请做好准备。

（2）接着，屏幕中间会出现一个词，请你对这个词的属性做出快速判断。如果它是有意义的真词，请按“绿键”，如果它是无意义的假词，请按“红键”。

例如，如果你看到的是真词“精神食粮”，则按绿键，如果你看到的是假词“学大范师”，则按红键。

被试阅读完之后，主试确认其是否完全理解上述指导语，并针对他们不懂的地方做出相应的解释，直到被试完全理解。接下来开始一段练习，一共向被试呈现 8 个词，其中包括 4 个真词（中性词，与亲社会行为无关）和 4 个假词。被试按照之前的要求做出按键反应，旨在熟练操作规则。

实验部分共有 80 个测试单元，包括 40 个亲社会真词和 40 个无意义的假词，这些词按照随机顺序呈现，被试逐一做出反应，每名被试分别对应一种随机呈现顺序（随机顺序由程序自动设定）。呈现开始后，屏幕上首先出现一个符号“＋”，持续时间为 500ms，“＋”消失之后出现 600ms 的白屏，紧接着出现目标词（真词或假词），持续时间为 2000ms，目标消失之后出现 600ms 的白屏，由此完成一个测试单元。① 之后的每个单元程序均与此相同，只是更换其中的目标词。要求被试在看到目标词时做出快速判断。当完成一半任务时，屏幕上弹出指令：“现在请休息片刻，如果你觉得休息好了，请按回车键开始”。被试休息之后继续完成后面的任务。

---

① 我们根据已有研究中对刺激呈现时间和间隔时间的设定，并请 4 名大学生（2 男 2 女）通过预先的练习，在正常难度下的准确率达到 95% 以上，最终确定了本研究中的“＋”、“白屏”以及“目标词”的呈现时间。

（三）结果分析

1. 初中生

采用相关样本 T 检验的方法，分别考察实验组和对照组的被试在判断中心词和边缘词时的反应时差异（分别取 20 个中心词和 20 个边缘词的平均反应时）。为保证结果的准确性，在词辨别任务中反应错误的词条不进入后续的统计分析，所谓反应错误，是指将真词判断为假词，或者将假词判断为真词的反应。结果发现，在实验组（启动材料为亲社会行为概念，$n=19$），被试判断中心组词的反应时（$M=745.66$，$SD=138.10$）显著小于边缘组词（$M=831.27$，$SD=171.20$），$t(18)=-4.82$，$p=0.000$，$d=0.55$；在对照组（启动材料为无关事件，$n=19$），被试判断中心组（$M=793.88$，$SD=160.90$）和边缘组（$M=784.38$，$SD=121.53$）词的反应时之间无显著差异，$t(18)=0.58$，$p=0.57$，$d=0.07$。在亲社会概念启动的条件下，被试在词辨别任务中对中心类别词的识别速度比边缘词更快；在中性启动的控制条件下，被试在词辨别任务中对中心类别词和边缘类别词的识别速度没有差异。

接下来进一步分析被试在每一个词上的反应时。首先，在实验组条件下，分别将中心词和边缘词的辨别反应时按照从低到高的顺序排列，排序结果如图 4－1 所示，被试对边缘词的辨别反应时普遍高于中心词。针对 20 个中心词和 20 个边缘词的相关样本 T 检验结果发现，实验组条件下的中心词反应时（$M=747.87$，$SD=80.09$）显著低于边缘词（$M=814.95$，$SD=107.07$），$t(19)=-2.59$，$p<0.05$，$d=0.71$。

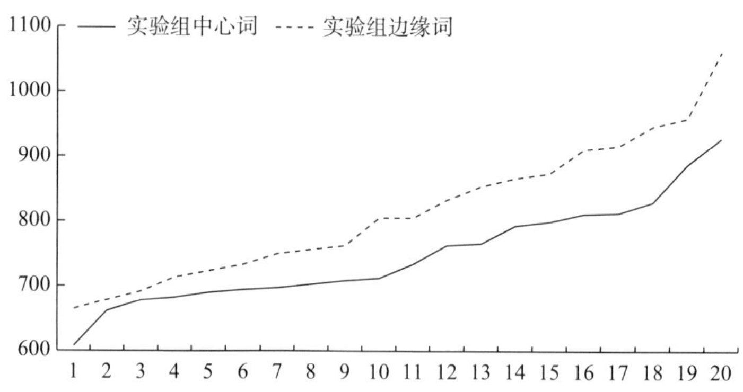

图 4－1　实验组（亲社会概念启动）条件下被试对中心词和边缘词的辨别反应时排序（横坐标为词编号）

其次，在对照组条件下，同样考察被试对两类词的辨别反应时的高低排序，结果如图 4－2 所示，两类词的反应时曲线存在交叠现象，并未出现明显的分离。针对 20 个中心词和 20 个边缘词的相关样本 T 检验发现，两类词反应时不存在统计上的显著差异（$M = 801.24$，$SD = 124.03$ vs. $M = 788.93$，$SD = 81.70$），$t(19) = 0.45$，$p = 0.66$，$d = 0.12$。

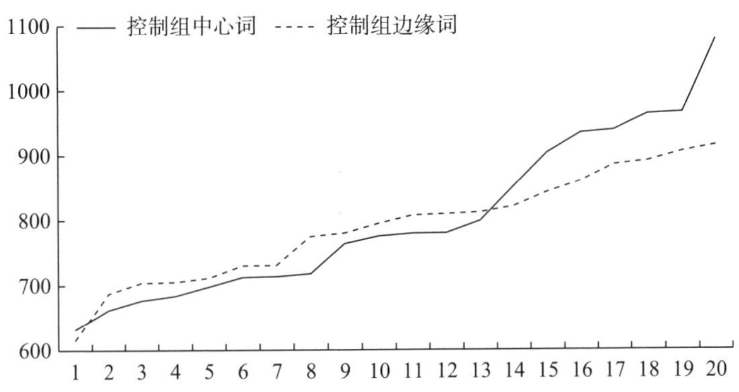

图 4－2　对照组条件下被试对中心词汇和边缘词汇的辨别反应时排序

2. 大学生

在大学生被试中也发现了类似的结果，在实验组（启动材料为亲社会行为概念，$n = 15$），被试判断中心组词的反应时（$M = 628.11$，$SD = 74.16$）显著小于边缘组词（$M = 663.47$，$SD = 75.32$），$t(13) = -2.94$，$p < 0.05$，$d = 0.47$；在对照组（启动材料为无关事件，$n = 15$），被试判断中心组（$M = 644.11$，$SD = 125.92$）和边缘组（$M = 657.08$，$SD = 122.21$）词的反应时之间无显著差异，$t(13) = -0.72$，$p = 0.48$，$d = 0.10$。该结果同样验证了在亲社会概念启动条件下，个体对接近概念原型的中心组成员具有较高的认知可达性。

接下来进一步分析被试在每一个词上的反应时。首先，在实验组条件下，分别将中心词和边缘词的辨别反应时按照从低到高的顺序排列，排序结果如图 4－3 所示，被试对边缘词的辨别反应时普遍高于中心词，但分离不明显。针对 20 个中心词和 20 个边缘词的相关样本 T 检验结果发现，实验组条件下的中心词（$M = 636.39$，$SD = 58.40$）的辨别反应时小于边缘词（$M = 664.64$，$SD = 71.11$），$t(19) = -1.46$，$p = 0.16$，尽管未出现统计意义上的显著差异，但统计效应值接近中等水平，$d = 0.43$。这表明差异检验过程中的“不显著”结论可能是由于样本量较小导致的，二者之间在实际上尚存在一定程度上的差异。

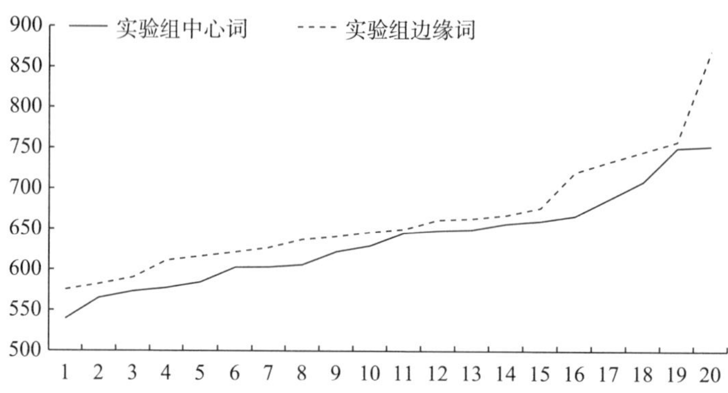

图 4-3　实验组条件下被试对中心词和边缘词的辨别反应时排序

其次，在对照组条件下，同样考察被试对两类词的辨别反应时的高低排序，结果如图 4-4 所示，两类词的反应时曲线存在交叠现象，并未出现明显的分离。针对 20 个中心词和 20 个边缘词的相关样本 *T* 检验发现，两类词反应时不存在统计意义上的显著差异（$M=641.83$，$SD=84.39$ vs. $M=656.62$，$SD=77.05$），$t(19)=-0.57$，$p=0.58$，$d=0.18$。

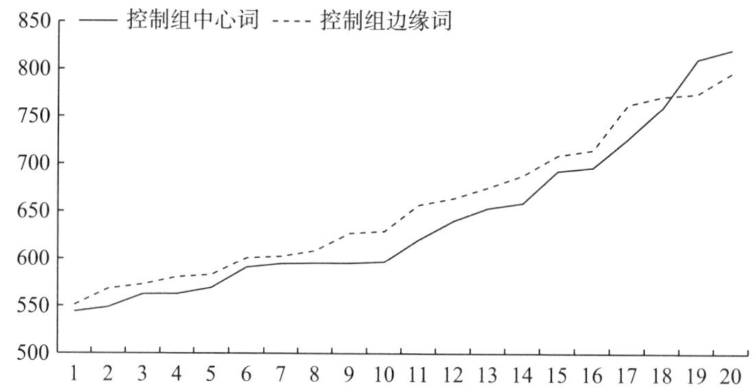

图 4-4　对照组条件下被试对中心词汇和边缘词汇的辨别反应时排序

（四）讨论

研究 2 在两个年龄组的被试中取得相似的结果：首先，在启动亲社会行为概念（给别人带来好处的利他行为，并且会产生三方面的后果，即自我价值提升、关系提升和社会价值提升）的条件下，被试识别那些与概念原型较为接近的中心类属成员比识别边缘成员的速度更快；其次，与之形成对比的是，当启动任务为非亲社会的中性材料时，中心词和边缘词的识别速度未出现明显的差异。这表明在亲社会行为概念的识别任务中，中心词相比边缘词具有更高的认知可达性。由此可以进一步推断，中心词对亲社会概念的“易感性”更高。

四　综合讨论

由于中心词代表的是被青少年群体评定为最接近概念原型的，而“概念原型”所指的是描绘某概念核心特征的抽象集合体，因此，我们可以将这一组行为看作较为抽象的亲社会行为概念原型的具体化载体（也就是在实证研究中将中心词组等同于概念原型）。这一类推逻辑在以往一项关于亲社会概念原型结构的记忆研究中曾得到过验证：相比边缘词，中心词在一般的回忆任务中表现出更为明显的优先加工效应。在该研究中，研究者要求青少年被试首先通过幻灯片观看一组词，并将不同类型的亲社会词混入其中，接下来完成回忆和再认任务，结果发现，被试针对之前见过的中心词的回忆和再认成绩均显著好于边缘词；此外，被试在这两类记忆任务中还会更多的提及之前并没有见过的中心词，也就是对中心词表现出更多的错误回忆和错误再认。这表明在外显的认知过程（记忆）中，概念原型体系中的中心成员比边缘成员更容易被人们意识和注意到，从而也更加容易引发优先的回忆和再认（张庆鹏、寇彧，2008）。中心词的优势加工效应意味着它们与概念原型的核心内涵更为接近，这使得它们相比边缘词更能代表概念原型。

在此基础上，本研究进一步推进了所考察认识活动的深度，在一个更为自动化的层面上考察被试在识别这两类词时的差异。研究者操纵的自变量是囊括了四个基本维度的“亲社会概念”，因变量是在概念启动或中心启动条件下，被试辨别中心词和边缘词的速度，因变量的检测指标则从记忆成绩（回忆和再认的百分比）改为更为敏感的反应时。正如之前所述，研究 2 的基本结论是：在亲社会启动的条件下，中心词相比边缘词具有更高的认知可达性，中心词对亲社会概念的“易感性”更高。结合第二段的论述，以上结论亦可表述为：当启动亲社会行为的基本概念（即四维结构）时，概念原型也同时被优先的激活了。这就在记忆实验的基础上进一步证实了“概念原型与亲社会行为的本质更加接近”这一假设。

由于亲社会概念原型更加接近亲社会行为的本质，因此，相比远离概念核心的非原型类别，原型与接近真实情境下的具体亲社会行为之间的联系更为紧密。换言之，研究2是对研究1结果的深化和诠释：接近亲社会概念原型的中心词的启动之所以会促进真实情境中的捐助意愿（研究1），是因为以这些词为载体的概念原型对亲社会概念的“易感性”更高（研究2），使其更接近亲社会行为的本质。这两个子研究分别从不同的层面入手，逐层递进地探讨了概念原型对亲社会行为的影响：亲社会概念原型对具体行为（慈善捐赠意图）具有正向的促进作用。

在理论层面上，本研究进一步丰富了以往关于亲社会行为影响因素的研究成果，在关于亲社会行为形成机制的自动化研究中，以往研究者广泛考察了众多可能会促进亲社会行为的影响因素，包括亲社会歌曲（Greitemeyer, 2009）、具有积极社会意义的宗教词汇（Pichon et al.，2007）、与道德相关的词汇（迟毓凯，2009）等，并且均发现了这些因素对亲社会行为的正向预测作用。但是，上述变量涵盖社会生活的不同方面，均较为具体，而抽象性水平则相对不足。纳尔逊等人（2005）的研究发现，当启动超级英雄的类别（Superhero）时，被试助人行为的强度和持久度都会高于启动具体的超级英雄样例（Superman）的情况（Nelson and Norton, 2005）。类别是相比于样例更上位、更抽象的概念层级，这表明与亲社会特性相关的概念或类属的抽象性越高，在特定环境刺激下的可达性就会越高，进而会对亲社会行为的启动效果越明显。相比以往研究中所涉及具体的亲社会样例或积极形象，以及相比远离原型的边缘词，本研究涉及的概念原型具有更高的抽象水平。因此，本研究通过验证原型启动对亲社会行为的促进作用，支持了纳尔逊等人的研究结论，从而进一步充实了亲社会行为机制的理论体系：由于概念原型具有很高的抽象性，它可以在一个更高的层面上涵盖下位体系中基于音乐作品、人物形象、宗教或道德词汇等众多具体元素所提炼出来的核心成分。如果这一说法成立，则意味着本研究结果（尤其是研究1）可以为以往的亲社会行为启动研究提供解释。

此外，在样本选择方面，以往关于亲社会行为概念的研究主要针对青少年被试，亲社会行为概念的原型差序排列（中心成员——边缘成员）以及亲社会行为的四维度结构均是基于青少年被试而得到的。根据原型理论，某一特定概念的原型结构具有较强的群体特异性，来自不同群体的成员针对同一概念所形成的原型认知具有很大的差异。这一点反映了人们在采用原型表征模式来理解特定概念时受到所在群体共识性知识和亚文化的深刻影响。概念原型的群体特异性主要体现在两个方面：（1）形成于某一群体的概念原型结构在内容上异于其他群体；（2）该群体大多数成员在完成与概念原型联系紧密的任务时，会表现出异于其他群体的优势加工效应。但是，当前的研究对于亲社会概念原型专属群体的边界尚无明确的界定。本研究在针对青少年亲社会行为概念的系列研究基础上扩展了被试群体的范围，即在关注青少年被试的同时纳入了年龄较大的大学生被试，旨在探究亲社会概念原型的群体特异性在上述两方面的可容忍程度，即考察“青少年群体特异性”成立的最大适用范围。研究者通过选取广义青少年阶段两个端点的代表性样本（即初中生和大学生），借以考察已有的亲社会行为概念原型结构是否适用于更大范围内的青少年群体。研究 1 和研究 2 的结果发现，原型启动对亲社会行为意图的促进作用，以及亲社会概念启动对原型认知可达性的激活作用在大学生被试中依然是成立的，上述两方面的效应与初中生被试并无差异。这表明亲社会概念原型的群体特异性适用于更为广泛的青少年阶段。以往也有研究者曾经将青少年的年龄范围界定为小学后期到大学毕业这段较为漫长的时期（Shaffer，2007），我们可以将其理解为“泛青少年期”。尽管个体的认知水平、情感、价值观和行为等诸多方面在这一时期会发生巨变，但由于个体在这个阶段始终处在学校环境中，与学校以外的社会场景始终缺少深入、持久和系统的接触，因此对于某些问题的看法可能会长期保持一致。由于亲社会行为更多地发生在学校场景下的人际互动过程中，因此基于对这类行为基本的理解和认识所形成的概念原型具备在漫长的“泛青少年期”保持一致的条件，而本研究的结果也在客观上支持了上述论断。但是，本研究只选取这一群体的两端，未考察中间阶段的被试，因而无法描绘出更为精细的年龄发展趋势，这也是未来研究需要进一步完善之处。

最后，本研究还可以为未来研究提供若干参考，首先，基于本研究结果尚难以建立起较为成熟的模型，换言之，从原型启动到亲社会行为之间的深层机制尚不明确，未来需进一步整合研究 1 和研究 2，一个可能的模型是：原型启动首先激活了个体针对亲社会行为的认知可达性，进而在此基础上引发了亲社会行为（中介模型）；其次，本研究没有考虑情绪的作用，以往大量研究已经证实移情在诱发亲社会行为过程中的重要作用（Batson，Batson，Todd，Brummett，1995），如果在诱发移情的同时操纵概念原型，那么基于原型激活而出现的高认知可达性可能会更进一步加强移情对亲社会行为的影响力（调节模型）。未来可以通过对上述两个模型的探索和验证进一步完善概念原型视角下的亲社会行为发生机制研究。

综上所述，研究 1 和研究 2 在概念原型表征研究的基础上探讨了原型启动对亲社会行为的影响，并深入考察了上述影响背后的社会认知机制。这部分研究在已有的原型表征排序（从中心成员到边缘成员）的基础上，在认知层面上考察了亲社会行为的发生机制，从而进一步拓展了亲社会行为概念研究的深度。

附录 4－1　描述亲社会行为类别的句子

中心词（23）	释义	边缘词（20）	释义
关心他人	积极关注他人的困境	谦让行为	人与人之间互相礼让
建立友谊	和陌生人成为好朋友	体力支持	付出体力去援助他人
增进友谊	增进朋友之间的友谊	与人分享	与他人分享美好事物
宽容他人	原谅犯错误的人	提供信息	向他人提供有用信息
有利群体	做有利于集体的事	与人合作	共同合作实现目标
帮助他人	帮助别人解决困难	感激他人	感激帮助自己的人
同情他人	同情处境困难的人	接纳他人	主动接纳新成员
爱护动物	反对捕杀动物	英勇行为	奋不顾身地帮助他人
捐赠财物	向他人捐赠钱物	借出物品	把东西借给别人用
照顾他人	照顾体弱病残	环保行为	保护环境
公德行为	遵守社会公德	赠送物品	给别人送礼物
待人忠诚	待人忠诚守信	赞美别人	赞美别人的优点
亲情行为	父母对子女付出亲情	不伤害	不伤害他人
道歉行为	向别人道歉	义气行为	对朋友讲义气
拾物归还	捡到东西归还失主	慷慨行为	不计得失地帮助别人
安慰他人	安慰受伤害的人	协调关系	帮助他人搞好关系
遵守规则	遵守法律法规	发展技能	帮助他人掌握技能
责任义务	履行责任义务	公益行为	关爱公众利益
遵从习俗	遵从人们公认的习俗	完善自身	提高自身品质
救助行为	救助处在危难中的人	积极建议	给别人提出合理建议
家庭养育	父母养育子女		
宜人特质	给别人带来快乐		
体谅他人	体谅别人的难处		

附录 4－2 研究 1 预实验（两类启动材料）①

形式 1：

同学你好！我们正在进行一项关于语言识别能力的测试。请你根据下面的说明，认真完成相应的任务。这项测试是不记名的，我们不会将测试结果透露给家长或教师。请按照你的真实想法作答。

下面是三个文字表格，每个表格中隐含着 5 个通顺的句子，这些句子可能是按照从上到下、从左到右，或者从左上到右下的三个方向直线排列的。请用最快的速度，你从每个表格中找到这些句子，并将它们用直线标记出来。

举例：

粉	赤	肆	并	柏	槽
预	床	晋	低	单	遣
安	莫	前	董	非	放
解	康	客	明	格	类
那	魄	期	雀	月	蚂
勤	塞	设	塔	维	光

请在下面的表格中找出通顺的句子（每个表中有 5 句），并用直线标记出来。

旬	卷	和	新	人	成	为	好	朋	友
漏	积	预	城	志	开	行	微	谷	意
做	挂	极	原	谅	犯	错	误	的	人
有	概	颗	关	谨	梁	烟	德	颜	罗
利	棕	浊	刚	注	旧	架	属	街	组
于	客	闻	四	鲁	他	度	伟	索	们
集	敏	书	宁	贸	域	人	宇	崖	传
体	允	榴	铺	束	假	恰	的	摘	荣
的	功	潜	点	展	链	动	报	困	紫
事	把	课	本	放	进	书	包	均	境

盘	保	护	流	浪	的	小	动	物	佩
凯	森	向	擦	搭	额	阀	述	河	增
雨	董	岗	他	岩	枚	届	照	垒	进
水	算	笋	霜	人	务	价	交	牧	朋
落	诵	塔	统	融	捐	刻	逆	纳	友
在	年	维	游	傍	雀	赠	级	州	之
屋	碗	旺	屯	韵	券	泽	钱	荣	间
顶	遮	准	途	晴	班	摄	寺	物	的
上	顺	署	腔	既	柜	企	施	转	友
黎	帮	助	别	人	解	决	困	难	谊

① 附录所列出的是初中生被试的实验材料。

锡	厦	遵	守	社	会	公	德	邀	采
宪	象	寻	待	型	闸	育	存	潮	炎
同	遥	栋	耽	人	择	替	植	率	将
照	情	帆	棋	夏	忠	杂	诞	衬	铅
顾	隐	处	样	肥	曾	诚	址	绕	笔
体	雅	讯	境	豪	员	皂	守	形	放
弱	资	绝	垦	困	敏	针	列	信	入
病	协	纷	松	律	难	春	峰	程	文
残	匠	话	楼	论	佳	的	恭	挽	具
者	字	肩	志	息	表	望	人	繁	盒

币	午	丸	亿	老	师	走	进	教	室
仍	森	给	末	功	布	禾	句	汇	安
雨	巩	轨	别	纪	希	御	册	产	慰
水	昆	易	劲	人	舟	兆	乔	回	受
落	宗	育	典	垂	带	朵	异	旷	伤
在	质	依	届	承	驻	来	导	帐	害
屋	驱	诞	苹	咏	适	狭	快	励	的
顶	派	室	础	套	荷	虑	奉	乐	人
上	剧	理	械	雀	堂	晨	局	灵	拦
黎	遵	从	人	们	共	认	的	习	俗

宏	陆	捡	到	东	西	归	还	失	主
侧	救	钮	股	社	纯	宙	肃	哗	炭
遵	版	助	父	母	养	育	子	女	拜
守	沃	抵	处	茂	择	畅	购	仗	电
法	亦	亩	观	在	坝	早	存	守	羽
律	们	勉	刊	执	危	岂	划	网	仰
法	闪	洒	岔	设	染	难	纤	至	印
规	抚	颂	宁	役	归	狮	中	且	朽
始	训	丛	状	体	仔	挽	耗	的	夹
功	把	课	本	放	进	书	包	均	人

屯	孔	体	向	别	人	道	歉	平	仪
父	芝	页	谅	北	兰	丘	礼	冬	乎
母	似	份	闯	别	灯	均	护	灿	将
对	履	毕	贤	茄	人	柜	垄	昂	铅
子	彼	行	录	朗	虹	的	映	查	笔
女	卸	钟	责	府	降	诊	难	厚	放
付	类	宣	待	任	差	柴	泰	处	入
出	键	徒	脆	席	义	润	梯	副	文
亲	渡	朝	斯	粗	减	务	宿	绩	具
情	允	为	仅	引	队	办	介	乏	盒

形式2：

同学你好！我们正在进行一项关于语言识别能力的测试。请你根据下面的说明，认真完成相应的任务。这项测试是不记名的，我们不会将测试结果透露给家长或教师。请按照你的真实想法作答。

请你用最快的速度，从下表左侧每一行的五个词中选出四个词，用它们组成一个通顺的句子，并写在右侧的空白处。

举例：出现了，雨后的，彩虹，天空，卡片——雨后的天空出现了彩虹。

5个词	从中选出4个词，组成句子
困境，关注，树叶，积极，他人的	
成为，和，好朋友，陌生人，别墅	
友谊，增进，之间的，朋友，闹钟	

续表

5个词	从中选出4个词，组成句子
犯错误的，雪地，原谅，人，主动	
有利于，事情，集体的，做，星座	
别人，困难，解决，沙发，帮助	
缓慢的，停车场，相册，开进，汽车	
喇叭，人，处境，同情，困难的	
主动，小动物，流浪的，喂养，课桌	
向他人，钱物，捐赠，门窗，主动	
体弱病残的，照顾，人，书签，耐心	
社会，符合，茶壶，公德，个人行为	
承诺，待人，忠诚，信守，钢笔	
交给，捡到的东西，校门，失主，将	
养育，父母，无私地，教师，子女	
向，道歉，别人，鼠标，主动	
习俗，大家，遵从，怪癖，公认的，	
遵守，严格，法律法规，国家的，购买	
快乐，带来，马路，别人，给	
吹倒了，大风，小树，月亮，路边的	
别人的，体谅，能够，难处，索取	
履行，雪花，应尽的，认真，责任义务	
亲情，向子女，旅客，付出，父母	
在，小鹿，奔跑，小草，树林里	
受伤害的，安慰，主动，课桌，同学	
人，危难中的，处在，救助，天空	

附录4－3　研究1因变量测查

在我们的身边有很多需要帮助的人，比如急需输血的急症患者、无人照料的孤寡老人、上不起学的少年儿童等。有很多民间的慈善机构致力于将那些愿意提供帮助的志愿者组织起来，帮助这些人脱离困境。

- 这些志愿者组织可能会向你发出邀请，如果接受邀请，则意味着你需要服从志愿者组织的工作安排，并且要牺牲自己的课余时间去参加志愿者行动，你是否愿意加入他们？

A：□是

B：□否

● 如果你愿意参与志愿者活动，你预期自己参加此类活动的频率如何？

请你根据自己的真实想法，在相应的数字上打“√”。

从 1“很少去参加”到 6“经常去参加”，数字越大，代表参加的频率越高。

1 ---------------- 2 ---------------- 3 ---------------- 4 ---------------- 5 ---------------- 6

很少去参加　　　　　　　　　　　　　　　　经常去参加

猜测倾向测试

1. 你认为本次调查的目的是什么？ ______________________

2. 你在完成“参与志愿行为意图调查”时，是否受到前面“矩阵组句子任务”的影响？

A：□是；B □否

如果选 A，请写出具体是如何影响的？ ________________________

附录 4－4　社会称许性量表（节选）

★ 下面是一些有关个人态度和特点的叙述，请阅读每个条目，确定其所述情况是否与你相符。

1	在投票前我要彻底了解所有候选人的情况。	是	否
2	我总是毫不犹豫地放下自己的事帮助有难处的人。	是	否
3	如果得不到别人的鼓励，有时我很难将事情继续做下去。	是	否
4	我从来没有特别讨厌谁。	是	否
5	我偶尔怀疑自己是否具备成功的能力。	是	否
6	如果得不到自己想要的东西，有时我感到愤愤不平。	是	否
7	我总是很留意自己的衣着。	是	否
8	无论在家还是在饭馆，我都一样注重饭桌上的礼仪。	是	否
9	如果能不花钱溜进电影院，而且肯定不会被人发现，我会这么做。	是	否
10	少数一些时候，我因为自己能力不够而放弃某些事情。	是	否
11	我有时喜欢说别人的闲话。	是	否

续表

12	有时我想违抗有权威的人，即使我知道他们是对的，也想这么做。	是	否
13	不管与谁交往，我总是一个很好的倾听者。	是	否
14	我记得有过为逃避某些事而“装病”的情况。	是	否
15	我有过利用别人的时候。	是	否
16	只要犯了错误，我总是愿意承认。	是	否
17	我总是有言必行。	是	否
18	与多嘴多舌而又讨厌的人相处，我并不觉得特别困难。	是	否
19	我有时想以牙还牙，不想原谅或忘却了事。	是	否
20	如果我不懂的什么事情，我会很痛快地承认。	是	否
21	即使对难以相处的人，我也总是彬彬有礼。	是	否
22	有时我一定要坚持按自己的方式做事。	是	否
23	有时我真想砸东西。	是	否
24	我从来没想要别人替我受过。	是	否
25	对于别人指望我报答的要求，我从无怨言。	是	否
26	当别人说出与我完全不同的意见时，我从来没有厌烦之感。	是	否
27	我从来没有不认真检查自行车的安全性就骑车出门。	是	否

附录4－5　研究2实验材料（亲社会概念启动）

同学，你好！请你认真回答问卷中的所有问题。答案无对错之分。本次研究为匿名作答，你的个人答案将仅用于科研。谢谢你的帮助！

写作与个人经验

【实验组】

以下是一项写作练习。首先，请仔细阅读下面这段话。

我们在日常生活中经常会遇到这样的事情：某人的行为给身边的人们带来了好处，这些好处既有可能是物质方面的，也可能是精神方面的。如果这个人经常做出这样的行为，还可能会产生以下后果： ◇此人的道德品质和个人素养得到提升； ◇此人与周围人们的关系变得越来越好； ◇此人的行为在有意或无意间维护了社会规范。

接下来，请你结合自身经验，写出3件与上面描述相符的个人经历或名人故事。

1.

2.

3.

【对照组】

以下是一项写作练习。首先，请仔细阅读下面这段话。

请结合自身经验和感受，从三个方面简要描述一下你所在的城市。这里并不限制你所描述的范围，你只需自由联想，写出你能想到的任何三个方面即可。

接下来，请你结合自身经验，写出3件与上面描述相符的个人经历或名人故事。

1.

2.

3.

附录4-6　亲社会概念启动材料的专家评定程序

现在，请大家以社会心理学专业研究人员的身份，对下列40个词做出评判。

评判规则：请根据这些词与下列三句话的关联程度，分别将关联度最高的词编号填入相应的空格内。

注意：(1) 三个空格内的编号不要重复出现；

(2) 主要分析这些词和每句话的关联程度，不考虑它们之间的因果关系。

(3) 只填写关联度较高的项目，不要求必须把43个项目都写满。

(1) 关心他人　(2) 增进友谊　(3) 帮助他人　(4) 建立友谊　(5) 宽容他人　(6) 同情他人　(7) 捐赠金钱　(8) 照顾弱者　(9) 公德行为　(10) 待人忠诚　(11) 积极建议　(12) 与人分享　(13) 提供信息　(14) 与人合作　(15) 感激他人　(16) 接纳他人　(17) 英勇助人

续表

(18) 借出物品　(19) 保护环境　(20) 赞美他人　(21) 亲情行为　(22) 道歉行为　(23) 拾物归还　(24) 安慰他人　(25) 遵守规则　(26) 尽职尽责　(27) 遵从习俗　(28) 救助他人　(29) 快乐他人　(30) 不去害人　(31) 待人慷慨　(32) 对人义气　(33) 调解关系　(34) 公益行为　(35) 完善自己　(36) 教人技能　(37) 赠送物品　(38) 体力支持　(39) 待人谦让　(40) 体谅他人　(41) 有利群体（删）　(42) 爱护动物（删）　(43) 家庭养育（删）	
提升道德品质和个人素养	
提升与周围人们的关系（使关系变融洽）	
维护正向的社会规范	

附录4-7　研究2实验材料（假词材料专家评定）

	是否有生字	是否有意义	能否联想意义		是否有生字	是否有意义	能否联想意义
期交法始				递练数挥			
积决看段				固秀般容			
综切阅际				排丝相新			
思议表步				理免出然			
坡再盖编				尽沉瓦围			
初索路念				叶件访雨			
会阵岸造				封和巨迎			
感竹得任				雷象章护			
业叙条短				约松故以			
更杂作常				德彩那尘			
室止波志				绿样落刚			
算原提被				林滴动终			
都研满异				奇比席有			
次易珍南				其罗特所			

续表

	是否有生字	是否有意义	能否联想意义		是否有生字	是否有意义	能否联想意义
识环员意				挑随暗森			
管似载们				星从望尔			
格质康派				多前秘民			
卡杜伴局				声地征蓝			
提照间纱				查高英就			
带蒙向责				西指务维			

资料来源：义务教育课程标准实施教科书（经全国中小学教材审定委员会 2003 年初审通过）小学六年级《语文》课本（上、下册），北京师范大学出版社。

附录 4-8　亲社会概念原型识别实验（主试操作手册）

1. 写作任务（纸笔）

（1）第 1 页

材料第一页顶部标有数字"m - n"，m 代表被试编号，n 代表分类编号。被试编号从 1 开始依次递增；分类编号共两种，1 和 2。

"1"代表实验组，材料第一页相应的写作任务是"我们在日常生活中经常会遇到这样的事情……"

"2"代表对照组，材料第一页相应的写作任务是"请结合自身经验和感受，从三个方面简要描述一下你所在的城市……"

注：提示被试，不用写太多，简要写作即可，能把要讲的事情写清楚就行了。

（2）第 2 页

语言能力测试

如果被试读不懂指导语，向其简要介绍任务要求，强调从三个方向都可以找到连续的句子——"从上到下、从左到右、从左上到右下"。

（3）第 3 页

回忆任务，要求被试尽可能多的回忆刚才写过，或看过的词，写在横线上，不必将横线全部填满，但要强调：尽可能多地写出自己所能想起来的词。

2. 上机任务

调出程序，在弹出的 subject number 对话框中输入被试编号（m），回车，在 session number 对话框中输入分类编号（n）。

在被试阅读指导语时做必要的解释和指导，确保其完全明白任务要求。

（1）告诉他们绿键（A 键）和红键（H 键）的位置；

（2）强调“是词”是指有意义的词，“假词”是几个汉字随便拼凑起来的、没有任何意义；

（3）强调“是词”按绿键，“假词”按红键；

（4）不必想太多，按照第一反应按键即可，但也不要太着急，尽量保证按键正确；

接下来进入练习，观察被试是否确实了解了任务要求。

第三篇

社区视角下的青少年亲社会行为

作为社会结构中的基本构成要素，社区涵盖了学校、家庭以及除此之外的所有现实生活空间，并且在此基础上形成了社区联结感知和共享社会规范等。社区为青少年提供了广阔的群体生活场景和丰富的社会互动机会，是他们学习人际交往技能、适应群体规范和参与公共行动的最佳训练场。在社区视角下，影响青少年成长的社会环境是一个多元嵌套的网络结构。多元结构的第一个层面是人际关系，这个层面嵌套了不同生活场景下的关系类型，包括学校场景下的师生关系和同伴关系，家庭场景下的亲子关系和社区场景下的邻里关系以及与成年熟人或陌生人的关系等。第二个层面是内群体规范，这个层面同样是嵌套式的，首先是在校园和班级生活场景下，经过频繁而深度互动而形成的同伴群体规范，隐含在其背后的是群体社会化对个人行为的期望与要求；其次是在居住社区的生活场景下，基于观察或实践而习得的社区规范，这些规范影响并制约着每个社区成员的言行。第三个层面是更为宏观的环境系统，这个系统嵌套了两种内涵，一是超越狭义社区的公共精神内涵，涉及基于契约与共识的公共合作、共享利益与社会团结等内容；二是涵盖整个人类生存空间的生态主义内涵，包括自然环境的危机与保护、生态系统的续存与发展等。

亲社会行为在这个结构的不同层面发挥了积极作用。在维护与提升人际关系质量的社交性维度上，亲社会行为可以提高青少年的社交适宜性，使其能够适应不同的关系框架，并能与不同的关系对象和谐相处。在内群体规范的维度上，亲社会行为帮助青少年理解与应对群体生活中的各种不适与矛盾，进而更好地融入同伴群体、社区居民群体以及各自的亚文化系统中。在环境系统的维度上，亲社会行为将“公共性”和“生态主义”整合到“亲环境”（pro-environmental）的语境下，从而将自我与社会、个人利益与公共利益、人类社会与自然环境有机地统一了起来，在公共生活中实现并维护共同利益，最终通过集体共识和集体行动去提升社区人文品质和保护自然环境，促进社会文明进步。在这个框架内，本书第五章、第六章和第七章分别从关系感知、群体社会认知和亲环境这三个角度探讨了广义社区视角下的亲社会行为，旨在探索亲社会行为的概念和理论得以进一步拓展的可能，同时为亲社会行为的社区干预实践提供更多的参考依据。

第五章
关系感知下的亲社会行为：重要他人观点的作用

一　青少年成长过程中的重要他人

在青少年成长环境的多元嵌套结构中，关系维度处于核心位置，而与青少年建立社会情感联结的重要他人（important others）则是这个位置上的关键要素。对于处在变动与发展中的青少年而言，重要他人是如何对他们产生影响的呢？

首先，从纵向角度来看，青少年在心理发展的不同阶段都会和身边的重要他人建立持续稳定的情感和社会联结。随着年龄的增长，重要他人的类型越来越丰富，社会关系框架中来自重要他人的影响也随之出现累积效应，来自重要他人的多重、累加的影响也会在不同的发展阶段表现出此消彼长的特点。在青少年早期（early adolescence），也就是小学阶段的中后期，尽管在校时间越来越长，教师和同伴逐渐成为青少年社交活动中的重要他人，但是父母对其施加的影响力依然是最大的，青少年在亲子关系框架内的认知、情感和行为方式塑造了他们最基本的人际互动模式，甚至会对其成年以后的人际交往和社会行为产生深远的影响；到青少年中期（middle adolescence），即初中和高中低年级，随着在校时间的日益增长，学业任务在日常活动中所占的权重也在增加，青少年和教师的互动越来越多，受到教师的影响也越来越大，与此同时，来自同伴的影响力也在加强，群体社会化进入关键时期，个体逐步认同并内化了同龄群体的亚文化、社会规范和价值观，因此，教师和同伴成为这个阶段最主要的重要他人，而父母的影响力在这个阶段则会出现暂时的、相对的下降；最后是青少年末期（late adolescence）或成年早期（early a-dult），时间跨度从高中高年级延续到大学在读期间，这个时期的重要他人在类型和影响作用方面都趋于稳定，父母、教师、同伴以及更为亲密的异性伴侣分别在不同的领域或不同的时间段发挥其作用，进而构成了功能完整的社会支持系统，伴随着心智的成熟，这个阶段的青少年能够更为娴熟地处理与不同重要他人之间的关系，进而与他们建立了长期而稳定的社会联结，成为彼此社会支持系统中不可或缺的成员。

其次，从横向角度来看，如果我们从某一个特定的发展阶段切入，则会发现，青少年不同生活领域中对应的重要他人，比如在学业、个人发展等现实领域的重要他人是学校的教师，在依恋、安全感等心理情感领域的重要他人是父母和其他家人，而在社会交往、群体互动等领域的重要他人则是同龄的伙伴或同学。换言之，尽管我们从纵向角度看到不同的发展阶段都会出现一个或几个显著的重要他人，但这并不意味着那些没有显现的重要他人不再重要了，这极有可能和我们基于特定的视角所关注的领域有关。比如我们在青少年中期的主要关注点是学业发展，这就使得教师自然成为与学业有关的社会关系网络中的重要成员。事实上，这个阶段恰恰是亲子关系最紧张、矛盾冲突最多、最可能出现问题的时期，因此维护和巩固与父母的关系依然是不可忽视的。总之，在不同的阶段和相应的情境下，青少年和重要他人结成了不同类型的关系，这些关系框架内的人际互动特征成为影响青少年思想和行为的重要因素。

二　重要他人对青少年亲社会行为的影响

在关系主义的视角下，亲社会行为包含了丰富的社交性内涵，它会受到特定关系框架内“重要他人”（important others）的影响。在个体与重要他人组成的互动关系中，重要他人是如何对亲社会行为的价值判断、行为意图和真实行动的意愿产生影响的呢？本章将在关系性维度下探讨亲社会行为的发生过程，并借助一项实证研究探讨关系框架内的重要他人对青少年亲社会行为意图的影响。

（一）感知到的重要他人及其影响模式

研究发现，社会情境与特定的关系表征相关，而这种关系表征会唤起个体对重要他人的人际知觉，进而影响个体的行为（Smeesters et al.，2009）。启动个体对重要他人的关系表征会自动激活与重要他人相关的内容（例如重要他人的期望），进而引发与这些内容一致的行为，当个体与他人的关系较为密切时，关系表征与个体行为之间的联系也会更强（Shah，2003）。因此，在利益冲突情境中，除了另外一方的反应，个体生活中的重要他人，包括个体对这些重要他人的心理表征都会影响个体的行为意图。

对青少年影响深远的重要他人是父母、教师和同伴（Blyth et al.，1982；Laible et al.，2000）。根据生态系统理论，青少年直接体验着的环境——家庭和学校——构成了影响其发展的两个重要微系统（Bronfenbrenner and Ceci，1994）。父母、教师、同伴在与青少年交往中，相互传递了态度、情感等。研究发现，儿童进入青少年期以后，与父母在一起的时间逐渐减少，父母的影响让位于同伴，同伴的影响越来越大（Steinberg and Silverberg，1986）。群体社会化理论强调，青少年在寻求家庭系统以外的社会系统的归属过程中逐渐完成了群体社会化（Harris，1995），而同伴群体是青少年社会交往中重要的人际环境。上述研究者普遍持有“消退观”，认为成人影响在青少年期会逐渐减弱。另有研究者指出，尽管个体进入青少年早期后与父母的亲密度开始下降（Collins，1990），但这并不意味着父母影响力的下降，“独立世界观”认为，父母和同伴对青少年的影响是彼此独立、互不干扰的，他们在不同问题上分别对青少年施加着影响（Berndt，1979；Pilgrim et al.，1999）。比如，在涉及教育、择业、理财等未来发展领域以及道德和安全领域的决策时，父母的指导发挥主要作用；当涉及穿着、兴趣等日常社交领域的决策时，同伴的影响更大（Wilks，1985；Daddis，2008）。

（二）重要他人对亲社会行为的独立影响机制

亲社会行为指社会交往中的友好行为，其特点是使他人获益，并促进双方的和谐关系（Bergin，et al.，2003），有研究者将其看作是从自我获益过渡到他人获益的连续体（Krebs and VanHesteren，1994）。青少年对亲社会行为的概念表征不仅包括个体与他人互动过程中的利他性表现，而且涉及个体对群体利益或社会规范的认同与维护，以及个体自身积极品质的提升（寇彧、张庆鹏，2006）。因此，在“自我－他人－群体”组成的社会结构中，亲社会行为是个体协调自我与他人利益、自我内部的不同需要以及自我与群体利益等关系的结果。

成人和同伴对青少年的独立影响机制在亲社会行为领域也得到印证（Daddis，2008；Tisak and Tisak，1990）。不仅如此，研究者还发现，父母反对反社会行为的态度与青少年较少的反社会行为相关，预期父母对亲社会行为的积极反应则会预测青少年更多的亲社会行为（Wyatt and Carlo，2002），而同伴对于危险行为的预测作用更大（Berndt，1979；Pilgrim et al.，1999）。研究者认为父母的影响是积极的，而同伴的影响更多是消极的。但是，群体社会化理论则强调同伴群体在青少年社会性发展过程中的积极作用，包括对社交技能的提升、对社会化进程的促进等（Harris，1995）。换言之，同伴群体的影响未必总是消极的。之所以会出现这种矛盾性的结论，原因可能与行为发生的不同情境有关。亲社会行为是个体稳定特质与环境相互作用的结果，具有“情境特异性”（Graziano at al.，2007）。所以，成人或同伴在特定情境下对青少年的影响是积极的还是消极的，不能简单地一概而论。以往研究较少区分亲社会行为发生的情境，因而难以在一个统合的框架内解释上述差异。亲社会行为的概念表征研究发现，青少年表征的亲社会行为概念结构包括利他性、关系性、遵规公益性和特质性等四个维度（寇彧、张庆鹏，2006），这说明亲社会行为是个体协调自我、他人、社会规范三者之间复杂关系的结果，其中既涉及个人利益和他人利益或群体利益之间冲突的情境，也涉及个体内部不同需求之间冲突的情境。而不同重要他人在各冲突情境中会发生怎样的影响作用，是非常值得研究的问题。

青少年预期重要他人或团体对其是否应该做某种特定行为的期望，形成了影响其行为决策的主观规范（段文婷、江光荣，2008），这种知觉到的期望比重要他人实际存在时的影响力更大。有研究发现，个体更可能按照知觉到的重要他人的期望去行事。例如，青少年对父母信仰的知觉要比父母自我报告的信仰保守和传统的多，青少年对父母信仰的预期对其行为的影响大于父母实际的影响（Acock and Bengtson，1980）。来自跨文化研究的证据也表明，人们的行为在很大程度上受到预期的他人普遍持有的观点和信念的影响（Chiu et al.，2010）。因此，个体对重要他人的观点预期可能会更明显地影响其行为意图，而已有研究却较少关注个体在冲突情境下预期重要他人的观点对亲社会行为意图的影响。此外，在社会行为领域，个体基于对现实的阐释与整合而形成的社会表征具有评价性功能（莫斯科维奇，2000），所以，个体自身的态度也非常关键。青少年对所预期的重要他人的观点的认可度就会作为“对知觉的知觉”，来制约青少年所预期的他人观点对自己行为意图的影响，认可度越高，这种影响就越强；反之，影响会被削弱。

三　预期重要他人观点对青少年亲社会行为意图的影响

由上述分析可知，不同重要他人对青少年亲社会行为意图的影响可能会受情境类型、青少年对重要他人的观点预期，以及青少年对该观点的认可度的制约。本研究拟在亲社会行为概念表征结构的基础上，结合前期访谈结果，将研究情境分为“利益冲突”和“内部需求冲突”两大类，又将利益冲突细化为“健康”和“学业”两个领域。在这些情境下，本研究首先考察青少年对父母、教师和同伴三类重要他人的观点预期及其与自身亲社会行为意图之间的偏离度；其次，考查青少年对重要他人的观点预期对自己亲社会行为意图的影响机制。我们假设，对重要他人的观点预期影响青少年的亲社会行为意图，青少年对预期观点的认可度会调节相应的观点预期对亲社会行为意图的影响，高认可度加强预期观点的影响；低认可度则会削弱上述影响。此外，在“亲社会行为连续体概念”（Krebs and VanHesteren，1994）的启发下，本研究拟对冲突情境下的亲社会行为意图测查方式进行尝试性革新，根据利他性的程度将青少年的行为意图置于逐渐过渡的连续体上，以获取更为精确和丰富的信息。

（一）研究过程

本研究设定两类冲突情境，考查青少年对三类重要他人的观点预期，以及它们与青少年行为意图之间的差异。同时，检验青少年对所预期的重要他人观点的认可度在这些观点预测青少年亲社会行为意图中的调节作用。

1. 被试

研究被试为中学生，样本取自北京市丰台区一所公立中学，有效被试为 327 人，其中男生 146 人，女生 181 人；初一、初二、高一、高二学生各 87、83、64、93 人。年龄范围为 12～19 岁，M = 14.78，SD = 1.72 岁。

2. 研究材料

采用自编的“青少年亲社会冲突情境”问卷。首先基于亲社会行为的概念表征研究确定冲突情境的大类，然后结合前期开放式访谈结果设定具体情境。访谈目的是考查青少年在生活中与不同类型的重要他人最容易产生冲突的典型情境，以及不同重要他人在不同情境中的关注点。通过两位研究者的独立编码（编码一致率为95%），结合研究小组的集体讨论，最终发现青少年认同的重要他人是父母、教师、同伴。他们与青少年最容易发生冲突的情境有两类，一类涉及自我利益和他人利益的冲突（行为指向个人利益或他人利益，前者可被称为“低利他”，后者可被称为“高利他”）。这类情境又可分为两种（情境1和情境2），两种情境都强调互动双方的利益冲突，但情境1强调健康利益冲突，情境2强调学业利益冲突；另一类情境涉及自我内部需求冲突，即“与他人维持良好人际关系”与“提升自我品质”的冲突（行为指向人际交往或诚实品质，情境3）。具体描述如下。

情境1（个人健康 vs. 他人健康）。你的好朋友疑似得了急性肝炎，医生尚未最终确诊，但建议他/她先住院。可是他/她的父母……最快两天后才能赶回来，这期间病人非常需要陪护。作为好朋友，你应该义不容辞地去陪护他/她，但急性肝炎又很危险，很可能会传染。在这种情况下……

情境2（个人学业 vs. 他人学业）。学校会根据全区统考的成绩来排名……，你还有很多内容没复习完，时间很紧张……这时好朋友想请你讲几道数学题，……他/她说如果这次数学考不好，老师就要找他/她父母谈话……如果你给他讲题的话整个晚自习都要搭进去……而你如果不背古诗，肯定会影响自己的语文成绩。在这种情况下……

情境3（人际关系 vs. 诚实品质）。你和好朋友放学后练习打球（女生版：去老师办公室交作业），他教你打球时，不小心把教室的玻璃打破了（女生版：她出门时不小心把老师心爱的杯子碰到地上摔碎了）。周围只有你俩在场，他/她嘱咐你一定要保密。在这种情况下……

3. 研究程序

采用集体施测的方法收集数据。每个故事情境包括内容同质的男生版（故事中涉及的人物均为男生）和女生版，分别由男性被试和女性被试完成，以此来平衡性别偏差。

要求被试认真阅读三个情境故事，读完每一个故事后，逐一回答后面的问题“在这种情况下，你认为父母/老师/同伴会建议你怎么做?”即让被试报告预期的重要他人的观点。

我们参考克莱布斯（Krebs）等人（1994）的“亲社会行为连续体”理论，对每个情境给出了5个连续的选项，对情境1和情境2，设置的选项是“1. 低利他，2. 折中低利他，3. 中立，4. 折中高利他，5. 高利他”；对情境3，设置的选项是“1. 重视人际关系，2. 折中重视人际关系，3. 中立，4. 折

中重视诚实品质，5. 重视诚实品质”。（见表 5 - 1）

接下来，要求被试对预期的他人观点做出评判，在 6 点标尺上判断“你在多大程度上认可父母/老师/同伴的建议（1. 非常不认可——6. 非常认可）?”

最后，要求被试对自己的观点做出评判，作为其行为意图的指标。研究者收回情境问卷之后，向被试分发礼品以示酬谢。

表 5 - 1　三种冲突情境中的不同观点描述及赋值

	低利他 1	折中低利他 2	中立 3	折中高利他 4	高利他 5
情境 1	为了自己的健康，不去	说有重要事情实在脱不开身	观望，不做决定	打电话慰问或帮忙找护工	义不容辞地去医院陪护
情境 2	直接以没有时间为由拒绝	就说家里有事，然后溜掉	不答应也不拒绝	把自己总结的习题集借他/她	毫不犹豫地帮他/她
	重视人际关系 1	折中重视人际关系 2	中立 3	折中重视诚实品质 4	重视诚实品质 5
情境 3	为同学保密，老师调查时说不知道	为同学保密，但要帮他/她弥补错误	不明确表态	劝他/她主动向老师说明事情	毫不犹豫地把实情告诉老师

（二）研究结果

1. 青少年冲突情境下的行为意图和预期他人观点的偏离程度分析

根据情境 1 和情境 2 中行为的利他性从低到高的连续变化，对 5 个选项分别赋值为 1——5；在情境 3 中，将从“重视人际关系”到“重视诚实品质”的 5 个选项分别赋值为 1——5。

研究者用青少年行为意图得分分别减去对三类重要他人的观点预期的得分，所得分数的绝对值代表青少年行为意图偏离重要他人观点的程度，而分数的正负号则代表青少年行为意图偏离重要他人观点的方向，将这二者结合起来作为行为意图的偏离程度指标（见表 5 - 2）。

表 5 - 2　各变量的描述统计结果（标准差）

	情境 1	情境 2	情境 3
预期父母观点	3.41（1.26）	2.83（1.39）	3.48（1.33）
预期教师观点	3.39（1.37）	3.66（1.28）	4.23（0.83）
预期同伴观点	3.30（1.49）	3.15（1.47）	2.31（1.23）

续表

	情境 1	情境 2	情境 3
个人观点（行为意图）	4.11（1.09）	3.77（1.15）	2.84（1.27）
与父母观点的偏离度	0.70（1.48）	0.94（1.68）	-0.64（1.54）
与教师观点的偏离度	0.72（1.70）	0.11（1.71）	-1.39（1.41）
与同伴观点的偏离度	0.81（1.66）	0.62（1.80）	0.53（1.35）
对父母观点的认可度	4.45（1.38）	4.36（1.37）	4.77（1.39）
对教师观点的认可度	4.58（1.22）	4.59（1.22）	4.44（1.57）
对同伴观点的认可度	4.50（1.20）	4.48（1.25）	4.33（1.51）

重复测量方差分析结果显示，在情境 1 中，青少年行为意图（反映其自身观点）以及对父母、教师、同伴的观点预期这四者之间的差异显著，F（3，978）$=29.34$，$p<0.001$，$\eta^2=0.08$。配对比较结果发现，青少年行为意图的利他性显著高于其预期的三类重要他人的观点，而后三者之间的差异均不显著。青少年行为意图相对于三类重要他人观点的偏离程度差异不显著，F（2，652）$=0.65$，$p=0.52$，$\eta^2=0.002$，偏离方向均指向更为利他的一端，与父母观点的偏离程度相对最小。在情境 2 中，四种观点之间的差异显著，F（3，978）$=37.47$，$p<0.001$，$\eta^2=0.10$。青少年行为意图的利他性显著高于父母和同伴的，与教师观点的差异不显著；预期的教师观点的利他性显著高于同伴的，同伴的又显著高于父母的。青少年行为意图相对于三类重要他人的偏离度差异显著，F（2，652）$=29.74$，$p<0.001$，$\eta^2=0.08$。偏离程度从大到小依次为父母 > 同伴 > 教师，与教师观点的偏离程度最小。青少年行为意图与三类重要他人观点的偏离方向一致，均指向更为利他的一端。在情境 3 中，四种观点之间的差异显著，F（3，978）$=176.63$，$p<0.001$，$\eta^2=0.35$。青少年行为意图相比其预期的父母和教师的观点，更显著地偏向“人际关系”一端，相比同伴的观点，则更显著地偏向“诚实品质”一端，青少年的选择恰好处于成人观点与同伴观点之间。青少年的行为意图相对于三类重要他人观点的偏离程度差异（绝对值）显著，F（2，652）$=11.04$，$p<0.001$，$\eta^2=0.03$，与教师和父母观点的偏离程度（相对于教师与父母更偏向人际关系）显著大于同伴观点的偏离程度（相对于同伴更偏向诚实品质），与同伴的偏离程度最小。

偏离程度指标还得到多维尺度分析（Multidimensional Scaling，MDS）结果的佐证。MDS 主要目的是发现并决定多个事物之间“距离”的潜在维度，用较少的变量对“距离较近”的事物之间的相似性做出解释（骆文淑、赵守盈，2005）。这种统计思路和因素分析的原理相近。本研究应用 MDS 分析中的欧式距离算法（Euclidean distance）来确定个人行为意图与预期的他人观点之间的相似性，以此作为偏离程度的另一指标。[①] 结果如图 5-1 所示，情境 1 中，青少年行为意图与预期的父母观点之间的偏离程度最小；情境 2 中，青少年行为意图与预期的教师观点的偏离程度最小；情境 3 中，青少年行为意图与预期的同伴观点的偏离程度最小。这表明青少年的行为意图与预期的不同重要他人观点的相对偏离程度取决于冲突类型，当冲突涉及个人健康时，青少年行为意图与预期的父母观点更接近；当冲突涉及学业时，青少年意图与预期的教师观点更接近；当冲突涉及人际关系时，青少年行为意图与预期的同伴观点更接近。

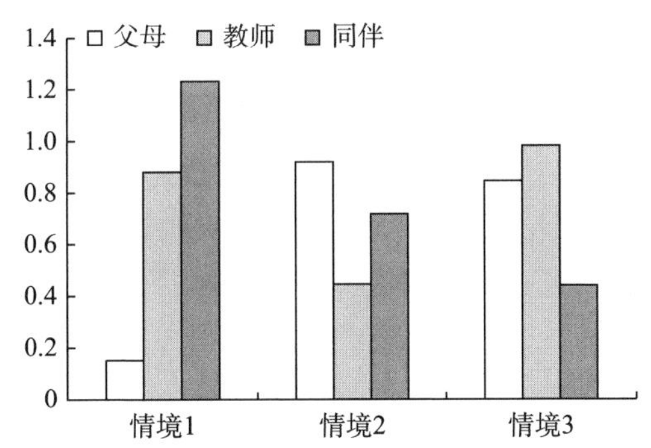

图 5-1　个人观点与预期他人观点的距离（MDS 分析）

偏离程度指标在一定程度上揭示了青少年行为意图与其预期的他人观点之间的关系，但是它无法直接作为预期的他人观点影响青少年行为意图的指标，所以，我们还将考察在青少年的认可度调节下，预期的他人观点对青少年亲社会行为意图的影响过程。

2. 冲突情境下预期的他人观点对亲社会意图的影响：认可度的调节作用

上述结果表明，每一种情境下都有一类重要他人的观点与青少年观点的偏离程度最小，我们将其称为该情境下的“特定重要他人”，以表示青少年在该情境下与这个重要他人的观点最为接近。在上述三种冲突情境中，特定重

① 由于本研究重点关注青少年意图与预期的他人观点的偏离程度，因此只应用 MDS 分析方法考查了主观评判的相似性，以此作为偏离度的指标。而对于变量背后的潜在维度未作进一步分析。

要他人分别是父母、教师和同伴。下面，我们将考查每一种情境中，在青少年认可度的调节下，对特定重要他人的观点预期对青少年亲社会行为意图的影响。

我们采用层次回归的方法检验认可度的调节效应。分三步使各变量分别进入回归方程，第一步采用强迫进入法，将性别和年龄作为控制变量纳入方程；第二步采用逐步进入法使自变量和调节变量进入方程；第三步将自变量和调节变量的交互效应项纳入方程。为避免共线性问题，对相关变量进行中心化处理（结果参见表5-3）。

表5-3 预期他人观点及其认可度对亲社会意图的影响

步骤和变量	情境1（健康冲突）			情境2（学业冲突）			情境3（人际关系-诚实品质冲突）		
	父母			教师			同伴		
	M1	M2	M3	M1	M2	M3	M1	M2	M3
第一步									
性别	0.13	0.18	0.18	-0.10	-0.10	-0.08	0.17	0.14	0.13
年龄	-0.09*	-0.07*	-0.06	-0.02	-0.02	-0.02	-0.12**	-0.06	-0.07*
第二步									
预期他人观点		0.30***	0.31***		-0.01	0.06		0.52***	0.43***
认可度		-0.23***	-0.19**		0.06	0.05		-0.29***	-0.30***
第三步									
交互项			0.30***			0.22**			0.46***
R^2	0.03	0.11	0.17	0.003	0.01	0.04	0.03	0.21	0.32
Adjust R^2	0.02	0.10	0.16	-0.004	-0.01	0.03	0.03	0.20	0.31
ΔR^2	0.03	0.08	0.06	0.003	0.003	0.04	0.03	0.17	0.12

注：*表示 $p<0.05$；**表示 $p<0.01$；***表示 $p<0.001$。M1、M2和M3分别代表每一步回归分析的模型

结果发现，情境1中，青少年预期的父母观点和对此的认可度的交互作用显著提升了预期观点对青少年亲社会行为意图的预测（$\beta=0.30$，$p<0.001$），这表明预期的父母观点和青少年行为意图之间的关系受到青少年认可度的调节。简单斜率分析结果显示，青少年对父母观点认可度较低时（-1SD），其预期的父母观点对自己行为意图利他性的预测作用不显著（$\beta=0.004$，$p=0.96$）；而青少年对父母观点认可度较高时（+1SD），其预期的父母

观点对其亲社会行为意图具有显著的正向预测作用（$\beta = 0.615$，$p < 0.001$）。

情境 2 中，青少年预期的教师观点对其行为意图的影响也受到他们对此观点认可度的调节，调节作用显著（$\beta = 0.22$，$p < 0.001$）。简单斜率分析结果显示，青少年对教师观点认可度较低时，教师观点对行为意图的负向预测作用显著（$\beta = -0.163$，$p < 0.05$）；对教师观点认可度较高时，教师观点对行为意图具有显著的正向预测作用（$\beta = 0.262$，$p < 0.05$）。

情境 3 中，青少年行为意图得分越高，表示其决策方向越偏向“诚实品质”。青少年预期的同伴观点对其行为意图的影响也受到他们对此观点认可度的调节，调节作用显著（$\beta = 0.46$，$p < 0.001$）。简单斜率分析结果显示，青少年对同伴观点认可度较低时，其预期的同伴的观点不影响青少年行为意图的朝向（$\beta = -0.002$，$p = 0.98$）；对同伴观点认可度较高时，其预期的同伴观点对青少年行为意图的正向预测作用显著（$\beta = 0.910$，$p < 0.001$），预期的同伴观点越偏向诚实品质，青少年的行为意图也越偏向诚实品质。

以上结果表明，在不同冲突情境下，青少年对不同重要他人的观点预期对其亲社会行为意图的影响均受到青少年对该观点认可度的调节。

（三）讨论

本研究考查了不同冲突情境下青少年对重要他人的观点预期及其与青少年自身观点的偏离程度。我们探索了青少年在不同冲突情境下对不同重要他人的心理表征，并考查了这些心理表征对青少年行为意图的影响过程，进而揭示了青少年接受不同重要他人影响的特点。我们发现，在“个人健康－他人健康”冲突情境下，青少年观点的利他性最高，然后依次是父母、教师、同伴的观点，青少年观点与预期的父母观点的偏离程度相对最小；在“个人学业－他人学业”冲突情境下，青少年观点同样具有最高的利他性，其后依次是教师、同伴、父母的观点，青少年观点与预期的教师观点的偏离程度最小。以上两种情境的结果表明，当个人利益与他人利益发生冲突时，青少年的观点和预期的不同重要他人观点的接近程度随冲突情境的不同而发生变化。如果冲突的内容涉及个人健康领域，则与预期的父母观点最接近；如果冲突内容涉及个人学业领域，则与预期的教师观点最接近。尽管被试的反应由于受到社会称许性的影响而普遍偏向利他性较高的一端，但我们依然可以从这两个情境中剥离出父母、教师、同伴作为不同的重要他人在青少年行为决策中所处的不同位置。首先，对于健康和学业领域中的“自我－他人”利益冲突而言，青少年的观点和预期的成人观点较为接近；其次，就两类成人而言，青少年在健康领域更看重父母的观点，而在学业领域则更看重教师的观点。在“人际关系－诚实品质”冲突情境下，青少年预期的父母和教师观点比较偏向“诚实品质”，而预期的同伴观点则比较偏向“人际关系”，青少年观点相比父母和教师的观点，更偏向保全人际关系，而相比同伴的观点，则略微偏向保全诚实品质，但青少年的观点与同伴观点的偏离程度最小。这表明当青少年要决定是将行为指向自身品质还是指向人际关系时，其观点一方面与预期同伴观点最为接近，并倾向于指向人际关系；另一方面又有所保留，并未完全忽略诚实品质。在这个两难情境中，青少年将自身观点置于成人和同伴之间，试图从中找到一个恰如其分的平衡点。由此可见，在不同情境下，青少年的观点与其预期的不同重要他人的观点之间存在不同程度的偏离，这种偏离可能表现为大小的差异，也可能表现为方向的差异。

上述结果支持了克林斯（Collins）等人（1990）的观点，父母不再是青少年唯一的重要他人，同伴群体开始在某些领域发挥作用。根据群体社会化理论，相比儿童阶段，青少年的社交场景从家庭延伸到学校甚至社会，由于社会认知能力的发展，他们一方面能够较清晰准确地预期父母、教师、同伴的观点，并在此基础上将三者同时纳入自身的行为决策中；另一方面，他们也迫切需要被同伴群体接受，因而同伴群体认同的价值观和行为方式也对青少年发生着重要作用（Harris，1995）。本研究结果与以往一些研究都发现，在青少年期，父母由儿童期的“唯一权威”变化为只在某些领域发挥作用的“权威之一”（Daddis，2008），青少年的观点在个人健康领域更接近父母的观点，在学业领域更接近教师的观点，而在群体内人际交往方面则更接近同伴的观点。这表明青少年对于重要他人的心理表征趋于综合化，行为参照体系也不再仅仅依附于父母的权威，相反，他们会在社会知觉体系中对不同重要他人按照生活领域分别对待，并根据领域的不同对预期的重要他人的观点所产生的影响分配不同的权重。

此外，本研究还在亲社会行为意图的利他程度（利益冲突）和方向（内部需求冲突）两个层面上考查了青少年预期的他人观点对其行为意图的影响，并且考查了青少年对观点的认可度在上述影响中的调节作用。结果发现，当青少年对预期他人观点的认可度较高时，该观点在三个情境中均显著地正向预测青少年的行为意图；而当认可度较低时，预期的他人观点对行为意图的影响在有些情境下不显著，在有些情境下则是显著的负向作用。这一结果部分支持了以往研究关于“思想和行为受到与他人共享观点的影响”的结论（Zou et al.，2009），同时进一步澄清了上述观点得以成立的制约条件，当个体对预期的他人观点持有较高的认可度时，这种观点预期可以预测其行为意图；而当认可度较低时，观点预期难以稳定地预测行为意图，甚至会出现“逆反现象”（即负向预测作用），当预期的他人观点越接近亲社会的高利他一端，个体反而越倾向于做出低利他的选择；反之，当预期的他人观点为低利他时，个体的行为意图反而更接近于高利他一端。因此，社会知觉对思想和行为的影响取决于个体对相关知觉的评价，也就是“对知觉的知觉”。我们的研究结果表明，青少年的社会认知能力已达到较为成熟的水平，他们不但能够准确地预期父母、教师、同伴在不同情境中的观点，而且能够对这些观点做出价值评判，并以此指导自身的行为。这说明青少年并不是简单地受到预期的他人观点的影响，这种影响能否奏效还取决于青少年个体内部的认知调节。青少年知觉到重要他人“对自己是否应该做出某种行为的期望”构成了影响其行为决策的主观规范（段文婷、江光荣，2008）。由此可见，青少年的亲社会行为意图，受到一系列复杂因素的影响。在面对两难情境时，青少年知觉到的重要他人的观点具有影响力，但这种影响又受到青少年对预期观点认可程度、情境类型、重要他人的类型等因素的制约。

本研究尚存在一些不足。第一，研究考查的是亲社会行为意图，未涉及真实的行为。在实验情境下，人们可能受社会称许性影响而高估亲社会行为意图，有研究发现，当亲社会行为意图被激发以后，后续的真实行为也会得到促进，但二者之间的联系还取决于个体的稳定特质，只有道德自我一致性高的人才更倾向于保持意图和行为的连贯性（Nelson and Norton，2005）。因此，尽管在社会称许性影响下的行为意图可能会促进亲社会行为的发生，但未来仍需从行为意图拓展到对真实行为的测查，一方面验证亲社会意图对行为的预测作用，另一方面也提高研究的效度；第二，对重要他人的观点预期和自身行为意图的测查均来自青少年的自我报告，因而可能存在共同方法偏差，未来可通过他评方式考查行为意图或真实的行为，增强结果的客观性，从而平衡社会称许性和社会偏见对结果的影响；第三，本研究得出的“影响关系”是基于回归分析而来的，属于相关关系，因此未来可在实验研究范式下，通过操纵个体对重要他人的观点预期，探讨相应预期对亲社会行为的影响，进而探讨二者之间是否具有因果关系。

四 结论

（1）青少年的亲社会行为意图与他们对重要他人的观点预期的偏离度随情境而不同。在“个人健康－他人健康”冲突情境中，其行为意图与对父母的观点预期的偏离度最小；在“个人学业－他人学业”冲突情境中，其行为意图与对教师的观点预期的偏离度最小；在“人际关系－诚实品质”冲突情境中，其行为意图与对同伴的观点预期的偏离度最小。

（2）青少年对重要他人观点的认可度调节着所预期的重要他人观点对其亲社会行为意图的预测关系。认可度水平高时，该观点对青少年行为意图的正向预测作用就显著，认可度水平低时，该观点对青少年行为意图的正向预测作用就不显著。

第六章 群体亲社会行为的理论框架与实证研究

一 群体亲社会行为的理论探讨：组织机制与文化内涵

（一）群体亲社会行为及其组织发动机制

在当代中国，群体层面上的亲社会行动背后隐含着两套内涵迥异的社会组织机制。第一是自上而下的组织机制，这一机制下的亲社会行动主要是在官方发动的基础上展开的。具体又可分为“强发动”和“弱发动”这两种类型，前者包括在政府倡导下或者在其他行政部门（包括与政府直接关联的部门以及其他的国企、事业单位等）组织下的慈善捐助、志愿者行为、义工行动等；后者则是指介于政府发动和非政府组织推动的慈善事业，比如在政府引导或监管下的希望工程项目（Hsu，2008）。官方发动下的群体亲社会行为倾向于在一个较大的人群范围内解决普遍而紧迫的问题，强调社会在整体层面上的改善和进步，而对于微观层面上的具体而独特的个人诉求，则关注得相对较少。另外，相比于非政府组织所倡议和推动的亲社会行动，政府行政部门具有更强的发动能力和组织效能，因而可以在短时间内聚集大量的资源，实现扶危助困的目标。在社会行动的语境下，自上而下的亲社会集体行动遵循的是“权威发动－资源整合－问题解决”的路径。这条路径强调指令和资源的集中，并借此保证行动效率的最大化。在宏观体量庞大、微观力量分散的社会情境下，基于“权威发动”下的亲社会集体行动可以在应对突发灾难或紧急事件时高效地整合资源，并快速解决问题。其背后的心理与社会动因是多元而复杂的，一方面与中国社会特定的权力结构有关；另一方面也与传统文化中强调社会背景和关系网络、注重内群体和谐与整体利益的特性有关。

因而在相当长的一段时间内，都是中国社会慈善和救助体系的主流运行模式。

第二是自下而上的组织机制，主要是在基层自组织的前提下，社区成员（包括学龄的青少年、全职的成人、退休的长者以及其他特殊群体成员等）基于共同的生活场景、相似的价值观以及共同的生活需求和发展诉求，在群际互助、亲善友爱、群体凝聚与团结、群体规范等议题上相互沟通、相互理解并共同行动，进而逐步在上述议题上形成了共同的认识和相似的价值判断。伴随着社区内不同群体的发端、成长与建设，这种在行动中不断“求同”的实践促进了内部成员之间进行频繁的资源共享与人际互助，这就为集体社区感（collective sense of community）的建立与运行提供了充足的内在动力，因而会在社区建设与发展中发挥关键作用。基于社区层面的集体认知和共同行动而发端起来的亲社会行为具有两方面的意义，一方面是促进了社区亲社会文化的形成；另一方面是在此基础上实现了社区团结，以及据此而建立了互助型社群。具体而言，群体成员基于共享的亲社会价值而实际参与到群体建设或文化重塑的行动中去，也就是基于微观层的个体间互动和影响而累积成为中观层的群体共识，进一步完成宏观层的社会文化建构，其中涉及与社会生活密切相关的公共价值观、行为参照系和社会精神内核等要素，以及这些要素在群体层面进行建构的过程。

文化视角下的群体亲社会行为是一组基于集体共识的综合行动，和个体亲社会行为类似，其背后蕴含着的同样是利他性和社交性内涵（寇彧、张庆鹏，2006）。但与个体亲社会行为相比，群体亲社会行为的内涵还倾向于反映一个特定人群基于自下而上的主体间认知互动所形成的意识集合，当亲社会的文化在社区扎根、生长并迅速发展时，以共同需求、共同认识和相似价值观为基础的社群组织也就同时建立了起来。这就是社区在生成亲社会文化规范以及建立基层社会团体时所遵循的基本路径和原则。自下而上的亲社会集体行动所遵循的路径是“社会共识－文化生成－社区建设－问题解决”，这里所要解决的“问题”并非像第一条路径那样宏大与紧迫，而是更多地涉及普通社区居民在日常生活、公共安全、环境保护和权益保障等方面的诉求。对于社区来说，亲社会文化的意义不止于解决上述具体的问题，更重要的还在于它能够为社区基本结构的建立、社区功能的运行以及社区品质的提升提供内在动力。文化的生成往往同时伴随着群体的发端、成长和建设，自下而上的亲社会文化正是在这一过程中同时实现了基层社会团体的萌发、成长与建设。

综上，影响群体亲社会行为的两套社会组织机制具有不同的内涵，其背后存在更为深层的文化心理逻辑。权威发动下的亲社会组织机制借助高效的问题解决能力而不断强化集体主义的文化传统，进而使其在重要且急迫的大型社会议题上始终发挥不可替代的作用；而社区互助基础上的亲社会组织机制则通过社区共识的积累而建立文化规范，进而为社区成员的行动提供可供参鉴的依据，此外还通过加强成员之间的合作与共享而促进了社区团结，提升了基层社群的凝聚力，最终在社区公共事务中长期发挥作用。相比较而言，尽管难以具备行政干预的强大力量，但群体亲社会行为在“自下而上”的社区建设路线上更多地反映了亲社会文化从无到有、从弱到强的生成性和发展性特征。这一路径既可以为官方发动的亲社会行动提供必要的补充和支持，促进其组织和运作效能得到进一步提升，又可以充分调动个体加入集体行动的主动性，唤起其公共参与的主体意识。在长期的社会互动或社会合作过程中，根植于社区的亲社会文化更多地发挥了润物细无声的作用。在与慈善有关的社会公共事务中，亲社会文化一方面可以营造出扶助社区困难人群的氛围；另一方面也可以针对普通居民而创设出一种源自于个人主体性动机的社区互助模式，个体层面上的行为动机汇集在一起，逐渐形成了有关助人的行为规范，并再次返回到个体层面，内化到每个人所认同的价值体系中去。

由此可见，社区生成的文化是群体亲社会行为的重要影响源。从社会建设和社区发展的角度来看，基于自下而上的组织机制所促成的亲社会文化对个人行为的影响与塑造具有深远意义，而在社会的整体改良与进步中所发挥的作用同样是不可忽视的。这就促使我们站在社会和文化心理学的视角下重新审视、理解与研究亲社会行为。并以此为切入点，在青少年群体中探讨如何通过行为干预的手段来推动亲社会文化在社区的形成与发展。

（二） 群体亲社会行为的文化与社会心理内涵

在深入探讨上述问题之前，我们首先要对文化以及文化心理的概念以及相关理论研究做一个简要的梳理。在相互关联的个体集合中，文化是针对特定的思想、行动和社会制度而松散地组织起来的共享知识网络（Chiu and Hong，2006）。文化是基于组内建构和组间互动的综合产物，是基于不同群体的要素在“因时而动、随遇而变”的原则下所形成的多元而动态的组合模式，“文化影响”正是上述组合模式中的诸多要素协同作用的结果。文化的概念涵盖了国家范畴（Schwartz，1992；Inglehart，1997）、族群范畴（Fisk et al.，

2002）、地域范畴（Talhelm et al.，2014），以及更为丰富的亚文化范畴，比如社会阶层（Kohn et al.，1990）、性别亚文化群体（Dambrun et al.，2004；Pool et al.，2007）和基于年龄而划定的代际群体（Choi et al.，2008；Bengtson and Roberts，1991）等。因此，文化间的对话和互动是多类型、多角度和多层面的。

此外，当代中国社会所处的是一个前所未有的多元文化融合的格局（邹智敏、江叶诗，2015），经典文化心理学关于“集体主义－个体主义”的分类结构已很难准确解释当下的社会现实。行为主体所存储的社会与文化知识涵盖了两套或多套文化系统，不同系统之间存在相互影响和相互转化的关系，这就意味着它们是整合在一起对社会行为产生影响的，因此不太容易出现某种唯一特定文化影响人们行为的情况。实际上，在个体大脑中所存储的道德准则、行为规范以及生活习俗是基于多套文化系统会聚而成的，具体是哪一套文化系统发挥作用，则取决于环境中即时出现的线索，如果环境线索中呈现或暗示出更多的西方文化元素/符号，与之相关的那一套知识存储就会被激活，紧随其后的行为也会相应地受到这类知识的影响；而如果环境线索呈现的东方文化元素/符号，后续的行动则会表现得更加“东方”（Hong et al.，2000）。

新近的研究强调文化间相互影响和相互转化的“文化会聚主义（poly－culturalism）”，它被认为是“一个根植于反种族主义、而非文化多样性的新文化理念”（Prashad，2001；邹智敏、江叶诗，2015）。在这一视角下，每一种文化都不会是独立发展起来的，不同的文化之间并不存在明确的边界，文化对个体的影响也不是单一来源。还有研究者指出，“文化影响”的内涵可以借助于影响源的叠加性特征和影响过程的多重性特征来加以理解。某种文化基于特定的侧面（而不是全部要素）对其成员产生影响，而其他可能更重要的影响则来自另一种文化的特定侧面，个体的认知和行为是在多种文化的塑造下形成的。因此，文化对个人的影响是网状模式（network）而不是范畴模式（category）（Morries et al.，2015）。文化会聚主义的观点强调文化影响的多样性和整合性内涵，这一方面会提示研究者去选择更为生态化的视角来看待影响社会行动的文化背景因素，因为根据莫瑞斯（Morries）等人的理论，即使在传统视角下的单一文化经验或在历史上看起来封闭的文化实体中，也可以找到跨文化对话和接触的痕迹；另一方面也会消解文化研究的框架限制，促进研究者去关注不同的文化在接触和互动过程中所形成的新型混搭体，以及它们对个体思想和行为的影响。

在文化会聚主义视角下，“文化混搭”（cultural mixing）被理解为两种文化系统中的诸要素在同一时间和空间内所发生的拼接、对话、相互影响和相互转化的现象，此外也涉及个体在特定情境下对同时存储在知识结构中的两套或多套文化系统进行选择、转化与切换的现象。这些现象的背后是处在不同位置的文化之间的客观关系及其运作过程，由此构成了具有动态构型功能的网络，这与布迪厄提出的“场域”相类似（布迪厄、华康德，1998：134）。文化混搭的场域超越了单一的社会结构，形成了多层次的动态格局。在第一层面，社会中的不同要素基于其所占据的位置而各自发挥作用，位置之间的结构性关系和能动性形塑过程造就了各自独特的文化；在第二层面，不同文化要素的位置集合成为更加宏大的跨文化场域中的一个网结，文化混搭的结果首先形成了在网结之间的相对位置关系，其次对上述关系和各种要素的功能进行调整，并获得了稳定的结构与秩序，甚至可能生成一种具有整合特性的“新文化”。文化混搭促成了两种风貌与内涵皆存在差异的文化形态共存于同一个场域之内。在这种多元杂处的场域下，新的群体不断出现，这就使得基于群体间接触所形成的社会结构变得越来越难以理解，同时也增加了群际互动的多样性和复杂性。群际互动的过程隐含了不同规范、习俗和价值取向之间的对话与交融，同时也折射出了不同群体之间由于权力和地位差别而出现的合作、冲突与博弈。

（三）文化会聚视角下的群体亲社会行为

由前文可知，文化会聚主义为理解群体亲社会行为提供了一个新的视角。发生在群体层面上的“亲社会行为”既可以为社会建设与文化重构过程中的跨群体互助、协调、提升与整合等议题提供道路选择或方法路径，从而在多元杂处的文化融合背景下揭示出两个或多个文化系统对群体行为的综合作用机制；群体亲社会行为还可以在群际互助的过程中探寻不同类型的群体在文化、规范或价值取向等方面的对话与融合，从而基于群体之间的互动而揭示出群际关系的形成与发展、群际权力运作等方面的机制。可见，在这方面所开展的研究正使其日益成为一个有趣而重要的领域。当我们在文化心理学视角下探讨群际亲社会行为时，在范式取向方面要区别于个体主义心理学的研究传统。个体心理学传统关注不同层级的环境变量对个体行为的影响，同时也关注环境因素和个人因素交互产生的影响，以及个体在此过程中所生发的主体意识和适应性努力。而文化心理研究视角下的亲社会行为更多地以群体行动以及群际互动的形式出现，这就使得群体行动语境下的文化和社会心理机制与个体主义语境下的心理与行为逻辑之间存在较大的差异，这种差异主要体现在"群体性"和"群际性"这两方面。

1. 亲社会行为的"群体性"特征

这里主要强调亲社会行为的群体性特征以及基于群体建构而凸显出来的文化内涵。隐含在文化混搭现象背后的文化会聚主义可以帮助我们理解群体亲社会行为的影响因素、表现形式和分类模式，还可以进一步揭示群体亲社会行为的发生机制和发展规律，从而可以更为全面准确地描绘行动背后的群体性特征。此外，由于这里所谓的"群体"本身就会同时受到多种文化的综合影响，因而所有与群体范畴有关的思想、行为、规范和习俗等内容都是多元文化集体塑造的结果。

在中国当代的社会场景下，群体亲社会行为的背后隐含着基于"一体两面"整合模式下的文化内涵，其中的一面涉及典型的中国传统文化内涵，即突出整体性和关系性的特点，强调如下几点：（1）在整体性思维（holisticthinking）影响下的集体行动（Nisbeet et al.，2001），淡化个体的独特性和个性化诉求，目标指向群体（而非个人）的改变与收益，这里的收益既涉及当前问题的解决，也涉及由此而得到提高的群体和谐氛围与凝聚力；（2）群体内部不同行动主体之间的互动过程，包括社会比较（群体成员由于地位、权力以及所占有的资源不同而进行的比较，旨在为集体行动中分配个人职责提供依据）、角色引导（特定成员发挥榜样作用，进而影响其他成员的行为决策）、价值评价（成员之间依据特定的规范或标准而对彼此的行为进行判断）等，以及根据这些互动所组成的各种社会关系（比如领导－从属关系、平行－合作关系和平行－竞争关系等）；（3）群体行动背后所依托的社会背景，包括共享的价值体系、主观规范和惩戒机制等，这些背景反映了群体成员在长期互动中针对诸如是非曲直、利益分配和责任归属等议题所形成的共识，这些共识在很多场合下也会扮演一个特殊的群体成员角色，引导和规范成员的行为，推动成员间的互相评价和互相促进，最终影响集体行动的起点和走向。

整合模式的另一面涉及典型的西方传统文化内涵，即突出分析性和主体性的特点，包括如下几点：（1）强调在分析性思维（analytic thinking）影响下的集体行动，凸显个体的独特性，强化不同个体在其中所发挥的作用，目标指向当前问题的解决，比如减轻或消除受助者的痛苦；（2）强调个体参与集体行动的自主性内部动机，即源于内部控制点所产生的行为驱动力，旨在满足行动者的主体性需求（而不是群体性需求），比如实现或提升个人的亲社会价值取向，追求助人目标（goal pursuit of helping）等；（3）群体行动所参照的规则具有更强的可获得性和可操作性，其抽象水平高于社会心理层面上的集体共识，而且与社会关系网络、人际互动和人文社会背景等保持相对独立的关系，换言之，行为本身的参照系不容易随着环境的变化而发生改变。

在文化会聚主义的视角下，具备多元文化经验的人们自然会同时受到上述两套文化系统的影响，而且这种影响是全方位的，涉及思维方式、价值观、动机、决策和行为意图等诸多方面。“一体两面”的整合模式促成了群体亲社会行为独特的表现形式，反映出一种在东西方文化系统综合影响下的二合一式的社会现象（two-sided phenomenon）。之所以称之为“一体两面”，就是因为这两个方面不是相互独立的，也不是相互对立的，而是彼此渗透与融合在一起的。但是，融合并不意味着混沌，而是为两种或多种不同的可能性提供了潜在的选项。在具体的社会情境中，群体行动还是会表现出特定的方向，背后可能存在一种确定的文化内涵，而其具体是更趋近于东方式的，还是更趋近于西方式的，则取决于当前环境中出现的线索。在实验研究的基础上，文化心理学家已经找到这种动态可切换的文化心理机制存在的证据（Hong et al.，2000），这些研究大多是基于北美或中国香港等地的双文化样本而完成的。在本章第二部分——“群体亲社会行为的实证探索：文化心理视角下的助人者类型分析”中，笔者将基于中国大陆典型的“权威发动”慈善组织模式，进一步探索助人者的基本分类模式，借此探讨群体助人行为背后的文化心理机制。

2. 亲社会行为的“群际性”特征

当亲社会行为发生在不同的群体之间时（包括“施助－受助”模式下的单向助人行动和“互助”模式下的双向助人行动等），群际互动其实也已经发生了。亲社会行为的群际性特征一方面涉及施助者和受助者，或者互助双方之间的沟通、比较、评估和反馈等互动过程；另一方面则涉及基于上述过程而形成的群际关系。群体亲社会行为在行动驱力、行动方向、行动对象以及行动的实现形式等诸多方面都与个体层面上的亲社会行为存在差异，群际亲社会互动及相应的关系与个体之间基于亲社会行为而组成的关系框架也存在很大的不同。就群际亲社会行为中的当事双方而言，关系形成的影响因素以及运行机制更多地反映了群体之间在一些重要议题上的对话与博弈，这些议题涉及双方在“施助－受助”或“互助”的过程中进行帮助、合作、分享等亲社会互动时，制约或影响他们行为的规范是如何建立的。具体包括：（1）当双方在上述亲社会互动过程中达到“双赢”时，由此而产生的利益或资源该如何分配；（2）当双方在上述亲社会互动过程中出现意外而造成损失时，由此产生的责任该如何分担；（3）当双方由于利益分配或责任分担的问题无法达成共识、进而产生冲突时，该如何解决。

群际亲社会互动规范建立之后，双方据此结成了两种类型的关系。第一种是具有建设性内涵的群际关系，这种关系反映了群际互动过程中的积极和正面要素。比如在解决诸如利益分配、责任分担和冲突解决等问题时，双方会更多地考虑平等协商，并且都可以接受为了解决问题而做出各自妥协的方案。建设性群际关系一方面更容易促进群体之间基于其所依托的文化而在频繁接触中激荡出创意和智慧；另一方面也可以促进群体之间的良性互动，进而建立积极而稳定的群际关系，实现良性的社会建构，避免群体之间出现由于偏见、歧视、攻击、侵犯等冲突所引发的破坏性局面。第二种是非建设性内涵下的群际关系，这种关系反映了群际互动过程中的消极和负面要素。在群体间地位不对等的前提下，一方试图通过施助行为而掌握了资源或文化维度上的控制权，进而通过群际亲社会行为而进一步增大与强化双方的地位差异，从而将群际互动引向了“控制性助人”的范畴；而另一方由于身在相对弱势的权力处境下，所在的文化与社会地位也相对较低，为了淡化或远离前者的控制而不断进行防御和反制，试图在不对等的权力与地位格局中尽可能地寻求自主性和独立性，于是将群际互动引向了“防御性助人”的范畴（Nadler et al.，2009）。

在文化会聚主义视角下，亲社会行为的群际性特征也呈现出了类似于上文所说的“一体两面”现象，该现象一方面与关系取向下的社会比较诉求有关，涉及人们对群体间相对关系的理解与建构，在此基础上通过群体亲社会行为来强化群体或文化认同感，提升本群体的权威性、控制力和影响力，巩固自身群体所处社会地位的稳定性；另一方面与人们在群际互动中提升内群体主体性的诉求有关，涉及人们对内群体边界的确认与强化，突出内群体认同的排他性，以及强化与巩固内群体偏好。在“控制＋防御”的群际关系模式下，群际互动的过程中营造出了权力博弈和地位角逐的氛围，这就使得群际亲社会行为的积极意义受到削弱，甚至是颠覆。

（四）青少年群体亲社会行为的干预要点

由上述分析可知，群体亲社会行为是一个内涵丰富、外延庞杂的概念，其中既有稳定的成分，也有易变的成分；既有积极的成分，也有消极的成分。从行为干预或社区改良的视角来看，如果要促进青少年的群体亲社会行为，则要根据群体亲社会行为在不同维度上的内涵，有选择、有侧重地开展干预。

1. 组织机制维度上的群体亲社会行为干预

在组织机制的维度上，群体亲社会行为既有可能是基于自上而下的权威发动而得以推进和发展的，也有可能是在自下而上的文化建构和社会建设的过程中自然生成的。前者所体现的是在特定文化背景下的相对比较固定的社会功能，因而不在青少年行为干预的范畴之内；而后者体现的是人们在学校、社区或其他场合下基于共享知识和共同行动意愿而进行具有亲社会意义的互动的过程，这些互动的成果可以被累积成为建构文化传统和凝聚社会团结的精神资源，从而在个体层面上完成其社会适应、在群体层面上实现社区品质的提升。对于青少年而言，这个过程嵌套在真实的社会化场景中，他们在其中有机会接触到动态多变情境下的人和事，并能够亲身观察、体验并参与到社会互动中去，从而完成群体亲社会行为在这个维度上的学习和训练。因此，这类场景是他们学习与实践群体亲社会行为的天然训练场，这也就成为群体亲社会行为干预的一个重要的点。这个维度上的亲社会干预应关注以下两方面：（1）社会行为干预。基于亲社会行为的遵规公益性维度来设计干预方案，在公共生活领域训练青少年通过发起或参与社会行为来推进相关的公共议题，包括社会教育、运动健康和环境保护等内容，其长期目标是：构建与维护良性社区人文环境、提升社区公共福祉；（2）社会合作干预。在社区公共行动中基于共同兴趣、共享信息和共识性问题解决策略来组建小组或团体（比如“社区青少年环保小组”“社区青少年公益小组”和“社区青少年互助小组”等），旨在帮助青少年在学校场景下进行同伴合作，进一步拓展社会合作的对象和空间，使其在学业和同伴社交以外的领域开展团队合作和集体行动等方面的训练。

2. 文化内涵维度上的群体亲社会行为干预

在文化内涵的维度上，群体亲社会行为在多元文化融合的背景下既有可能是在社会关系网络中的规范驱动下发生的（对应整体性视角下的集体主义文化传统），也有可能是在价值观和内部动机的驱动下发生的（对应分析性视角下的个体主义文化传统）。对于青少年来说，干预的重点在于帮助他们理解群体亲社会行为在不同的文化环境线索下的发生机制，并能够学会根据情境因素和环境线索的变化来调整自己的行为。

干预的内容有两项。（1）环境辨识训练。通过对相关知识和案例的学习，青少年首先意识到助人行为所处的社会环境并不是一成不变的，其次能够学会辨识两类不同的助人场景——第一类场景包含有更多的关系主义色彩，人们通过各种关系联结在一起，人与人之间的相互评价以及群体共享的规范对彼此行为的制约力度较强，因此群体的助人意图中需要更多地考虑到周围大多数人的标准或尺度，同时也要预测助人行为所引发的社会评价是什么；第二类场景包含更多的个体主义色彩，人们在这类环境下的个体独立性很强，个人的价值判断和内部动机对行为的驱动效力较强，因此助人行为的背后蕴含着更多的主体性特征，也就是对事件当事人（即求助者）真实情况的关注，并考虑物质或精神援助在多大程度上能够助其摆脱困境，也就是对行为本身的价值判断。

（2）行为调节训练。在对社会环境的性质进行准确辨识的基础上，青少年需要进一步训练自身的行为调节能力，也就是根据所处环境的不同来调整助人行为的重点和取向，在强调人际关系和社会规范的环境中能够考虑到行为对关系网络的影响以及对社会舆论压力的耐受力，而在强调事件价值和主体需求的环境中则能够更多地考虑到与助人事件密切相关的要素。

这种根据情境来调节行为的做法看起来是在委婉应对，实际上背后所折射的是人们在复杂多变的环境中不断习得的心理弹性，以及在此基础上完成的社会与文化适应。需要注意的是，上述两类场景在真实的社会生活中并不是非此即彼、非你即我的绝对关系，二者始终会并存于相同环境下，随着环境线索的短期变化或文化传统的长期变迁，隐藏在它们背后的两股力量对比会也发生动态的、此消彼长的变化。因此，对于正处在社会学习关键期的青少年来说，群体亲社会行为的调节能力既包括针对不同环境类型的横向适应，也包括根据环境中的文化要素，基于时间维度的动态变化而做出的纵向适应。

3. 群际互动维度上的群体亲社会行为干预

在群际互动关系的维度上，基于亲社会互动所形成的群际关系既包括建设性内涵，也包括非建设性内涵。从行为干预的视角来看，对于青少年群体亲社会行为的促进与培养需要着重强化建设性内涵，并尽可能避免由于非建设性因素的影响而降低群际关系质量。这个维度上的群体亲社会行为干预应考虑以下两点。

（1）群际接触训练。旨在通过合理、有效的群际接触，减少群际之间的误解和偏见，消除引发潜在冲突的影响源，为强化群际亲社会行为的建设性内涵奠定基础。关于具体的消除方法，可参考谢里夫（Sherif）等人提出的"通过接触消除群体间偏见时需要满足的六个条件"（Sherif et al.，1961），第一是群体之间要结成相互依赖的关系；第二是双方要有一个共同追求的目标；第三是双方的地位和权力一样，借以保证接触是良性的；第四是指群际接触必须发生在友好而非正式的情境中，保证不同群体的成员能够以一对一的方式进行交流；第五是在非正式交流场合下，通过群际之间频繁的友好合作，个体能够认识到自己之前对外群体成员的一些信念是错误的，而且要相信其所接触的外群体成员未必一定是那个群体的典型成员，任何一个具体接触的个体都无法完全代表群体；第六是与群际接触有关的社会规范要提倡并支持群体间的平等，只有这样，群际接触才可以减少偏见。

（2）群际合作训练。在有条件地进行接触的基础上，群际之间消除了潜在的偏见，进而可以建立互信的关系。这个前提使得群际合作成为可能，而合作则可以将群际之间的互信关系逐步提升为互助关系。因此可以将群际合作训练纳入青少年群体亲社会行为的干预体系中。该训练主要面向青少年在不同的同伴群体内（比如班级或社区小组）的互动与合作范畴，亦可扩展到青少年与成人之间的群际互动与合作范畴（比如同时涵盖青少年和成人的社区环保行动），群际合作训练应涉及三个方面：第一是学习如何在群际沟通的基础上确定双方的共同关注点、共同兴趣和共同利益，进而以此为依据建立共同目标；第二是根据共同目标和当前现状之间的距离，双方共同设定行动计划，并充分考虑和论证在实现计划的路径上可能遇到的障碍或困难；第三是围绕计划展开共同行动，并在此过程中破除障碍、解决问题，最终实现共同目标、提升共同利益。需要注意的是，上面提到的"双方"并不是两个人，而是两个群体，因此在任何一个环节开始涉及"双方"的互动时，其背后必然隐含一个前提——人们已经在内群体范畴内针对一些重要议题达成了共识，这表明群际合作是一个兼具群体内共识和群体间互动的完整体系。

二　群体亲社会行为的实证探索：文化心理视角下的助人者类型分析

这里的实证研究主要是回应本章第一部分“群体亲社会行为的理论探讨：组织机制与文化内涵”中的第三点“文化会聚视角下的群体亲社会行为”，旨在通过问卷调查和模拟情境测验的方法，在“权威发动”的慈善组织模式下，考察亲社会行为在多元文化背景下的群体性特征。

（一）理论基础

1. 亲社会行为倾向理论：基于双取向模型的整合

亲社会行为被普遍认为是可以给他人带来好处并能提升交往双方关系的一类行为（O'Reilly and Chatman，1986；寇彧、张庆鹏，2006）。本书在亲社会行为倾向的六维度测量结构基础上，提出了亲社会行为的“双取向模型”，该模型可以帮助我们更为深入地理解亲社会行为背后的动力机制。这个模型涉及亲社会行为的两个面向，即情境性（situation）和特质性（disposition），尽管关于心理和行为的“情境－特质”学说发端于西方社会心理学理论，但将其置于中国文化背景下的亲社会实践（比如中国特色的“官方发动下的慈善行动”）时，也依然是具有启发性的。这个双因素的整合模型来源于西方学者对于“亲社会倾向测验”（Prosocial Tendencies Measure，PTM）的研究，该理论认为，人们的亲社会行为主要归纳为六种倾向，它们分别是：（1）利他型倾向，也就是为了减轻他人痛苦而做出的亲社会行为，同时并不考虑对方付出潜在的回报或做出的个人牺牲；（2）依从型倾向，在他人要求或请求下做出的亲社会行为；（3）情绪型倾向，个体在同情、感伤、悲痛等情绪唤起下做出的亲社会行为；（4）紧急型倾向，在紧急事件发生后做出的亲社会行为；（5）公开型倾向，在公开的社会空间或社交场合下做出的亲社会行为；（6）匿名型倾向，在匿名的、不为人知的条件下做出的亲社会行为（Carlo and Randall，2002）。中国学者曾对 PTM 的六维度结构进行本土化修订，中国版修订量表符合相关的心理测量学指标要求，并且在青少年线上和线下的社会交往、青年职业心态等领域得到效标检验（寇彧等，2007；马晓辉、雷雳，2011；张庆鹏等，2016）。这表明上述六种亲社会行为倾向同样适用于描述中国人在特定情境下的亲社会行为。

亲社会倾向的测量结构暗含了亲社会行为的“双取向”表现模式，这两个取向涉及影响亲社会行为的内部要素和外部要素。

第一，内部要素与利他型、情绪型和匿名型这三种可以反映个体内部稳定心理结构的亲社会倾向有关，这里的心理结构包括不受社会情境和他人评价影响的亲社会人格或亲社会情感（Allen et al.，2015；Gebauer et al.，2014；Hilbig et al.，2014）。之所以存在这种关联，是因为（1）利他型亲社会倾向反映了个体只关注受助者遭遇和痛苦的“事件取向”，而不是关心对方如何回报自己、如何评价自己的“关系/背景取向”，前者更多的体现了个人稳定的价值取向；（2）情绪型亲社会倾向反映了个体在特定的环境下基于社会性解读所激发的情感，而完成这个解读过程的则是个体内部业已形成并稳定发挥作用的社会认知系统；（3）匿名型亲社会倾向反映了个体在实施助人行为时更加强调行为本身的意义和价值（“为了助人而助人”），因而相对不重视行为发生后潜在的公共内涵（为了呈现“我是好人”的公众形象而进行的努力）。总之，亲社会行为的内部要素涉及的是与个体内部特质有关的行为取向。

第二，外部要素与依从型、紧急型和公开型这三种亲社会倾向有关，（1）依从型亲社会倾向强调助人场景中的人际交往过程（即“请求－回应－反馈”的互动模式）；（2）紧急型亲社会倾向强调在突发事件发生时个体对环境信息的被动反应；（3）公开型亲社会倾向则强调个体在实施助人行为时所优先考虑到的“关系框架中重要他人关注、评价”与行为的“公共性内涵”。这三个类型下发生的亲社会行为源于直接发生的情境性变量，比如旁观者的数量或由此组成的旁观者人群的规模（Latane and Darley，1968），公开场合下所出现的规范（Goldstein et al.，2008），上行或下行的社会比较目标（Yip and Kelly，2013），又或者社会排斥的启动线索（Twenge et al.，2007）等。此外，他人导向（other-oriented）驱动下的亲社会行为还与较高水平的内部愿望、个人健康福祉、生活满意度和长期助人意愿之间呈正相关的关系（Fu，et al.，2015；Stukas et al.，2016）。总之，亲社会倾向的外部要素是人与人，以及人与环境之间的互动的结果。

综上，通过对六种亲社会行为倾向的再分类，我们可以得到一个关于亲社会行为特征的二分法假设模型。根据这个模型对亲社会行为内部要素和外部要素的描绘，可以呈现出亲社会心理与行为的基本特征。这个模型可以启发我们去更加深入全面地理解特定群体背景下的积极社会行为。在文化会聚主义的视角下，中国人的亲社会行为（如捐助、义工等慈善行为）表现出一种兼具内外两种要素的社会心理取向，其背后所隐含的是对东西方两种文化传统的整合与再造。换言之，中国人的亲社会行为可能是基于一条“特质+情境”（disposition & situation-orientated）的路径而生成的。但是，从目前的研究文献来看，在一个整合的视角下同时关注这两点的论文并不多见。进一步来看，就内部要素和外部要素对亲社会相关的社会行动（如慈善行动）的影响力而言，关于二者之间孰重孰轻的问题，目前的研究也未能给出明确的信息。

2. 亲社会行为的社会认知基础：冷认知和热认知

除了上面提到的亲社会倾向理论，还有一组关于个体社会认知基础的理论也可以帮助我们理解亲社会行为取向的文化内涵。与这些理论有关的研究涉及人们关于自我、他人、群体以及价值观等方面的基本的社会认知模式。比如在自我认知层面上的基本模式是能动性维度（agency）和社交性维度（communion），在他人认知层面上的基本模式是能力维度（competence）和社会情感维度（warmth）。尽管指向不同的关注点，但依然存在可抽取出共性的基本结构，也就是一个两维度的概念框架（Abele and Wojciszke，2007），即冷认知维度和热认知维度，用以描述社会认知过程背后的基础性机制。

首先，在自我认知层面上，人们遵循两个基本的维度来了解、认识与评价自己。巴肯（Bakan）1966年将它们命名为能动性维度和社交性维度。巴肯指出，这两个基本维度在人类社群中扮演重要的角色。能动性维度涉及有机体作为一个独立个体的存在意义，也就是将自我知觉为一个完整而独立的主体；而社交性维度则是指许许多多的独立个体被整合到一个更为宏大的社会范畴内（比如工作单位、学校和社区等），也就是将自我知觉为某个特定社会范畴的成员，并可以用自己与其他人的关系来界定与显示自我的存在。能动性知觉与能力、独立性和开放性等人格特质有关联，因而更接近“冷认知”的风格；而社交性知觉与人际情感、相依性和宜人性等人格特质有关联，相对更接近“热认知”的风格（Gebauer et al.，2014）。这个关于自我认知的两维度结构中包括与亲社会行为有关的预测变量。在亲社会情境中，这两组人格变量都可能会预测助人行为，例如，具有较高助人效能感或对人际关系抱有乐观预期的个体更愿意去帮助他人（Steca，2007）。那些认为自己具备亲和、体谅和善施特质的人同样也持有比别人更强的助人意愿（Brown and Smart，1991）。

其次，在他人认知层面上，人们在社会接触场景下评价他人时所参考的是两对内涵接近的维度，它们分别是智识和社会称许性维度（Rosenberg et al. , 1968）以及能力和社会情感性维度（Fiske et al. , 2007）。相对来说，智识和能力是“冷”的，社会称许和社会情感是“热”的。针对他人的冷认知维度涉及对他人的智力、技能和创造性效能等方面的能力感知，而热认知维度则涉及对他人社交意图的感知，比如友好的、助人的、可信的或道德的。在亲社会场景下，助人行为的发起者会基于以上两套维度来对受助者进行判断。助人者在冷认知维度上的考虑包含有工具性内涵：当前突发的遭遇是否使他/她无力应对？亲社会决策之前考虑这个问题反映了助人者对求助事件本身的关注，因此体现的是与亲社会行为本身更接近的中心价值观（core/central value）。而助人者在热认知维度上的考虑则包含了更多的社交性内涵：我所伸出的援助之手能否建立或提升我们之间的关系？这种考虑反映了助人者对社会联结的关注，因此体现的是与亲社会行为本身相距较远的边缘价值观（peripheral value）。上述两方面的变量不但与社会认知风格有关，而且折射出了独立性的或相依性的文化内涵。它们分别对亲社会行为产生影响的证据也在一些研究中得到体现。例如，麦克奎尔（McGuire）的研究发现，助人者在助人成本和受助者获益这两方面存在社会认知偏差，第一，如果助人者对受助者的能力和境况抱有较低的预期，那他们将会低估助人行为的成本，并低估受助者的获益，助人者会因此感到应该对受助者做些什么，进而会在这种感受的驱动下做出助人行为；第二，当助人者和受助者之间的关系变得更紧密时，助人者对助人成本的预期会提高，对受助者获益的预期也会提高，而这种基于“温暖的偏见”（warmth bias）同样也会提高助人行为发生的概率（McGuire, 2003）。另一项研究也发现，人们的助人意图受到其知觉到的“施助－受助”双方关系亲密度的影响（Barnett et al. , 2000）。而在另一个视角下，当受助者感受到更多的情感支持而不是功利性的责任或成本计算时，他们会更愿意向助人者做出回报（Ames et al. , 2004）。

3. 亲社会行为的内部动机和外部规范

当我们基于文化差异的视角来探讨亲社会行为的维度结构时，除了行为倾向的内部要素和外部要素、行为过程的冷认知和热认知，还要考虑个人的内部动机和影响其行为边界的外部规范这两个方面。

第一，在动机层面上反映亲社会行为主体性特征（即与个体主义文化背景下的个体能动性、特质性等维度有关）的一个重要变量是自主性助人动机（autonomous motivation），它也是自我决定理论中的重要内容。自主性动机主要聚焦于基本人类发展议题内部的心理与行为倾向。自我决定理论认为，自主性（autonomy）和能力感（competence）、联结性（relatedness）是个体人格发展过程中的三大内部心理需要。这些需要和行为调节、心理健康、幸福感等诸多变量之间存在密切的关联（Deci and Ryan，2000；Ryan and Deci，2000；Ryan and Frederick，1997）。在控制情感、助人成本和价值判断、知觉到的人际相似性等变量的前提下，助人者的内部自主性动机（而不是外控动机）依然可以强烈预测感恩以及其他的积极行为反应（Weinstein，2010）。这表明自主性助人动机是影响亲社会行为主体性特征的重要变量。

第二，在规范层面上反映亲社会行为的社交性和群体性特征的变量是公共性感知和主观社会规范。公共性感知与获取积极社会评价的需要有关，其背后是对树立积极社会形象的诉求，在亲社会行为决策过程中，积极的社会形象会作为一种公开的奖赏而发挥作用（Lacetera and Macis，2010）。因此公共性感知与亲社会行为意图也是存在正向关联的。一项关于消费心理的研究发现，被试在其社会地位被启动的条件下会增加购买绿色环保商品意愿。与私下消费场景相比，社会地位对绿色消费的促进作用在公开消费场景下表现得更为明显（Griskevicius et al.，2010）。此外，对于社会规范（social norm）的知觉和认同也会在亲社会行为的促进过程中发挥重要作用。主观规范在经典的计划行为理论（theory of planned behavior）中占据重要位置（Ajzen，1991）。一项现场研究发现，相比描述性规范，命令性规范更容易成功劝说旅馆客人参与环保项目（Goldstein et al.，2008）。因此，由公开线索引发的积极社会评价需求和遵从主观规范的需求在情境取向下的亲社会行为决策中扮演重要角色。

（二）研究假设

本研究主要依据文化比较心理学理论，并在此基础上整合亲社会行为倾向理论、社会认知理论和自我决定理论等，进而针对亲社会行为取向建立了一个二分式的分类框架，即亲社会行为在个体主义文化背景下的“特质取向”（dispositional orientation）和在集体主义文化背景下的“情境取向”（situational orientation）。针对这个框架提出以下假设：（1）相比情境取向组，特质取向组内的被试表现出相对更高水平的亲社会内部倾向、更强的自主性助人动机、更强的核心助人价值以及更强的能力型/能动性社会知觉；（2）相比特质取向组，情境取向组内的被试表现出相对更高水平的亲社会外部倾向、对公共性表现出更多的关注、更明显的主观社会规范以及更强的温暖型/社交性社会知觉；（3）在基于两种文化的会聚和交融而出现的文化混搭场景中，其中的一种占据相对主流的地位，另一种则处在相对边缘的位置，本研究假设不同行为取向下的两类助人者人数比例是不对等的，情境取向下的亲社会行为在权威发动模式下更多地扮演主流角色，因此该取向类别下的助人者数量会高于特质取向下的助人者数量。

（三）研究过程

本研究的目的是探索亲社会行为的特质取向和情境取向，研究者设定了一个模拟的求助情境（地震灾害突发之后，单位组织员工向受难者捐款），借此考察与上述二分式结构有关的一系列变量。关于特质取向的变量包括（1）与亲社会倾向内部要素有关的两个情感变量，一是情境引发的即时性情绪反应，二是报告捐款意愿之后的情绪反应；（2）自主性助人动机，中心性助人价值判断，以及在做出亲社会决策之前的围绕求助事件本身和受难者实际情况的考虑因素（pure consideration），这些因素与社会认知结构中的能力/能动性维度有关。关于情境取向的变量包括（1）亲社会决策之前的多角度考虑因素（multiple consideration），涉及被试对当前事件以外的内容的关注，与亲社会倾向的外部要素有关，具体考虑的内容包括施助者与受助者之间潜在的社会联结，捐助行为被公开之后的影响或意义等；（2）知觉到的社会规范，它与社会认知结构中的温暖/社交性维度有关。

本研究采用相关分析、多维尺度和聚类分析等方法，将上述变量加以整合，进而在行为取向的两维度结构下考察助人者的分类模式。

1\. 被试

由于本研究设定的助人场景是自上而下的慈善模式（即单位组织发动），而青少年没有在职场工作，并参与这类活动的经验，因此这里将研究对象定位在有一定工作经验的成人被试群体，他们普遍都曾经接触过这种政府发动或单位组织的慈善行动。本次调查在成人继续教育课堂上选取了117名青年被试，女性比例是63.6%，年龄范围从19岁到58岁，平均29.59岁，标准差6.57岁。所有被试都是来自机关、事业单位、企业或其他公职部门的全职员工。

2\. 假设情境和相关测量

情境。研究者让被试阅读一份材料，其中描述了一场突发的地震灾害，以及由此引发的慈善行动。根据被试的性别，材料中出现的主人公的性别也做了相应的匹配。

> 情境材料：最近某地发生了特大地震灾害，地震发生时，你的一位同事恰巧在该地出差。由于事发突然，你同事还没有来得及跑出房间就被呼啸而来的门梁击中……虽然被成功救出，但由于长时间遭受建筑物挤压而导致骨折和组织坏死，并危及生命。医务人员不得不对其实施了截肢手术。同时，由于被困时间太长，又引发了肾衰竭，必须进行肾移植手术，而换肾又需要高昂的费用。如此双重的打击使你的同事承受了巨大的痛苦……此时几乎要绝望了。

即时性情绪测验（亲社会决策之前）。读完材料之后，被试在1（非常不同意）到6（非常同意）的连续评价标尺上报告其即时产生的情绪反应。其中涉及四种情绪：同情、悲伤、沉重和平静。其中，“平静”是中性情绪，前三种是消极情绪（$\alpha=0.80$），因此将它们整合在一起，用它们的平均得分减去“平静”的得分，最后得到“即时性情绪”。

自主性助人动机。为了检验被试在参与集体救助时的个人动机在多大程度上是受到内部能动性的驱动（而不是他人的态度或社会规范等），研究者用一个包含有6个题目的问卷考察了被试的自主性助人动机（$\alpha=0.87$）。被试在1~7点标尺上判断自己的真实意图。这6个题目来自成熟的助人动机量表（Weinstein and Ryan，2010）。原量表共11个题目，其他5个题目是关于受控性助人动机的内容，因此本研究没有涉及这些题目。

关于助人核心意义的价值判断。除了自主性助人动机，助人决策过程中的价值判断也可以反映能动性维度上的内部加工过程。与“边缘性价值判断”（例如：单位领导的同意和身边其他人的评价）相比，“中心性助人价值判断”（例如：捐助物资或参与志愿者行动的意义是解决了受难者的问题）更贴近能动性维度的内涵。因此，研究者自编了一个包含5个题目的简短问卷（$\alpha=0.81$）来考察中心性助人价值判断。被试在1（非常不同意）到6（非常同意）的评价标尺上判断自己对这5个题目的态度。

亲社会决策前的考虑因素。研究者考察了被试在参与权威发动的群体亲社会行动之前的考虑因素，共涉及11个方面：（1）捐助者的个人实力（a. self strength），（2）对受助者带来的好处（b. benefits for the recipients），（3）能否改善受助者的现状（c. severity of recipients' condition），（4）能否减轻受助者的痛苦（d. harm reducing），（5）助人效能感（e. helping efficiency），（6）受助者是否需要被同情（f. need to be sympathized），（7）预期收到受助者的回馈（g. expectation of retribution），（8）其他人的评价（h. others' evaluations），（9）朋友的助人意愿（i. willingness of friends），（10）同事的态度（j. colleague's intention），（11）上级领导的态度（k. superior's intention）。上述内容是由一组正在从事社会心理学研究的硕士生和博士生总结出来的。被试在6点标尺上判断上述11个因素与自己真实想法的符合程度。

捐助意图。也就是看完材料之后做出的亲社会决策。包括以下四个方面内容：（1）即时性捐款意图：你打算捐出多少比例的月薪？（2）对他人意图的预期：你预期你的领导/平级同事/下属会捐出多少比例的月薪？（3）知觉到的社会规范（主观规范）：假设当你听说其他平级同事的平均捐款数额是月薪的30%时，你会怎么做？（4）未来捐助意愿（6点标尺）：你在多大程度上愿意在未来继续帮助这个受助者？

情绪体验（亲社会决策之后）。在捐助决策之后，研究者要求被试判断自己的情绪体验，所使用的工具是中文版的情绪量表，包括7个积极情绪题目（$\alpha = 0.88$）和6个消极情绪题目（$\alpha = 0.66$），改编自沃森（Watson）等人的积极与消极情绪量表（PANAS）（Watson et al.，1988），在本研究数据中删掉了影响内部一致性信度的题目。

（四）研究结果

1. 关于主观规范的变量整合

研究者将三种捐助意图（即时性捐助意愿、预期他人的意愿、得知他人平均捐助数额后的意愿）整合在一起，旨在探索主观规范的行为指标。根据被试的自我报告，将上述几种类型的意图编码为三个指标：第一是关于“和其他平级同事保持一致”的规范，如果被试将自己的捐助数额调整到与平级同事一致，则编码为1，否则编码为0；第二是关于“是否要遵守一般习俗”的规范，如果被试预期平级同事的捐助数额小于单位领导的数额，则编码为1，否则编码为0；第三是关于“调整个人行为与他人保持一致”的规范，在得知其他同事的平均捐款数额是月薪的30%之后，如果随之将自己的金额也调整到30%，则编码为1，否则为编码为0。最后，将上述三个行为指标的编码得分累加，得到一个关于主观规范的总分，以此衡量被试的亲社会决策中有多少成分涉及与社交性维度有关的主观规范。

2. 关于决策前考虑因素的多维尺度分析

用多维尺度分析（The analysis of multidimensional scaling，MDS）的方法，

通过计算变量测度的相似性，进而考察被试在做出亲社会决策之前要考虑的11种因素项目（items）。结果得到两个向度的分析结构，落在同一个向度下的项目之间具有强相似性（见图6-1）。MDS方法借助应力函数值（the value of stress function）来衡量模型和假设维度结构的拟合性（Kruskal，1964），在本研究中这个值是0.002，根据统计学惯例，应力指数小于0.1即可表明模型是可接受的（Jaworska and Chupetlovska - Anastasova，2009）。具体分析这两个向度可知，基于第一个向度的分类可以揭示出亲社会决策背后的情境性内涵和特质性内涵，因此更符合本研究的理论假设。根据测度之间的相似性，上述11个考虑因素可以落到两个类别中去，第一个类别下包括6个项目，这些项目主要聚焦于亲社会行为的核心价值及其背后的主体性因素，包括上文提到的a、b、c、d、e、f，这6个项目的内部一致性信度是α=0.63，所以将其整合为一个变量，命名为“事件导向下的考虑因素”；第二个类别包括5个项目，主要聚焦亲社会行为所处的关系网络和社会背景，包括上文提到的g、h、i、j、k，这5个项目的内部一致性信度是α=0.70，所以将其整合为一个变量，命名为“背景导向下的考虑因素”。

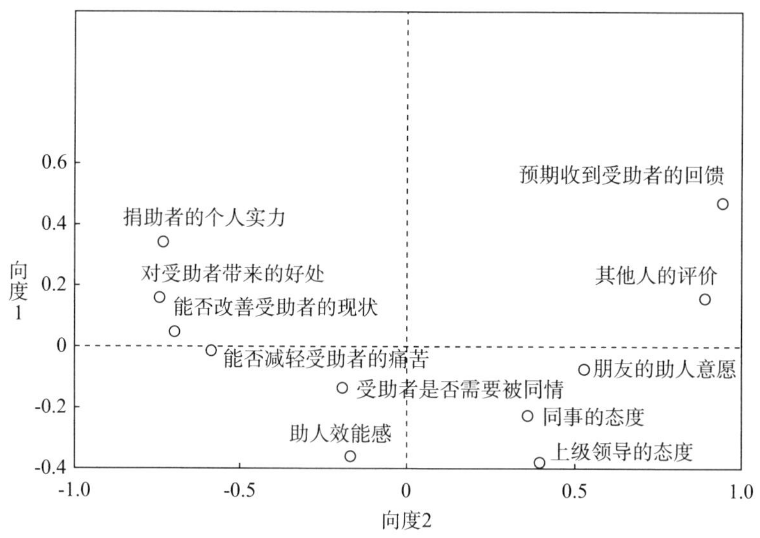

图6-1　基于亲社会决策前考虑因素的多维尺度分析

3. 相关分析

研究者考察了即时的和未来的捐助意愿、亲社会决策前后的情绪反应、主观规范、自主性助人动机、中心性助人价值判断以及亲社会决策前考虑的事件导向因素和背景导向因素等。如表6－1所示，上述变量之间的相关分析发现，（1）无论是即时性捐助意图还是未来捐助意愿，都和亲社会决策前的即时性情绪反应、自主性助人动机、中心性助人价值判断以及事件导向下的考虑因素呈显著的正相关关系；（2）即时性捐助意图和未来捐助意愿都和背景导向下的考虑因素呈显著的负相关关系，即时性捐助意图和主观规范呈显著的负相关关系；（3）自主性助人动机和即时性情绪反应、决策后情绪体验中的积极成分（积极情绪）、中心性助人价值判断以及事件导向下的考虑因素呈显著的正相关关系；（4）背景导向下的考虑因素与主观规范呈正相关关系，但与自主性助人动机呈负相关关系。

表6－1　亲社会决策系列变量之间的相关关系

	IDI	FDI	PSN	AF	SA－P	SA－N	AHM	CVJ	EC	CC
IDI	－									
FDI	0.29**	－								
PSN	－0.36**	－0.06	－							
AF	0.38**	0.35**	0.09	－						
SA－P	0.13	0.22*	－0.14	0.09	－					
SA－N	－0.02	0.06	－0.04	0.04	0.23*	－				
AHM	0.25**	0.35**	－0.15	0.32**	0.28**	0.04	－			
CVJ	0.21*	0.27**	－0.19	0.30**	0.29**	0.05	0.75**	－		
EC	0.37**	0.37**	－0.07	0.35**	0.16	0.01	0.34**	0.36**	－	
CC	－0.27**	－0.27**	0.26**	－0.09	0.13	0.19	－0.20*	－0.13	－0.09	－

注：*相关系数在0.05水平上显著；**相关系数在0.01水平上显著。

IDI：即时性捐助意图；FDI：未来捐助意愿；PSN：知觉到的社会规范（主观规范）；AF：即时性情绪反应；SA－P：亲社会决策后出现的积极情绪；SA－N：亲社会决策后出现的消极情绪；AHM：自主性助人动机；CVJ：中心性助人价值判断；EC：事件导向下的考虑因素；CC：背景导向下的考虑因素。

4. 捐助者聚类分析

在相关分析的基础上可以发现，在与亲社会决策有关的一系列认知与情感变量中，有一些变量之间的关系非常紧密，以至它们可以被归为同一类之下；而另一些变量则由于其密切关系而可以被归入另外一类。因此，根据本研究的理论假设，捐助者群体中也可能存在不同的类型，这样的分类模式可以反映出亲社会行为所具有的不同取向。研究者基于捐助意图、捐助前后的情绪、主观规范和决策前的两种考虑因素等变量，针对107名被试进行聚类分析（也就是以人为对象的聚类）。首先，根据欧式距离估算方法，被试分别进入了三个聚类组中，第一组8人，第二组23人，第三组76人；其次，比较三组被试在不同变量上的差异，结果发现第一组和第二组在很多方面的差异都不显著（涉及的变量包括决策前后的情绪反应、自主性助人动机、中心性助人价值判断、主观规范以及未来助人意愿），因此将第一组和第二组合并为“新一组”。表6－2列出了新一组和第三组之间的差异，与第三组相比，新一组的被试具有更强的情绪反应（包括亲社会决策之前的情绪唤起和决策之后的积极情绪）、更强的自主性助人动机、更强的中心性助人价值判断以及在决策之前考虑更多的事件导向因素。因此，新一组和第三组的比较结果支持了假设1。此外，与新一组相比，第三组的被试对主观规范的认同度更高，亲社会决策之前会更多地考虑人际关系和社会背景有关的因素，因此，这方面的比较结果支持了假设2。总之，新一组被试的亲社会决策过程与结果表现出高水平的特质取向，可称其为特质组；第三组被试的亲社会决策过程与结果则表现出高水平的情境取向，可将其称为情境组。

最后，新一组被试的人数比例是29%，而第三组被试的人数比例是71%。这部分说明了第三组所隐含的亲社会行为取向是相对占据主流地位的，也就是相比求助者本身和助人者的内部动机与核心价值追求，更加强调人际关系和社会背景在助人决策中的重要性。在当代中国的文化语境下，具体事件以外的人际关系和社会背景是决定群体亲社会行为走向和程度的主流影响源，这两个比例的高低对比也部分地回应了本研究的假设3。

表6－2　基于亲社会决策变量对助人者进行聚类

1'：特质组	4.06（1.05）	3.83（1.03）	1.72（0.75）	4.83（0.65）	4.80（0.65）
3：情境组	2.38（2.14）	3.42（1.12）	1.82（1.16）	4.29（0.96）	4.29（0.98）
T test value	4.20***	1.73*	－0.48	2.76**	2.64*
Cohen's d	1.41	0.48	0.14	0.93	0.86
Group	IDI.	FDI.	PSN.	EC.	CC.
1'：特质组	57.74（16.12）	4.84（0.82）	1.35（0.75）	4.91（0.77）	2.24（0.80）
3：情境组	14.49（8.32）	4.28（1.11）	1.86（0.83）	4.27（0.91）	2.61（0.78）

续表

T test value	18.25***	2.54*	-2.91**	3.47**	-2.18*
Cohen's d	4.77	0.81	0.91	1.07	0.66

注：*相关系数在0.05水平上显著，**相关系数在0.01水平上显著，***相关系数在0.000水平上显著。

（五）讨论

1. 亲社会行为取向和捐助者分类

本研究主要基于突发灾难之后的亲社会行为取向来对捐助者进行分类。研究者提出了一个二分式的分类框架，其中分别涉及两种行为取向。这个框架的提出主要基于以下两方面的考虑，一是考虑到行为背后的两种文化动因，也就是中国传统的关系主义慈善文化（Guanxi-based charitable culture），以及西方现代的规则主义慈善文化（Rule-based charitable culture）；二是考虑到在具体的群体亲社会行为背后发挥作用的是上述两套文化系统频繁且充分互动（mixed interaction）的结果。根据这个框架，研究者认为存在两种类型的捐助者，一种捐助者身上更多地反映了外在的情境因素，以及在社会认知过程中对社交性维度的关注；另一种捐助者身上更多地反映了利他性的内在特质，以及在社会认知过程中对能力维度或能动性维度的关注。

上述分类过程基于两个步骤实现：第一步，考察一系列与助人者亲社会行为有关变量，其中涉及的特质性变量群包括自主性助人动机、情绪唤起、中心性价值判断以及事件导向下的考虑因素等，情境性变量群则包括主观社会规范（整合了预期他人捐助意图和预期大多数人普遍遵循的做法）和背景导向下的考虑因素；第二步，采用聚类分析的方法，探索上述变量测试背后的人员分类逻辑。结果支持了假设，即在调查样本中区分出了两类捐助者。

第一种类型是指那些与情境性取向有关的行为主体，这种取向反映了以社群为中心的行为倾向，行为的发起旨在与他人保持态度或价值观的一致性，并据此维系社区的和谐。在本研究的样本中，这种类型的捐助者所占的比例是71%，这表明情境取向在集体主义文化传统下代表了亲社会行为的主流模式。这与以往关于东方文化的研究结论是一致的，这些研究发现，东方人决定帮助他人时主要依据的是人际关系的亲密度以及潜在的社会收益（Hui et al.，1991；Moorman and Blakely，1995；Laufer et al.，2010）。

但是，在文化混搭的背景下，71%涵盖的所谓行为主流模式并不能描绘群体亲社会行为的全貌。聚类分析还得到第二种捐助者类型，主要是指那些与特质性取向有关的行为主体，这种取向反映了以人为中心的行为倾向，行为发起者的主要意图是解决求助者的具体问题。这类捐助者在亲社会行为决策之前主要考虑的是如何的实现其自主性主动动机，并据此探索或实现个人价值。尽管特质取向下的捐助者在样本中所占的比例不到1/3（29%），但在中国文化背景下，这类捐助者的行为取向和社会认知基础可以揭示出集体主义和个体主义会聚下的文化混搭内涵。

2. 亲社会行为双重取向的文化内涵

上述分类的结果隐含着群体亲社会行为的文化心理基础。与那些遵循传统的情境取向的捐助者相比，特质取向下的捐助者表现出更为典型的分析性思维，与东方人常见的整体性思维相比，这种思维源于个体主义文化传统，并普遍存在于西方社会之中（Triandis et al.，1988）。整体性思维和个体性思维是文化心理结构在个体层面进行内化的产物。根据尼斯贝特（Nisbeet）等人的理论（Nisbeet et al.，2001），习惯使用分析性思维的人们会对特定的议题产生独立的判断，而相对不会受到周围环境或其他人的影响。具体而言：（1）分析性思维的关注点是当前事件或知觉的客体本身；（2）较多地采用特质归因而不是情境归因；（3）对“变化”的理解是直线式的（与进化论的“优胜劣汰”思想有关），而不是环式的（与儒家的“否极泰来”思想有关）；（4）对于“冲突”的理解是“全或无”原则下的理性逻辑，而不是多变性原则下的辩证逻辑（Choi et al.，2007）。因此，分析性思维过程可以为特质取向下的群体亲社会行为提供认知基础。在本研究中，尽管这一类型的人数比例并不高，无法反映及代表样本的主流模式，但是其存在本身是有意义的，集体主义和个体主义并存的现实提示我们，分析性思维影响下的特质取向依然会在会聚的文化共同体中发挥作用，群体亲社会行为的心理机制是两种文化共同促成的，而不仅仅依靠某种单一的文化。

具体来说，本研究揭示了捐助者分类逻辑背后的文化内涵。文化混搭的视角可以帮助我们更好地理解社会变迁和文化互动背景下的亲社会行为机制。在本研究中，特质取向和情境取向并存的局面表明中国人的亲社会模式同时受到东方关系主义文化和西方契约主义文化的影响。从应用角度来看，在中国设计慈善宣传方案时应同时考虑传统中国社会所强调的人文环境和西方社会所强调的个体独立性，这样才能对持有不同文化信念的人有所促动，进而产生更为广泛而深入的效果。

在双文化并存的氛围下，一些人会根据社会接纳或社会称许的价值要求去行善，而另一些人则会根据个体困境或需求去行善。这个现象所要揭示的是，特质取向和情境取向背后的文化内涵普遍存在于当代中国的社会共识体系中。而且，两类助人者的比例会随着社会变迁和文化互动的进程而发生动态的变化。未来的研究应继续考察为什么有些人会接受特质性的行为取向，而为什么另外一些人会接受情境性的行为取向，这其中的心理机制是什么？同时，未来研究还需要继续探索导致两类人比例发生变化的原因究竟是什么。

另外，随着环境线索的切换和变化，文化混搭现象的心理机制也会体现在同一个人身上。也就是说，双文化内涵使得同一个人在某些情况下按照特质取向行善，而在另一些情况下按照情境取向行善。这表明在个体的认知结构中存在两套内容和风格皆不同的文化知识，而究竟哪套知识会被激活则取决于当时环境中凸显出来的线索是什么。进一步来看，由于环境和个人的动态交互作用，其中某一套知识发挥主要作用的概率也可能是多变的。就目前的研究进展而言，究竟是什么样的环境线索可以启动特质取向的亲社会行为、什么样的环境线索可以启动情境取向的亲社会行为？这一点尚未得到明确的结论。未来研究需要继续考察环境因素和个体行为取向之间的关系，同时要继续探索引发个体知识结构中两套文化系统易得性概率发生动态变化的原因。

第七章
亲环境行为的理论体系与干预思路

引　言

随着环境问题的日益加剧，不同领域的研究者基于各自的研究取向来针对全球生态圈保护、人类环境的可持续发展等议题展开研究。其中，自然科学家主要基于技术层面来关注上述问题，这涉及如何研发和应用具有环境友好特性的材料和能源类型（张春辉等，2015），以及如何设计对环境产生最低伤害的生产模式等（朱京海等，2011）。而在社会科学家看来，环境问题终究是人的问题。笼统地看，人的问题是宽泛且多元化的。一方面涉及特定的经济与社会发展背景下与环境问题相关的结构性、制度性因素，特定政府机构或组织的管理模式，以及环境保护和生态现代化与经济增长之间的复杂关系（洪大用，2012）；另一方面则会在相对微观的层面上涉及人在社会系统中与环境的互动，以及在这个互动过程中表现出来的心理倾向和行为模式（吴波，2014）。人们对于环境问题做出的回应可以反映其内在的知识、信念和动机系统，同时也折射出特定文化中的“大多数人”针对环境议题所形成的共识与默契。因此，针对那些和环境议题相关的人类行为及其背后的社会心理机制进行研究，不但可以查明阻碍积极环境行为的因素，而且可以澄清促进积极环境行为的机制（王建明、王丛丛，2015）。这两方面的工作帮助研究者基于心理、社会以及文化等多维度的视角去回应环境议题中的“人的问题”，进而为宏大的管理模式创新与制度设计变革等提供有效的参考。最终将自然科学研究的技术成果整合到社会研究的系统之内，使它们成为有机的整体。

在此背景下，“亲环境行为”（pro-environmental behavior）在近20年来逐渐成为社会心理学和环境心理学的研究热点。越来越多的研究者开始重视人类和环境之间的互动，并且借用“亲环境”一词来特指那些能够降低生态伤害、保护自然资源以及能够提升环境质量的行为（Jensen，2002；Ehrlich and

Kennedy, 2005)。研究者还使用其他一些类似的称谓来描述此类行为，比如环境责任行为（responsible environmental behavior）、生态行为（ecological behavior）以及环境支持行为（environmentally supportive behavior）等（Cottrell, 2003; Kaiser, 1996; Huddart – Kennedy et al. , 2009）。亲环境行为既涉及个人生活领域（如家庭和社区）的节能、环保等行为，以及针对全人类乃至整个地球生态圈的生存与发展所持有的积极态度和行为倾向；同时也涉及在公共生活领域中通过发起或参与环保类的社会组织来倡导或推进相关议题。从实际意义上来看，在环境问题日益严峻的今天，面向普通大众提倡与鼓励“亲环境行为”显得尤为重要。

在本书的理论体系中，亲环境行为同时也是青少年亲社会行为干预框架的重要内容。亲社会行为的本质是一个基于利他性特征向个人品质（特质性维度）、人际关系（社交性维度）和社会规范（遵规公益性维度）这三个方向扩展的社会行动集合体，其背后隐含了个体在能动性和社交性路径上的自我增强需求（张庆鹏、寇彧，2012）。现有的亲社会干预理论重视培育和提升前两个方向上的能力。尽管第三个方向上的规范学习与社会性发展同样是关乎青少年成长的重要因素，但该因素在学校干预的内容框架中并未得到足够重视。实际上，这个方向既涉及如何改善社会生活的人文环境、促进形成公共精神的规范和行动，也涉及如何改善人类发展的自然生态环境、促进形成生态文明的规范和行动。这两个方面综合地反映了“亲环境行为”的本质特征，这也表明亲环境行为是构成亲社会行为的重要因素，因而针对人文社会环境和自然生态环境展开的教育和干预实践也就同样是不可或缺的。

一 亲环境行为的界定与概念结构

（一）亲环境行为的界定

国外研究者将亲环境行为界定为“能够对提高物质或能源的实用性产生积极影响的行为”以及“能够积极地改变生态系统或生物圈的结构和动力的行为”（Stern, 2000）。作为一种直接指向他人福祉、群体利益或组织利益的行为，亲环境行为是亲社会行为的特殊形式（Ramus and Killmer, 2007），也是亲社会行为概念表征体系（寇彧、张庆鹏，2006；张庆鹏、寇彧，2011）向“亲群体”概念的延伸。这类行为具体表现为在公共领域直接参与环保行动（比如加入环境保护组织）、在公共领域非直接针对环境本身的行动（比如发起或参加与环境议题相关的请愿活动）、私人领域中的环境主义（比如节能、购买可循环利用的产品）以及工作场景中的亲环境行为（比如设计环保产品）（Homburg and Stolberg, 2006）。这个界定既在结果层面上强调了相关行为对自然生态环境的积极意义，也在过程层面上突出了人们为了实现上述目标所结成的社群团体，以及由此而付出的社会行动与努力。

亲环境行为还具有积极或消极的溢出效应（spillover effect），积极的溢出效应是指某类亲环境行为会引发其他类型的亲环境行为，而消极的溢出效应则是指某种行为抑制了其他行为的出现。特鲁（Truelove）等人的研究指出，亲环境行为的溢出效应受到外部动机和内部动机的影响。外部的物质激励会导致积极效应，但它也会损害内部动机的功能，当外部激励撤销以后，积极溢出效应随即消失；而内部动机则会通过提高个体的环境认同（environmental identity）来促进积极溢出效应的稳定、持续增长（Truelove et al.，2014）。所谓环境认同指的是，当感知到最初发起的亲环境行为所产生的积极后果时，个体会将自己纳入关心环境议题、对环境友好的那一类人群中去，这类群体具有明显的亲环境特性，个体因而会稳定而持续地认为自己是“亲环境”的，因而会在未来继续做出亲环境行为（Cornelissen et al.，2008）。

（二）亲环境行为的概念结构

以往研究者将亲环境行为看作一个“单维结构”，缺乏对行为背后心理结构的精细刻画。基于100多项亲环境行为研究的元分析结果表明，以往研究都没有明确考虑行为的多样性和维度结构（Bamberg and Möser, 2007；Hines et al.，1987）。鉴于此，拉尔森（Larson）等人提出了亲环境行为的多维结构假设，并采用开放式访谈和问卷调查等方法得出了关于亲环境行为的四个主要维度：（1）日常的环保行为（例如家庭或社区废物回收、节电节水和购买节能产品），（2）私人土地管理（本地的生态保护、参与社区生态保护和生态监督），（3）社交性环保主义（基于社会联结的环保行动、加入当地环保组织、与他人共同商讨或实际参与解决社区环境问题），（4）环保公民行动（投票支持当地的环保政策、签名参加有关环保议题的请愿活动、环保募捐）（Larson et al.，2015）。上述四个维度在一个嵌套式的系统中划分了亲环境行为的类型，这些类型涵盖了家庭、社区、更大范畴的环保组织乃至整个公民社会，并由此将行为的指向由家庭利益拓展到社区利益、社会利益乃至全人类的利益。此外，对现代社会成员而言，工作场所是社区之外的另一种经常身处其中的公共活动空间。企业组织背景下的亲环境行为也是组织行为学、管理心理学和环境心理学等诸多学科交叉视阈下的研究重点。帕耶（Paillé）等针对亲环境的组织公民行为（organizational citizenship behavior for the environment，OCBE）提出了三因素模型，借以理解人们在企业背景下发起亲环境行为的心理结构和行动逻辑。OCEB 的第一个因素是环保人际互助行为（eco - helping），即通过员工之间的互助来提升企业组织的环境软实力，例如帮助同事提高环境保护的知识或技能；第二个因素是环保公民行动（eco-civic engagement），即志愿参加组织内部的环保项目或行动；第三个因素是环保发起者行动（eco-initiatives），是指员工在组织内主动发起绿色行动，例如为提高能源使用效率而向组织建言，或者合理处置可循环利用的物品（Boiral and Paillé，2012，Paillé and Boiral，2013）。总之，从概念结构来看，亲环境行为是一个多维模型，上述研究也可以为编制可靠而有效的亲环境行为测量工具、以及开展有针对性的亲环境行为干预奠定基础。

二　亲环境行为研究的理论模型

（一）计划行为理论

在理论研究方面，具有开创意义的是计划行为理论（the theory of planned behavior）。该理论最初由阿耶兹（Ajzen）等人提出。他们认为，行为意图是指导并引发行为的重要因素，而人们在特定议题下的行为意图是基于结果预期所形成的态度、主观规范（包括命令性规范和描述性规范，前者反映了个体预期重要他人针对特定行为的观点，后者反映了个体对重要他人的行动预期）和控制感（即个体对行为在执行过程中的困难程度的知觉）共同决定的。该理论强调行为意图在上述三个因素与实际行为之间所发挥的中介作用，同时强调态度、主观规范和控制感这三者对行为意图的综合作用（Ajzen and Fishbein，1980；Ajzen，1991）。该理论已经广泛应用于一些需要深思熟虑和周详计划的行为，比如戒烟和驾驶（Black and Babrow，1991；Parker et al.，1992）。该理论对绿色消费（Sparks and Shepherd，1992）和物品循环利用（Boldero，1995；Cheung et al.，1999）等亲环境行为的解释效度也得到实证研究的支持。以绿色消费为例，其行为意图受到三方面因素的影响：（1）对行为后果的正面或负面的预期，进而产生积极或消极的态度；（2）针对该行为的主观规范和习俗的感知，比如重要他人以及知觉到的大多数人是否赞同且实际践行此事；（3）在多大程度上能够控制行为的实施，即知觉到的自我效能与控制感。

（二）规范激活理论

计划行为理论提供了一个基础性框架，帮助研究者理解亲环境行为背后的社会心理机制。在随后的理论演进中，研究者在计划行为理论的基础上进行了更为深入的探讨。首先是规范激活理论（norm activation theory），它最初由施瓦兹（Schwartz）在 20 世纪 60 年代提出（Schwartz，1968a；Schwartz，1968b），并在其后的十多年中不断进行补充和修订。该理论认为，积极的行为干预是基于四个因素及其相互间的互动而实现的，这四个因素分别是社会规范、个人规范、结果预期和责任归因。该理论的核心观点是，社会规范（可反映“重要他人认为我们应该怎么做”的价值观和信念）对亲环境行为的影响不是直接的，而是通过个人规范（个体持有“是否应该做某事”的观点）的中介作用来实现的（Do Valle et al.，2005）。换言之，个体在特定群体（如家庭、同伴群体、社区等）知觉到的社会规范会激活其个人规范，进而引发相应的行为。但是，行为的发生还需满足两个条件：第一是对行为所产生后果的积极预期；第二是对自身责任的准确定位。因此，从恶化的环境问题到人们发起行动介入干预，其中的心理历程包括逐步递进的三个步骤：第一步，意识到情况的严重性并预期行动干预会改善这一情况；第二步，责任归因，即个体认为自己应该为环境问题负责；第三步，对社会规范的知觉，以及由此而激活“应该采取行动抑制恶果”的个人规范（personal norm），进而引发相应的行动（Schwartz，1977）。该理论关注行为的利他性，与亲社会行为研究中的危机干预模式有关，并注重挖掘利他行为背后的社会认知过程。随后的研究者对上述理论进行了验证。比如，霍珀（Hopper）和约瑟夫（Joseph）在 122 位居民中考察了“参加社区垃圾回收项目”的影响因素，发现上述“回收行为”受到社会规范、个人规范和后果觉察的影响（Hopper and Nielsen，1991），进而支持了施瓦兹的理论。此外，布拉特（Bratt）在挪威的四个城市抽取了 3000 名被试，基于结构方程模型验证了社会规范对亲环境行为的预测作用（Bratt，1999）。总之，规范激活理论强调两类规范在亲环境行为发生机制中所扮演的枢纽角色，这反映了“重要他人”的重要性，揭示了亲环境行为的“社会性”。

（三）价值－信念－规范理论

其次是价值－信念－规范理论（value-beliefs-norm theory）。斯特恩（Stern）等人在这个理论体系中对计划行为理论中的态度做了进一步分析，着重考察人们在环境议题面前的关注点。他们认为影响亲环境行为的态度因素还应进一步细分为一般性态度和特殊性态度，前者是指关于环境的基本世界观和朴素生态理论，后者指在特定情境下对具体行为产生影响的心理倾向（Stern et al.，1995）。除此之外，在亲环境行为的前变量结构中还包括行为承诺与意图、个人价值观以及个人在社会结构中所处的位置（即制度性的约束因素或激励因素）。在此基础上，格罗布（Grob）提出了“环境行为模型”。该模型关注具有普遍意义的一般性亲环境行为，并针对此类行为提出四个主要的决定因素：（1）个人－心理价值观，（2）环境觉知，（3）控制感，（4）情绪（Grob，1995）。斯特恩在随后的研究中继续充实计划行为理论，将亲环境规范的内化看作是引发行为意图的重要原因，并进一步强调个人价值观在亲环境行为规范内化过程中所发挥的重要作用。斯特恩基于价值观的建立与维护及其背后的自我效能感来阐明个人行为规范的发生机制：亲环境规范的建立源于四个因素，即（1）价值观生成过程，（2）生态世界观，（3）觉知到消极后果及其对价值观的威胁，（4）认为自己有责任改变现状，相信自己可以采取行动来降低上述威胁并保全个人价值观。当上述四个因素相继发生时，个体建立了关于环保议题的规范感知，并与个人价值观发生深度的整合，实现了规范的内化（Stern，1999）。

因此，上述两个方向的理论演进在此处相遇，分别探讨了个人规范的激活过程和建立机制，它们的共识是：个人规范的建立、内化与激活是影响亲环境行为的重要认知加工过程，同时伴随着一般性态度和高水平自我效能感的形成，从而回应了经典的计划行为理论。近年来，在亲环境行为研究不断发展和演进的基础上，不同理论之间的整合趋势日益明显。一项最新的研究也借助结构方程模型对经典计划行为理论和价值－信念－规范理论进行了整合，并证实了整合后的理论模型对亲环境行为意图具有较强的预测作用，此外还发现了“非绿色行为选择的吸引力”在其中所发挥的调节作用（Han，2015）。由图7－1可知，生态世界观是以上两个理论对话的纽带，它既影响计划行为理论中的三个核心变量，又影响价值－信念－规范理论中的责任归属和行为责任感，而基于两个体系的变量最终都会引发亲环境的行为意图。

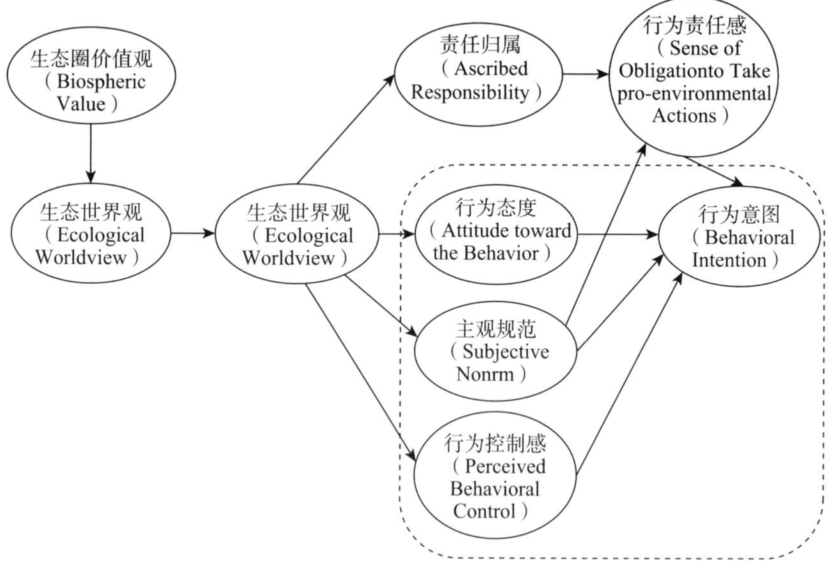

图7-1　基于计划行为理论和价值-信念-规范理论的亲环境行为整合模型（Han，2015）

注：虚线方框以内的是计划行为理论中的变量，方框以外的是价值-信念-规范理论中的变量。

三　亲环境行为的心理机制研究

在上述经典理论及其修正模型的启发下，后续的研究者开始基于不同视角来探讨亲环境行为的社会、文化和心理机制。以下将从人格特质、社会认知与情感、社会情境以及文化与宏观社会因素这几个方面分别对这些研究加以介绍。

（一）亲环境行为的人格基础

人格特质已被证实与亲环境行为有密切关联（Markowitz et al.，2012）。研究者关注较多的人格因素是自然连通性（connectedness to nature），它反映了个体在社会现实和环境心理结构中将自身与大自然建立情感联结的特质，它是预测亲环境行为的重要因素（Mayer and Frantz，2004）。一项基于社区居民样本和大学生样本的调查还发现了人格结构中的开放性维度对亲环境行为的正向预测作用，而在其中发挥中介作用的是个体对环境所持的态度和自然连通性特质（Hirsh，2010）。此外，巴巴罗（Barbaro）等人验证了“正念（mindfulness）”思维的五个维度（对经验的不反应、观察、有意识地行动、描述、不批判地接受）对自我报告的17种日常亲环境行为的正向预测作用；其中，“观察”和“对经验的不反应”在亲环境行为情境下显得尤为重要；而自然连通性特质在正念对亲环境行为的预测关系中发挥中介作用（Barbaro and Pickett，2016）。另外，与人格特质类似的稳定性因素还包括个体在长期社会化过程中内化的价值观，与环境议题有关的价值观也会对亲环境行为产生影响。拉蒂夫（Latif）等人调查了1098名来自马来西亚五大城市社区的居民，分析了居民所具备的环境知识、环境价值观和其亲环境行为之间的关系：环境知识影响环境价值观的形成，进而对居民的亲环境行为产生影响（Latif et al.，2013）。因此，环境教育者、城市管理者和政策制定者在倡导亲环境行为的工作中应重视环境价值观和环保知识在其中所发挥的作用。

（二）亲环境行为的社会认知过程

在社会知觉方面，新近的研究支持了个人信念对亲环境行为的影响。里斯（Reese）等人基于德国公民的样本群体，分别验证了环境公正信念（environmental justice belief）的三个原则（代际公正、生态公正、全球公正）对亲环境行为意图的促进作用，同时还发现环保责任感和道德愤怒的中介作用（Reese and Jacob，2015）。此外，社会判断过程中针对利弊和损益的权衡与取舍也会影响行为决策。在面临环境议题时，人们会面临“实现享乐”和“遵从环保规范”这两个目标之间的冲突，因此，环保行动往往会意味着要付出某种代价。基于“代价－收益”的基本前提，斯特格（Steg）等人在其理论框架中整合了价值观、情境和目标等因素，亲环境行为在此框架内遵循两条路径发生：第一是外部路径，即降低亲环境决策的代价；第二是内部路径，即强化规范性目标并内化亲环境的意识。相比外部路径，内部路径有赖于与之对应的价值观以及能够激活这种价值观的情境性因素，因而对亲环境行为的促进机制更为稳定（Steg et al.，2014）。在一个更为综合化、多元化的亲环境行为框架内，社会知觉的作用依然系统地存在。一项基于韩国民众的调查，分析了三类亲环境行为（绿色消费、好市民行为、积极环保行动）及其背后的驱动因素。三种社会知觉因素会驱动这些行为——第一，利他性价值取向（altruistic value）通过消费效能知觉（perceived consumer efficiency）和环境关怀（environmental concern）的中介作用而预测三类亲环境行为；第二，消费效能知觉和环境关怀正向且直接地预测好市民行为和绿色消费行为；第三，消费效能知觉唯一地预测积极环保行动（Lee et al.，2014）。

在社会情感方面，个体对“所在地”的态度与情感会决定其如何对待脚下这片土地。“所在地”即生活地点，生活地点是连接个人与环境的纽带与载体，是个人在环境恶化的现状下寻求安全归属的物理条件。个人与生活地点的社会情感依恋被称作场所依恋（place attachment），其测量工具包括四个维度：场所依赖（place dependence）、情感依恋（affective attachment）、社会联系（social bonding）和场所认同（place identity）（Kyle and Jun，2015）。作为一种高级的社会情感，场所依恋对亲环境行为的影响机制也受到研究者的重视，维斯克（Vaske）等人针对14～17岁青少年的研究发现，场所依恋，基于场所认同的中介作用而引发了亲环境行为，这表明增强个体与自然的情感联结有助于促进其更加善待环境（Vaske and Kobrin，2001）。张（Zhang）等人在中国社区的研究发现，居民的场所依恋以及对灾难后果的觉知和价值观均可预测其亲环境行为意图，场所依恋比灾难后果觉知对亲环境行为的预测更为明显，此外，与移情、内疚等社会情感有关的利他主义价值观比利己主义价值观更能够强有力地预测亲环境行为（Zhang Y et al.，2014）。

（三）亲环境行为的外部影响机制

外部的情境因素也会影响亲环境行为。第一，社会关系的类型与亲环境行为存在对应关系。亲属关系对应环境议题下的利他行为和社区行动；同事关系对应成本节约行动和工业场景下的利他行为；邻里关系则对应社区问题解决、志愿者行为和废物利用等行为（Videras et al.，2012）。第二，社会情境中与环保相关的信息会在特定情况下启动人们的亲环境行为意图。传统的做法是在公共场所（如宾馆）设立环保宣传标志，借以提醒人们调节自己的行为。这类标志所表述的是描述性规范（descriptive norm），例如“绝大部分客人会使用他们自带的洗浴用品”。戈尔茨坦（Goldstein）等人实地观察并比较了住店客人在看到不同的环保宣传语时的行为，揭示了其中更为精细的社会心理机制：比上述的描述性规范更为具体的褊狭性规范（provincial norm）更容易促进亲环境行为，例如“曾入住本房间的绝大部分客人都会使用他们自带的洗浴用品”（Goldstein et al.，2008）。第三，情境中的信息因素对个人行为的影响往往是与认知过程（如动机、社会性解读）交织在一起对行为产生影响（Stern，1999）。苗（Miao）等人比较了消费者在居家场景和出行场景（入住宾馆）下的亲环境行为及其动机后发现，亲环境行为并不具备跨场景的一致性，即个体在一种场景下的行为模式无法预测其在其他场景下的表现。与出行场景相比，被试在居家场景下更容易做出亲环境行为（节能、再循环、再利用和绿色消费）；另外，亲环境行为的动机因素也会因场景的不同而不同，遵从规范动机（即应该保护环境的道德责任感）是居家场景中亲环境行为的主要决定因素，而享乐型动机（追求个人舒适和愉悦）则会在出行场景下显著地预测亲环境行为（Miao and Wei，2013）。除了内外因在平行层面上的交互作用，个体内部对情境因素的解读也是至关重要的。韩（Han）在整合价值-信念-规范理论和计划行为理论的基础上探讨旅行途中的亲环境意图，一方面验证了上述两个理论框架中的核心变量对亲环境行为的预测作用；另一方面揭示了一个较为重要的调节变量：即非绿色行为选择的吸引力，当这个吸引力较低时，态度、行为控制感和道德义务等变量可以更为明显地预测亲环境意图（Han，2015）。而这个吸引力的高低，则在很大程度上取决于个体自身的社会性解读。这种解读的基础是已有的知识结构和经验体系（即社会认知图式），解读的过程会指引个人的行为向图式预设的方向迁移，进而实现对行为的广泛影响。一项针对航空旅客的在线调查发现，乘客参与二氧化碳排放补偿行动的意愿主要受三个因素的影响：第一是相信在旅途中排放的二氧化碳会给气候变化带来消极影响；第二是在其他场合下业已形成的亲环境意识带回到飞行旅途中的迁移效应；第三是相信亲环境行为对自身和社会都具有重要意义（Van Birgelen et al.，2011）。以上文献中的研究揭示了特定场合下的信息呈现对亲环境行为的促进作用。亲环境行为背后的机制亦可支持社会心理学的经典理论：在外部信息因素对行为的影响路径上，个体基于社会认知图式对信息所进行的解读和重构会发挥重要的中介作用（Kelly，1950；Markus，1977）。

近年来的研究开始关注更为宏大视野下的背景性议题。首先是组织背景。这一背景下主要探讨上文提到的亲环境组织公民行为（OCBE），研究者提出了该行为的三因素模型，借以理解亲环境行为在企业背景下的心理结构和行动逻辑（Boira and Paillé，2012）。这个模型中的几种行为都与组织环境、群体气氛有关，基于社会交换理论的实证研究发现，当员工感到组织为其提供了较多支持时，这种积极的感知会通过组织承诺和工作满意度的中介作用而促进亲环境行为（Paillé and Boira，2013）。其次是文化心理背景。梁（Leung）

基于新加坡、澳大利亚和美国的跨文化样本考察了世界主义（cosmopolitan orientation，CO）的基本心理结构及其对亲环境行为的影响。世界主义的概念框架是一个三要素模型：（1）文化开放性，包括对接受外来事物、学习外来文化知识；（2）全球亲社会性（Global Prosociality），即对于不同文化的广泛性尊重和提升基本人权的道德责任感；（3）对文化多样性的尊重，即能够容忍并欣赏文化之间的差异。梁（Leung）等人的研究发现，总体的世界主义取向与亲环境行为、亲环境动机和亲环境信念之间存在正相关关系；世界主义取向中的全球亲社会性对“支持环保运动”、“环保行动意愿”和“支持将环境质量好坏作为社会发展水平的衡量标准之一”等行为指标具有显著的预测作用（Leung et al.，2015）。最后是教育政策和总体受教育背景。梅耶（Meyer）采用断点回归的方法分析欧洲民意调查的数据后发现，在欧洲义务教育的政策变迁背景下，随着受教育水平的提高，个体在认知层面上对社会福利的关注增多了，在行为层面上也会更多地采用对环境友好的方式（Meyer，2015）。

统观上述三点，在社会心理学、环境心理学的研究范式下，当前针对亲环境行为发生机制的研究已涵盖了微观层面上的人格特质、中观层面上的社会情境和社会信息以及宏观层面上的社会政策和文化等多元化和多层次的内容。不断更新并日益丰富的实证研究体系对经典的亲环境行为理论形成了强有力的修订、补充与提升，使得这一领域的理论建设日趋成熟与完善。

四　亲环境行为的测量

准确而可靠的测量工具是探索行为影响因素、构建理论模型的基础。近年来的研究日益重视行为测量模型的科学性与可重复性，并借用更为丰富多元的方法整合出更有效力的测评结构。纵观亲环境行为研究的发展历程可以看到，对行为的测量是伴随着提升与局限而不断走向成熟的，我们可以从测评维度的变化窥见这个领域的发展。在这一过程中，针对行为测量的研究主要体现出四个方面的特点。

第一，测量结构的抽象水平和整合程度不断提升。在早期测量中，亲环境行为的结构性偏弱，维度划分较为简单；随后出现的测量囊括了不同的行为类别，以及对亲环境类型的初步整合，但缺乏更高水平的数据整合。比如，马洛尼（Maloney）等人设计的亲环境行为测量只有10个题目，作答者判断每条表述与自身情况的符合程度。研究者基于主成分分析得到两个维度，分别是“消费行为”和“政治行为”（Maloney et al.，1975）。当然，这种在今天看来是“简单”的研究结果未必是不科学的，因为这也可能是因为早期的环境问题本身就不像当今这么严峻与紧迫。在这之后，随着环境危机日益严重，对亲环境行为的测量也随之日益复杂。研究者为了提高行为概念的理论抽象水平，使其具有更强的解释力，他们将原先零散而具体的行为条目整合到一个更大的概念框架之下。例如将行为意图的测量题目汇总为三个领域：一是普遍性领域，题目描述的行为尽可能多地覆盖大多数人；二是多元化领域，题目反映了不同类型的行为；三是特异性领域，题目涉及具体而微观的态度或行为表现（Vaske and Kobrin，2001；Walker et al.，2003；Halpenny，2010）。

第二，行为范畴涵盖了从个人到社会的跨度。斯特恩（Stern）等人在测量亲环境行为时考虑四种类型，即公共领域的非激进环保主义，公共领域的激进环保主义，私人领域的环保主义以及针对政府决策的环保倡议（Stern et al.，1999）；瑞思（Rice）在后续的研究中基于主成分因素分析得到的三个因子（方差解释率为52%）也与上述三种类型吻合。在这个模型中，公共领域的激进环保行动是指参加本地居民组成的环保委员会、针对环境议题与政府对话、组织与环境议题相关的沙龙或研讨会等；公共领域的非激进亲环境行为涉及公共场所的环保行动、针对下一代的环境教育以及公共交往中的人际影响等；私人领域的亲环境行为涉及个体对环保议题的关注与学习、个人日常消费和生活中的环保节能举措等（Rice，2006）。再比如上文提到的“亲环境行为四维结构”也是基于类似的思想，将亲环境行为的概念划定为由家庭到社区、再到更为宏大的社会与人类利益的范畴（Larson et al.，2015），因而亦可作为下一步编制测量工具的参考与依据。上述研究基于不同的领域而横跨了从微观到宏观的行为指标体系，使得亲环境行为的内涵更为丰富，也更符合实际。

第三，测量内容中考虑到较为细致的行为类别。凯瑟（Kaiser）等人采用30个题目来测量一般性生态行为（General Ecological Behavior）。这些题目测量了六类行为，分别是垃圾处理（例如“收集旧报纸”），保护水和能源（“洗衣服时不启用预洗功能”），具有环保意识的消费行为（“我使用无磷洗衣粉”），垃圾减排（“我喜欢用纸质的而不是塑料的购物袋”），自愿参加保护自然的行动（“我是环保组织的成员”））以及绿色出行（“我一般不在市区开车”）（Kaiser and Biel，2000）。可见其测量指标试图涵盖诸多方面的生活细节。

第四，新近的研究者更加重视系统地理解行为，也就是将动机和认知过程与行为意图统合到一起，形成更为丰富的行为测量体系。梁（Leung）等人对亲环境行为的测量整合了以往研究中关于动机、信念和行为意图这三方面的测量（Leung et al.，2015）。动机测量包括24个表述，是有关个体发起环保行为的原因，其中涉及内部动机、认同动机、反思性动机、外部动机以及内外整合性动机等（Pelletier et al.，1998）；信念测量则用七个题目考察了个人的环境主义信念，例如“我认为自己是一个环保主义者”，用六个题目考查了外部的环境主义信念，例如“排污测评给工业企业带来了不公平的负担（反向计分）”（Banarjee and McKeage，1994）；行为意图的测量题目是经过筛选的12种具体的环保行为，例如“使用节能电器”（Kaiser et al.，2003；Schultz and Zelezny，1998；Tam，2013）。

基于这四个趋势可以看到亲环境行为测量在理论依据、分析和分类框架、测量内容范畴等方面的发展。但亲环境行为测量在目前尚存在一些局限，比如基于测量结果向真实情境的推广效力较低。正如其他社会行为那样（比如亲社会行为、攻击行为等），亲环境行为的测量定义在被操作化的过程中，研究者一般将“行为意图”（behavioral intention）而不是行为本身作为直接的测量对象。一方面是因为行为意图可在一定程度上预测真实行为的发生；另一方面是因为对真实行为的研究难度更大且成本更高，即囿于研究手段，真实行为的数据很难在常规的“题目－反应”式纸笔测试模式下获取。这一局限导致测量结果在向真实行为外推的过程中遇到生态效度瓶颈。未来的研究应在范式和方法等方面寻求拓展，比如采用现场观察或准实验设计的方法，或引入质性研究范式用以挖掘更为系统和生态化的行为模式。

综上所述，亲环境行为对于整合个人、家庭、社区乃至全社会与全人类的环境诉求和生态利益具有重要意义。近20年来关于亲环境行为的发生机制和教育干预伴随着环境问题的日趋严峻而越来越受到研究者的关注。在现实需求驱动下，环境心理学家针对其概念界定与结构、测量工具、理论模型和社会心理机制等方面展开了系统全面的研究。通过对上述研究成果的综述，本文梳理出五个观点。第一，亲环境行为既涉及个人生活领域的节能、环保等行为，也涉及在公共生活领域通过组织或参与环保类的社会组织来发起针对相关议题的倡导、倡议等社会行动，此外还涉及针对人类生存乃至整个地球生态圈所处的环境系统而抱有的积极态度和行为倾向。亲环境行为不但反映了个人对环境议题的积极关注和具有正向价值的行动逻辑，而且体现了在特定的群体或社会系统中具有普遍意义的市民精神或公共意识。第二，从概念结构来看，亲环境行为是一个多维模型，基于概念结构的行为测量是同时伴随着提升与局限而不断走向成熟的。在相关研究的演进过程中，测量结构的抽象水平和整合程度不断提升；行为范畴涵盖了从个人到社会的跨度；测量内容中考虑到较为细致的行为类别；行为背后的动机和认知过程与行为意图被统合到一起，形成更为丰富的行为测量体系。第三，计划行为理论、规范激活理论和价值－信念－规范理论是理解亲环境行为内部机制的代表性理论，在理论研究不断发展和演进的基础上，不同理论之间的整合趋势日益明显。第四，在社会心理学的研究范式下，针对亲环境行为发生机制的心理学研究主要关注人格特质、社会知觉、社会情感、社会情境以及文化与宏观社会因素这几个方面。这些内容已涵盖了微观层面上的人格特质、中观层面上的社会情境和社会信息以及宏观层面上的社会政策和文化等多元化、多层次的内容。第五，当前的研究尚存在几点不足：一是研究对象以成人为主，有待于向青少年群体扩展；二是行为测量内容以模拟情境或实验室条件下的行为意图为主，有待于向更为生态化情况下的真实行为扩展；三是当前研究以机制探讨和理论建设为主，有待于向政策制定和教育实践等应用领域扩展。

五　亲环境行为现状调查——基于社区居民的访谈

上文所整理的关于亲环境行为的界定、概念结构、理论模型、心理机制以及测评工具等都是以西方环境心理学和社会心理学的理论传统和研究范式为基础而建立的。对于当下的青少年亲社会行为干预议题而言，尽管现有的理论体系是必要的参考和指导，但亲环境干预板块的设计与实施还需要更多地依托本地经验本土化研究成果。鉴于此，我们针对广州部分社区居民的亲环境态度与行为倾向进行了一次小型的调查访谈，旨在获取关于亲环境行为的直观体验，并了解本地居民在环境保护和生态提升等议题上的基本态度和行为意愿。

（一）访谈提纲

本次调查将核心内容定位于普通居民的日常亲环境行为，主要考察访谈对象在相关的话题或领域内表现出来的社会态度与行为意愿。访谈问题涉及三大领域：第一是生活垃圾的处理与循环；第二是家用电器的使用习惯与节能意愿等；第三是日常出行的行为习惯与决策模式等。具体的问题是：

- 生活垃圾及其处理

1. 请问您家里在一般情况下产生的生活垃圾主要包括哪些类型？请分别介绍一下每种类型的来源、数量。（访谈者可以举一个形象的例子，便于居民理解和作答。比如每天的生活垃圾总量是10，那么每一个类型分别占到几？）

2. 您在对生活垃圾进行分类处理的过程中，主要考虑的因素是哪些？

3. 您关于垃圾分类的知识是从哪些渠道获取的？

4. 您在日常处理家里的生活垃圾时，是否会根据上述知识对垃圾进行分类处理？

5. 如何评价社区的垃圾分类设施？

6. 你认为哪几个主要因素阻碍了人们对生活垃圾进行合理有效的分类处理？

- 日常节能

7.（1）您家日常使用频率最高的三种电器分别是什么？

（2）在不使用这三种电器的时候，它们的电源插头会继续处在接通状态吗？

8. 您家是否有低耗能电器？如果有，您认为低耗能电器和其他电器在使用过程中有哪些差异？

9. 您在什么情况下会选购低耗能家用电器？

10. 您家每月平均电费大概多少？认为目前的电费是否合理？

11. 电费的高低会对您在使用电器时间上产生影响吗？如果有，具体是怎么影响的？请您预测——

（1）如果电费比目前调低了，您在电器使用方面的改变可能是什么？

（2）如果电费比目前调高了，您在电器使用方面的改变可能是什么？

12. 除了电费因素，您在考虑电器使用的时间、频率和强度等过程中还会受到哪些因素的影响？

13. 请问您所生活的地区主要的发电能源是什么？（风力、火力、水力、核能或其他?)

14. 上述能源的开发对地球生态圈带来的影响有哪些?请问这些影响与您自己的日常生活存在哪些联系?

- 低碳出行

15. 您平时出行最常用的三种交通方式分别是什么?您最喜欢的是哪一种出行方式?

16. 在以1.5公里为半径的生活圈内活动时,您最喜欢的出行方式是什么?有哪些因素会阻碍您在这个范围活动时选择自己最喜欢的方式出行,进而使您不得不更换其他方式?

17. 您如何评价私家车在人们日常生活中扮演的角色或所发挥的作用?

18. 在什么情况下您会更喜欢采用公共交通工具出行?在什么情况下您会更喜欢采用私家车出行?

19. 您认为造成城市空气污染(比如雾霾)最重要的三个影响因素是什么?

20. 您觉得居民的哪些个人出行习惯会和空气污染之间存在比较密切的关联?

(二)访谈结果分析

1. 生活垃圾及其处理

电视是居民获取生活垃圾分类知识的一个重要渠道,在访谈对象中占到五成左右的权重,另外一半的权重则包括居委会宣传、社区平面广告、垃圾桶标识、网络宣传和他人告知等。在这个访谈提纲中,第1~6个问题与生活垃圾有关,分别涉及生活垃圾的类型、生活垃圾分类的考虑因素、生活垃圾分类的意愿与行动以及生活垃圾分类的促进因素和阻碍因素等。首先,访谈对象指出最主要的生活垃圾是厨余垃圾,占日常生活垃圾的八成以上;其次,在对生活垃圾进行分类时,访谈对象主要考虑以下四个因素:通过干湿性状考虑垃圾分类,通过可回收与不可回收的性质考虑垃圾分类,通过用途来考虑垃圾分类,通过环保的效果来考虑垃圾分类;再次,有一半的访谈对象表示自己曾经在实际行动中进行过生活垃圾分类,其他人则表示偶尔会这么做,甚至从来都没有做过；最后，访谈对象认为促进人们进行生活垃圾分类的因素包括行为可能带来的积极后果（比如提升自己的生活质量、来自外部的奖励等），而阻碍人们进行生活垃圾分类的因素包括社区相关设施不完善、个人素质和环保意识不足等。

这里的“垃圾”是人们在家庭和社区背景下制造出来的生活副产品，同时也是现代社会在工业化大生产背景下必然会出现的社会副产品。伴随海量生产和海量消费的工业产品同时出现的是过度且无法降解的包装、大量使用防腐剂、带有化学药剂的食物残渣，以及可能会释放重金属污染或辐射污染的废弃电子产品等，如果人们在处理这些生活垃圾的时候缺乏必要的行动意识、专业知识和操作技能，当这些未经处理且被随意投放的生活垃圾不断累积之后，则可能会对生态环境中的空气、耕地土壤以及饮用水质等造成不可逆的消极影响。因此，与垃圾处理有关的亲环境行为训练就显得尤为紧迫和必要。对于刚刚结束高度依赖父母的儿童期、尚未进入完全心理独立状态的成年期的青少年来说，他们正处在频繁且主动接触日常生活场景的关键阶段，这个阶段所形成的思维模式和行为习惯会在其成年之后的漫长岁月中持续发挥作用。所以看似普通的垃圾分类对于青少年群体的意义是多元而深远的。根据调查访谈的结果，我们可以提炼出三点启发，进而为青少年环境教育提供参考：(1) 目前关于生活垃圾如何分类与整理、如何合理丢弃等方面的知识获取渠道相对比较单一，主要依靠的是电视公益广告的宣传，但由于青少年要把更多的精力放在学业和同伴社交等事务中，加之学校和家庭都会对他们看电视的时间施加严格的限制，因此电视渠道的传播效率对青少年来说是偏低的，这就需要加强通过其他方式来弥补这种不足（比如在学校、街道、社区以及其他密切接触的物理空间内设置平面公益广告，或基于移动互联网平台的自媒体进行传播等）；(2) 垃圾处理与分类的行动意愿和实际行为之间存在不可忽视的障碍，这些障碍一方面与人们长期形成并难以在短期内矫正的行为习惯有关，另一方面也与社区中太多的难以顺畅地进行垃圾处理与分类的环境设置有关；(3) 对于正处在社会学习关键期的青少年来说，在社区互动的过程中塑造其思维模式与行为习惯比直接出现立竿见影的行动结果更为重要。因此，相比成年人，针对青少年进行垃圾分类的知识和技能的宣传教育相对来说更有意义，其成效也更为长远。

2. 日常节能

第 7 ~ 14 个问题涉及日常生活中的节电或节能等议题，访谈得出的基本结论如下：

（1）居民的节能意识不强，用电安全意识较低。仅有不足三成的访谈对象在不使用电器的时候会断开电源；

（2）对低耗能电器的认识差异较大。尽管有七成的访谈对象报告其家中有低耗能电器，但其中有一部分居民没有发现低耗能电器与其他电器的本质差异，另一部分居民认为低耗能电器最大的特点是省电；

（3）访谈结果表明，居民购买低耗能电器时的考虑因素不尽相同。近四成的访谈对象在购买低耗能电器时主要考虑电器的性价比，三成的访谈对象看重的是电器的具体性能，两成的访谈对象把节能作为购买家电的重要考虑因素，一成的访谈对象表示无所谓；

（4）电费的高低与选购低耗能电器的行为存在一定的关联，八成的受访者表示电费下降对其使用电器的习惯没有影响，剩下两成的受访者表示电费下降后会更经常使用电器，并且不再注重节能的要求，四成受访者表示电费上升的话，家庭会更加注重节能，尽量少用电器或使用低耗能电器；

（5）除了电费因素以外，个人内部的因素也会影响其使用电器的习惯，这些内部因素包括自身需求、针对电器品牌的主观认同以及消费发生时的情绪状态等；

（6）受访者对自己生活所在地区的发电能源认识不一，三成受访者不清楚自己家乡（广东）的主要发电能源是什么，三成受访者认为是核能发电，四成受访者认为是火力发电，一成受访者认为是太阳能发电；

（7）多数受访者认为能源开发所带来的环境问题会影响人们的生活，六成受访者认为能源的开发会对地球生态圈带来许多不良影响，会造成环境污染、全球变暖、雾霾以及核泄漏等问题，对人类生命健康造成巨大威胁，一成受访者认为虽然能源开发会造成环境污染，但与人们现实生活的直接联系不大，两成受访者不清楚能源开发对地球生态圈的影响，但认为能源开发能给居民生活带来便利，一成受访者强调了能源开发的积极面，认为能源开发能够为人类寻找到新的能源，给生活带来方便。

总的来说，虽然大部分居民意识到低耗能电器的好处，但是还没有真正形成良好的节能习惯，没有真正意识到节约用电的重要性，能源知识较为薄弱。电器的使用与居民对电器的使用需求、质量、品牌、质量、家庭电费支出等问题息息相关。各家庭低耗能电器的使用情况差别较大，低耗能家电使用率较低。

和垃圾处理这样的日常事务类似，家用电器的选购和使用也是青少年经常会接触到的生活场景。越是习以为常的生活场景，越容易将亲环境思维模式和行为习惯的训练潜移默化地嵌入进来。

3. 低碳出行

第15～20个问题涉及居民的日常出行问题。第一，受访者会选择公交车和地铁作为常用的出行方式，除此之外也包括自行车和步行的形式；第二，1.5公里的出行范围内，首选的交通工具（自行车）也具有低碳属性；第三，更换出行方式的原因主要包括现有的交通设施不完善、道路设计不适合骑自行车以及天气因素等，上述因素可以归纳到个人生活的便利性考量和城市交通设施的完善性这两个层面上来；第四，受访者对于私家车表现出三种不同的态度，一是认为私家车方便出行，是生活必需品，二是认为尽管私家车方便，但也带来了城市交通堵塞等问题，最后一种态度则比较中立，也就是在公共交通方便、短距离出行的情况下选择公共交通工具，在相对远距离的出游、不塞车等情况下选择私家车；第五，关于城市空气污染的影响因素，受访者提到的内容包括汽车尾气、工业污染、森林面积、人口规模、化石能源以及气候变暖等；第六，关于出行方式和空气污染的关联，受访者可以意识到为了生活便捷和个人利益而选择的出行方式与空气污染之间的密切关系。

六　亲环境行为的干预

（一）亲环境行为干预的理论整合与对象选取

亲环境行为在研究领域已经积累了大量的理论成果，但是关于亲环境行为的干预、辅导和教育等实务领域的研究是相对不足的。未来研究应探索如何将亲环境行为影响因素、发生机制和测评工具等方面的研究结论应用于政府、学校、社区和家庭，从而为制定相关的环保政策、环境教育方案以及行为干预策略提供参考。要实现这种应用则需要完成两个方面的整合。第一，将理论研究成果与环保类政策制定中的若干要素加以整合。制定政策的目的之一是规范人们的社会行为，而对相关行为背后的心理与社会机制的深入了解与剖析则可以帮助政策制定者更快找到影响人们遵守政策和规范的关键性要素，这与企业在推出新的产品或服务之前所做的“用户研究”具有一定的相似性。第二，将理论研究成果与亲环境行为教育实践加以整合。关于亲环境行为发生机制和影响因素的研究可以帮助学校和社区教育者站在心理和行为科学的角度去理解亲环境行为的促进因素和阻碍因素，进而在设计教育或干预方案时充分考虑这些因素，使其更具有针对性和有效性。

以往的亲环境行为的研究对象以成人群体为主，即探讨成人在日常消费、公共活动空间以及社区自治等议题上针对社会环境和生态系统所表现出来的积极关注和行动立场。成人的亲环境行为概念范畴涉及从个人健康、家庭、社区到整个社会乃至由全人类利益所组成的嵌套式系统，但青少年亲环境行为的内部结构可能与之不同，尚有待进一步研究挖掘。对于青少年的亲环境行为，以往研究较多的关注此类行为的“亲社会性”，即探讨青少年在社会交往和群体适应过程中针对人文和社会环境所做出的积极行动，亲社会行为旨在提升人际关系和群体适应水平，且具有利他性特征，在行为范畴上尚未扩展到更为宏观的环境议题。事实上，相比年长的社会成员，青少年与环境问题的利益相关度更高，因为他们将有更长的时间去面对人类社会过去和当下针对环境犯下的错误，并对此负责。但已有研究者发现，在面对环境问题所带来的威胁时，青少年的反应并不相同。一部分青少年的公民参与意识、个体责任归因以及集体效能感会得到提升；而另外一些青少年则对环境议题反应消极、态度冷漠，甚至表现出排斥和拒绝（Doherty and Clayton, 2011; Reser and Swim, 2011）。因此，青少年在发起亲环境行为过程中可能会受到更为复杂的动机因素的影响，青少年自身认可的亲环境行为也可能与成人有所不同。这种复杂性和独特性将促使研究者去构建一个更为全面的理论体系去理解青少年的亲环境行为。

（二）亲环境行为干预的两大内涵

在青少年亲社会行为干预的视角下，上述关于亲环境行为的多维模型可以整合出两方面的内涵：公共性内涵和生态主义内涵。前者涉及如何提升青少年在公共性内涵下的意识和行动，这反映了与人文社会环境有关的亲社会提升诉求；后者则涉及青少年在环境保护和生态促进等议题上的积极态度与行动，这反映了与自然生态环境有关的亲社会提升诉求。以上与人文和自然环境有关的议题使得亲社会行为从“社交友好”取向拓展到“环境友好”的取向，进而将“亲环境”理念与传统的“亲社交”整合到一起，丰富了亲社会行为的概念类属范畴，形成一个更为广义与全面的亲社会概念结构。从干预实践的角度来看，这里的“环境”既涉及人文社会领域，也涉及自然生态领域，因而上述拓展路径需要重点关注亲环境行为在“公共性”和“生态主义”这两方面的内涵。

第一，亲环境理念中的公共性内涵涉及青少年在寻求个人发展与社会适应的过程中所不可或缺的集体行动意识和公共参与能力（Caprara et al, 2014)，也就是旨在构建与维护良性的人文社会环境的亲社会行为，比如在公共生活领域中通过发起或参与特定类型的社会组织来倡导或推进相关议题和行动，旨在提高公共福祉（Paillé and Boiral, 2013；Rice, 2006）。公共性是青少年发展社会性、培育健康人格，并达到良好社会适应状态的重要品质，公共性的表层含义是个人对不同利益的关照与维护，包括家庭、社区、社会组织与机构乃至整个社会的利益。而其背后的深层含义则关乎内在自我的调节功能：(1) 如何超越自我中心主义（egotism)，将自我与他人融为一体；(2) 如何处理利己取向和利他取向之间的矛盾，在个人利益和公共利益之间实现和解与协调（Krebs and Van Hesteren, 1994)；(3) 如何在社会互动中产生更多的爱与宽恕、更多的整合性立场，并尽可能减少自我防御带来的困扰（Bauer and Wayment, 2008)。因此，公共性的塑造和养成在本质上还是要解决一个又一个微观个体的问题，帮助他们建立自我理解（self-understanding）和自信（self-confidence)，最终锻造出强大而平和的自我（quiet ego)。在基于公共性内涵的亲环境视角下，亲社会行为干预的作用和使命就是帮助青少年学习如何参与并融入公共议题中去，比如促进他们在社区发起或参与特定的组织与项目来倡导并推进公益、环保和救助等行动。通过这样的训练与实践来培养青少年的公共精神、提升青少年的自我调节能力，帮助青少年学会理解与协调个人利益与公共利益之间的关系，最终向社会输送具备上述品质的合格成员。

第二，亲环境理念中的生态主义内涵与保护、提升或优化自然环境质量的亲社会能力有关。在态度与认知层面上，生态主义内涵涉及人们在生态保护和人类永续发展等议题下对环境现状和问题的关注与责任归属、对全人类乃至整个地球生态圈的生存与发展所持有的积极态度以及亲环境的自我概念等（Cottrell, 2003；Leung et al. , 2015)；在意识与行为层面上，生态主义内涵涉及人们为了降低生态伤害、保护自然资源以及提升环境质量而采取行动的意愿、实践，比如为改善环境而提供支持，在家庭和社区等个人生活领域的节能环保行为（Jensen, 2002；Ehrlich and Kennedy, 2005)、在公共商业领域的环境友好型消费（Kaiser and 2000)，以及通过倡导亲环境的集体行动以构建公共生活，促进教育目标的实现，并构筑亲环境的文化传统（Meyer, 2015；Leung et al. , 2015）。在环境议题上，青少年是重要的利益相关者（critical stakeholder）。针对青少年亲环境行为的引导、干预和教育就显得尤为重要。在基于生态主义内涵的亲环境视角下，亲社会行为干预的主要目的是帮助青少年建立或改善针对生态保护的积极态度，强化对生态环境议题的关注与生态保护的责任感，以及在日常生活、消费选择和社区互动等领域培养生态保护的方法和技能。

（三）亲环境行为干预的内容框架

针对青少年的亲环境行为干预应充分考虑上述两大内涵，并通过具体的干预课程或团体/小组活动来实现。在设计亲环境行为干预的内容框架时应考虑到两个方面。第一，亲环境生态主义内涵视角下的“环境行为”训练。这方面的训练更为直接和有针对性，主要聚焦于和青少年学习和生活密切相关的环境问题，并据此开展相应的引导和训练。这些问题涵盖了青少年在学校和社区生活场景中的诸多方面：(1) 怎样合理地使用能源？比如家用电器的安全使用规范、节能省电的方法和技巧以及低耗能电器的选购方法等；(2) 怎样合理使用化学类生活用品？比如清洁剂、洗衣粉和杀虫剂等生活用品的选购方法、投放和丢弃规则等；(3) 如何处理生活垃圾？包括垃圾分类的知识和技能、废旧物品的循环利用以及一次性物品的使用范围和循环利用等；(4) 如何实现低碳且高效的出行？包括公共交通工具的选乘策略、新能源交通工具的知识普及等；(5) 怎样劝说周围人改变破坏环境的生活习惯，进而做出更多的亲环境行为？这涉及社会心理学中的人际互动理论和劝说与态度改变原理。以上五方面涵盖了节能、有害物质的处理、垃圾分类与循环利用、低碳出行等方面的亲环境行为要素，同时涉及具体行为以外的社会性内涵，也就是旨在提升共同意识和共同行动的亲环境人际促进。劝说不但可以在人际层面上促进亲环境发生的概率，而且可以为更大范围内形成亲环境的规范乃至文化奠定基础。

第二，亲环境公共性内涵视角下的“公共意识”训练。根据“群体亲社会行为干预要点”，这里的“公共意识”训练是群体亲社会行为干预在环境议题上的具体实现形式，因此在社会行动和社会合作这两方面的训练与群体亲社会行为干预是相通的。在与环境保护和生态促进有关的议题上，行为干预应强调社会共识的建立（通过干预来提升青少年对环境与社会、环境与自我之间关系的觉察和感知，理解并维护环境恶化威胁下的人类社会亟须重建的价值体系与行为规范）、社会合作的培育（通过干预来培养青少年合作解决问题的能力）以及社会行动的集合（通过干预而凝聚青少年社群，使其成为社区中的重要团体，并在包括环境议题在内的一系列社区事务中发挥作用），青少年公共意识的形成对于包括环境保护在内的许多社会发展议题都具有重要意义，这也是学校教育体系以外不容忽视的一项重要工作。对于正处在心理、社会性发展和健康人格培育关键阶段的青少年来说，这些看似与环境议题关系不大的工作恰恰蕴含着更为深远的社会意义。作为公共生活领域内的紧迫问题，环境恶化和生态危机为青少年群体在亲环境行动中体会公共精神、在合作中培养群体意识提供了一个现实入口。在针对环境议题的公共意识训练中，环境危机既是当前亟待解决的现实问题，也是实现更为长远目标的手段。如果问题解决的同时又实现了青少年公共意识的培育目标，那么这个层面上的行为干预则无疑会发挥一石二鸟的作用。

第四篇

青少年亲社会行为的社区干预实践

根据学术研究和教育评价的证据可知，亲社会行为在青少年心理发展过程中发挥了不可忽视的积极作用。那么，如何促进青少年的亲社会行为，并使该类行为在青春期的积极效应得到最大、最好的释放？这是所有与青少年相关的教育、科研或社会服务领域都需要面对的一个重要的实务问题。

鉴于学校在空间配置、课程资源、专业人才以及组织调动能力等方面的优势，亲社会行为促进在当前的主要实现形式是学校德育或学校心理健康教育框架内所开展的亲社会认知训练和行为干预，这种训练和干预的内容较多地集中在同伴社交和学校群体适应等议题上，操作方法则以整班授课为主。尽管具有明显的优势，但学校模式依然存在一些局限，比如班级固有气氛对干预对象选取的影响、教师的主观偏好或偏见对干预效果的影响、同班或同校的内群体范畴对跨校同伴交往和社区青少年互动的限制等。此外，在面向青少年的学校教育框架内，学校干预方法的核心理念来自团体心理辅导，主要聚焦于直接而显著的群体问题解决和个人提升等目标。但从青少年社会化的宏观角度来看，除了要解决当前的现实问题，亲社会干预还应考虑到更为长远的社会议题，包括社区青少年互助群体的建立与培育，以及亲社会文化的构建与发展等。

因此，传统的学校干预模式在内容和方法上都需要进行深入的拓展，使其能够更好地适应青少年成长的真实环境。本书将在接下来的章节中深入探讨亲社会行为干预从学校模式向社区模式拓展的必要性与可能性（第八章），基于在广州市黄埔区开展的两轮干预实践来考察社区干预课程和社会工作者介入方法的效果（第九章），最后根据在中山市某小学的验证性干预实践来对上述课程进行进一步的反思与修订（第十章）。

第八章
青少年亲社会行为干预的整合模式

引　言

青少年正处在生理发育、心理发展和社会化的关键时期，这一时期要面对并适应来自不同领域的挑战，借以完成一系列关键性的发展任务。首先要适应的是伴随着生理成熟、认知能力和情感能力的不断提高而出现的自我觉察、自我建构和实现自我同一性的挑战，旨在发展出清晰的自我意识和健康的自尊结构；其次要适应从家庭进入学校、从亲子关系走向同伴及师生关系的过程中出现的人际交往与关系营建方面的挑战，这个层面上的良好适应则会帮助他们更好地理解风格迥异的交往对象，并在不同的关系结构之间进行娴熟的切换；最后还要适应从同伴群体社会化迈向公民社会化的过程中出现的挑战，进而实现个体与群体、自我与社会规范以及个人生活与自然界生态圈的和谐相处。挑战与适应并进的路线反映了青少年在个性、社会性发展以及健康人格和公共精神的养成过程中需要完成的发展性任务，这些任务的完成质量则会影响其成年之后的社会认知风格、问题解决策略和社会互动模式，甚至会在群体层面上塑造未来社会成员的总体素养和人文底色。因此，如何将这些发展性诉求整合到针对青少年的社会教育框架中去，使得青少年得到更为全面、系统的影响和促进——也就成为研究者持续关注的热点。

在这个背景下，一系列与青少年社会性发展密切相关的议题从学术界进入学校教育的实践领域，并实现了理论研究成果面向教育一线的输送和转化。其中最具代表性和影响力的是针对青少年的亲社会行为（prosocial behavior）在概念表征、行为测评、心理机制以及德育干预和促进等方面的研究（Carlo and Randall，2002；寇彧、张庆鹏，2006；张庆鹏、寇彧，2011）。研究者普遍认为，亲社会行为涵盖了一系列具有利他性和社交性属性的行为类别（Eisenberg and Miller，1987；Greener and Crick，1999），具体包括诸如助人、分享、安慰、合作、捐助以及志愿者行为等。亲社会行为及其背后的心理动力过程，反映了青少年的自我和社会性发展在学校生活中所能达到的最优状态，这种状态涉及自我意识的觉醒和自我能量的增长、积极的同伴关系以及良好的同伴群体适应。以提升这种状态为目标的亲社会品质培育和亲社会行为塑造成为提高青少年社会适应能力、促进其社会性和健康人格发展的有效实现形式，据此而建立的亲社会干预模式也逐渐成为一种成熟可靠的方法而得到不断的推广。但是，学校德育背景下的亲社会干预模式在内容和方法上尚存在一些局限，比如干预内容强调在学校场景下的同伴交往和群体适应等议题，而相对较少关注学校以外的社会生活场景，包括公共生活领域的规则学习和社交训练、从“亲社交”延伸到“亲环境”的意识和行动等；再比如干预的方法局限于自然班分组下的团体心理辅导模式，而对于以基层社群共同需求为导向的小组建设和社区服务等工作方法则鲜有尝试。鉴于此，本文将在梳理现有的亲社会行为研究的基础上，探讨如何拓展现有的学校干预模式，并基于这种拓展路径来构建青少年亲社会行为干预的整合模式。

一 亲社会行为的学校干预模式：优势与局限

（一）学校干预模式的优势

青少年的亲社会行为被界定为“能够给他人带来好处、并且能够促进交往双方建立和谐关系的行为”（Eisenberg and Miller, 1987）。研究者通过对在校初中生的深度访谈发现，青少年最认同的亲社会行为是具有体力和精神支持功能的帮助行为，尤其是发生在同伴之间可以凸显社交性和群体性的友好行为（寇彧等，2004）；进一步的研究发现，青少年亲社会行为的概念表征结构包括四个维度，即利他性、特质性、关系性和遵规公益性（寇彧、张庆鹏，2006）。这个结构反映了青少年社会互动中的“好行为”的本质，也就是在利他性连续体上提升个人特质、改善人际关系以及促进社会公共利益的积极行动。当我们在教育实践领域探讨如何通过系统干预来促进青少年的社会性发展、增强其社会适应能力等议题时，亲社会行为的概念表征结构可以为我们提供思路和方向。据此制定的干预目标则可以回应素质教育中关于青少年个性、社会性发展和健康人格培育的诉求，这些诉求并不仅限于提升青少年个体的利他性品质、营造青少年群体的互助气氛，更重要的还在于帮助青少年更好地适应学校生活，并能和社会环境展开良性的互动。中小学现有的德育和心理健康教育体系可以为实现上述目标而提供保障，这种保障在三个层次上反映了学校干预模式的优势：第一是自我提升的层次，包括自我概念的澄清和基本价值取向的建立（金盛华，1996；聂衍刚等，2007；林崇德，1998；杨雄、黄希庭，1999），正规、完整和可持续的学校教育环境可以为青少年形成稳定的自我同一性和价值观体系提供必要的基础和资源；第二是社交提升的层次，包括同伴交往中的情绪识别、积极情感关注和情绪控制等能力的提升（Zahn-Waxler et al.，1992；寇彧等，2006），以及人际冲突的应对策略（王磊等，2005），学校为同伴之间的频繁接触和互动提供了独立的物理空间，使青少年能够充分发挥其社交技能；第三是群体社会化的层次，涉及同龄群体内部的所有显性和隐性的规范，以及青少年对这些规范进行理解和学习，进而适应群体要求和实现群体社会化的过程（陈会昌、叶子，1997；李萌、周宗奎，2003）。

总之，学校根据知识传授和规范养成目标所建立的各种规制将青少年有序地分配到各自的年龄组（年级）中去，因而为上述过程的实现提供了可能。这表明学校可以为亲社会行为干预目标的达成提供必不可少的环境支撑和制度保证，学校在环境设置、组织动员、榜样示范等方面具有明显的优势。与家庭和社区干预相比，学校更具有组织和系统化，具有更强的仪式性和目的性，所以在管理和干预方面的效果是显著的。鉴于这些优势，研究者和学校教育工作者在青少年亲社会行为的促进方案和干预策略方面积累了丰富的理论和经验，内容涉及自我意识、人际关系、情绪胜任力、价值观、感恩、未来生涯规划等方面的培育和训练（王磊等，2005；寇彧、王磊，2003；杨晶等，2015；寇彧、张庆鹏，2017），这些成果使得亲社会行为干预逐渐成为中小学德育课程的重要组成部分。

（二）学校干预模式的局限

亲社会行为的学校干预模式更多地关注于青少年在校园生活场景中的发展性议题，并通过干预改善同伴关系、减少攻击行为，促进青少年在学业上表现得更好（Eisenberg et al.，2006；Kokko et al.，2006；Caprara et al.，2000）。以往研究对同伴群体中的社交性议题尤为看重，并将提升个体社交能力和提升群体内人际关系质量作为亲社会行为干预的逻辑起点。据此着重考虑与同伴群体社交有关的社会情绪能力和社会关系的促进机制（Schonert-

Reichl et al.，2012；Lewis and Sugai，1996；Harjusola-Webb et al.，2012）。这就使得干预理论和实务的发展出现了“有限的精细化”趋势，也就是将亲社会行为干预局限于学校生活场景下的人际交往与同伴群体适应等方面，并不断深入、细化，而对于除此之外的议题则关注得相对不够。由此使得学校干预模式在内容和方法层面上都面临一些局限。

1. 干预内容框架的局限

首先，学校干预模式的背景忽略了校园以外的同伴群体类型和成人社会生态中的人际交往场景，比如临时接触的游憩、消费和娱乐等场景以及长期接触的社区等。但这类被称作“社会微环境”的场景对青少年心理发展的影响同样是非常重要的（辛自强，2007），因而基于这类场景对青少年施加亲社会的教育或干预也是必要的。在忽视社区生活场景的情况下，学校在亲社会行为干预的内容框架中难以包容到更大的环境异质性，因而也就难以容纳诸多微环境类型的流动性和易变性。

其次，亲社会行为的本质是一个基于利他性特征向个人品质（特质性维度）、人际关系（社交性维度）和社会规范（遵规公益性维度）这三个方向扩展的社会行动集合体，其背后隐含了个体在能动性和社交性路径上的自我增强需求（张庆鹏、寇彧，2012）。现有的亲社会干预理论重视培育和提升前两个方向的能力。尽管在第三个方向上的规范学习与社会性发展同样是关乎青少年成长的重要因素，但该因素在学校干预的内容框架中并未得到足够重视。实际上，这个方向既涉及如何改善社会生活的人文环境、促进形成公共精神的规范和行动，也涉及如何改善人类发展的自然生态环境、促进形成生态文明的规范和行动。这两个方面综合地反映了“亲环境行为”（pro-environmental behavior）的本质特征，这也表明亲环境行为是构成亲社会行为的重要因素，因而针对人文社会环境和自然生态环境展开的教育和干预实践也就同样是不可或缺的。

2. 干预方法体系的局限

从亲社会行为干预的方法体系来看，学校干预模式也存在一些局限。首先，学校模式采取整班抽样的方法来划分干预组和对照组，由于自然班建制的原因，不同班级之间的亲社会行为基线水平是存在差异的，这种组间差异导致的不同质问题会使得班级之间的比较很难清晰地分离出干预的效应。尽管有的研究者在统计分析中通过协方差统计的方法来控制这种差异（杨晶等，2015），但是组间不同质的问题会随着班级的动态成长而不断被强化。与此同时，班级内部的同质性也会不断增强，这就使得组间比较的结果中混入了许多干预操控以外的因素。比如，基于同伴互动和师生互动所组成的班级生态系统会产生特定的班级文化，并在时间维度上对青少年产生动态的影响（陈斌斌、李丹，2008），班级生态系统在青少年群体社会化进程中塑造了与亲社会行为体系密切相关的群体适应法则，其中还包括对不受欢迎的、非适应性和反社会行为的淘汰机制。在这种情况下，基于同一班级的前后测比较也难以准确判断干预本身所发挥的作用到底有多大。因此，针对整班的亲社会行为干预效果是与班级生态系统的动态塑造效果整合在一起出现的，这也就成为基于班级的分组方法难以避免的一个问题。

其次，在干预研究中，学者一般会在学校中与教师合作，通过对教师的培训使其成为组织和管理干预活动的主体，这样做能够节省干预研究的人力成本，提高工作效率。为了避免偏差，研究者在干预设计中采用双盲法，不向教师透露干预分组和干预目标等信息，尽量避免教师的主观预期和带有诱导性的暗示对干预结果的影响。尽管如此，学校场景下的师生关系和全天候互动模式使得教师难以完全做到客观中立，教师对学生的影响很难从干预课程本身剥离出来。由于教师和学生朝夕相处，他们有很多机会观察到学生的持续变化（Schonert-Reichl et al. , 201），并在干预课程和其他课程的教学或管理过程中“配合”这种持续变化的趋势，教师本身成为附加在干预课程上的重要影响因素，使干预效果成为课程和教师共同作用的结果。因此，作为干预主体的教师恰恰是制约干预成效检验的一大局限。

另外，同伴的影响也存在同样问题。在已有关系质量的影响下，班级中的同龄伙伴可能会和教师一样对干预课程产生一定的前设性假定（例如“亲社会训练课程会改善同学之间的关系”）。这种假定会作为某种暗示性线索融合到同伴交往的过程中，并对干预效果产生干扰。班级同伴关系还会影响亲社会行为干预效果评估的可靠性。由于处在同一个社交圈，同班同学在日常学校生活中会进行频繁、深度的人际互动，并形成合作、互惠的交往模式，这种模式随着年级的增长而趋于稳定，最终形成了一个内群体偏好的社交环境。在进行亲社会干预效果评估时，同伴间的互相评价会受到社交环境的影响，这种影响一方面来自个体对整个社交群体背景的考虑，为了获得同伴群体的持续接纳、维持自己在群体内部的名望和声誉，评价者需要借助这个机会向群体展示自己友善、不苛刻的形象，从而给对方做出较高的评价；另一方面来自个体对同伴交往规则的考虑，为了在未来的类似场景下得到同伴的积极评价，评价者倾向于高估对方的亲社会行为。此外，如果评价者本身也参与干预课程，那么自身的成长与变化也会使他们对亲社会行为的理解与态度发生改变（杨晶等，2015），进而使评价的标准出现偏差。

最后，基于“前测 - 后测”对比的方法来评估干预效果的做法也存在局限，心理测验选取的是几个时间点，并基于这些孤立的点切入立体的社会现实之中，由此得到一个横切面。研究试图基于这个面来了解事件的真实情况或当事人的真实想法。但是，单次或首尾两次的测试均无法全面反映持续进行中的干预过程，无法描绘个体在此过程中的连续变化以及隐含在这种变化背后的趋势或规律。如果为了获取连续的数据，则必须在干预过程中增加测试的次数，而此举又会干扰和破坏干预的完整性，使其原有结构发生改变，并且很可能会使干预对象将测试解读为干预的一部分，从而在作答过程中因受到这些解读的暗示而出现偏差。

综上可知，亲社会行为的学校干预模式是目前促进青少年亲社会行为的主要实现形式，学校的规范组织与管理、专业的教师资源、辅助干预实施的成熟建制以及可以方便调用的同龄群体样本为亲社会行为干预课程的实施提供了充分的保证，从干预实践的成效来看，基于学校背景的亲社会行为促进策略在现行的德育体系中也是切实可行的（杨晶等，2015）。尽管优势是明显的，但学校干预同时也在内容和方法等方面存在一些局限。针对这些局限，近年来的研究者提出了相应的改进策略，比如控制青少年的基线水平、自然成熟、生活实践、学校其他课程等的影响，采用更稳健的测量指标来衡量干预的效果，以此提高干预研究的说服力（杨晶等，2015）。然而这些改进策略并没有突破学校干预的框架，站在亲社会行为干预理论建设的角度来看，当前的干预体系尚存在进一步补充、提升和整合的空间，也就是突破现有的限制，在内容框架和方法体系上寻求新的拓展与整合。

二　从“社交友好”到“环境友好”的拓展：亲社会行为干预内容框架的整合

（一）亲社会行为干预场景由学校德育向社区德育的拓展

传统的学校干预模式强调青少年在同伴群体内的社交与适应能力，并潜在地看重由此带来的学生综合素质的提升，在此基础上的干预模式可归结到

“社交友好”的取向之下。这一语境下的“亲社会行为”可以更为准确地被表述为“亲社交行为”。就干预内容的背景而言，传统模式并未将视野投向学校和家庭以外的生活与社交场景，也没有更多的关注同伴、师生和亲子框架以外的关系类型。但事实上，对于青少年而言，公共生活空间内的各种微环境乃至更为广阔的自然生态环境，以及发端于这些环境中的人际互动过程和关系类型同样会构建出与其成长密切相关的物理和人文背景。有研究者认为，社会微环境所提供的具有物理特性的空间区域使青少年个体可以直接参与其中，并与他人发生频繁的互动；社会微环境可为青少年提供情绪调节、形成和表现同伴群体文化的场所和空间，并在青少年身心发展、品格养成、健康人格的培育以及群体社会化等方面发挥重要作用（辛自强，2007；张丽等，2007；池丽萍等，2009）。可见，学校以外的社会生活场景也是青少年心理发展的重要影响源。如果在微环境视野下探讨青少年心理发展的影响模式，社区范畴内所能够实现的管理、服务和教育功能是首要考虑的因素。相比公园、广场和商店等社会互动场所，青少年长期生活的社区能够包容更大的环境异质性，并能够囊括诸多微环境类型的流动性和易变性。这表明社区是青少年心理发展在学校和家庭以外的重要环境变量，更准确地说，社区在青少年的成长和发展议题上具有和后两者一样的地位和影响力。这也说明在社区范畴内开展亲社会行为干预同样是很有必要的。

（二）亲社会行为干预内容由“亲社交”向“亲环境”内涵的拓展

随着干预场景从学校延伸到社区，与之相关的亲社会行为在表现形式、类型和内涵等方面都会变得更加丰富多元，这就需要进一步拓展亲社会行为干预的内容框架。一方面是基于学校和家庭以外的公共生活经验所进行的拓展，即探索如何提升青少年在公共性内涵下的意识和行动，这反映了与人文社会环境有关的亲社会提升诉求；另一方面的拓展则涉及青少年在环境保护和生态促进等议题上的积极态度与行动，这反映了与自然生态环境有关的亲社会提升诉求。以上与人文和自然环境有关的议题使得亲社会行为从“社交友好”取向拓展到“环境友好”的取向，进而将“亲环境”理念与传统的“亲社交”整合到一起，丰富了亲社会行为的概念类属范畴，形成一个更为广义与全面的亲社会概念结构。从干预实践的角度来看，这里的“环境”既涉及人文社会领域，也涉及自然生态领域，因而上述拓展路径需要重点关注亲环境行为在“公共性”和“生态主义”这两方面的内涵。

第一，亲环境理念中的公共性内涵涉及青少年在寻求个人发展与社会适应的过程中所不可或缺的集体行动意识和公共参与能力（Caprara et al.，2014），也就是旨在构建与维护良性的人文社会环境的亲社会行为，比如在公共生活领域中通过发起或参与特定类型的社会组织来倡导或推进相关议题和行动，旨在提高公共福祉（Paillé and Boiral，2013；Rice，2006；Larson et al.，2015）。公共性是青少年发展社会性、培育健康人格并达到良好社会适应状态的重要品质，公共性的表层含义是个人对不同利益的关照与维护，包括家庭、社区、社会组织与机构乃至整个社会的利益。而其背后的深层含义则关乎内在自我的调节功能：（1）如何超越自我中心主义（egotism），将自我与他人融为一体；（2）如何处理利己取向和利他取向之间的矛盾，在个人利益和公共利益之间实现和解与协调（Krebs and Van Hesteren，1996）；（3）如何在社会互动中产生更多的爱与宽恕、更多的整合性立场，并尽可能减少自我防御带来的困扰（Bauer and Wayment，2008）。因此，公共性的塑造和养成在本质上还是要解决一个又一个微观个体的问题，帮助他们建立自我理解（self-understanding）和自信（self-confidence），最终锻造出强大而平和的自我（quiet ego）。在基于公共性内涵的亲环境视角下，亲社会行为干预的作用和使命就是帮助青少年学习如何参与并融入公共议题中去，比如促进他们在社区发起或参与特定的组织与项目来倡导并推进公益、环保和救助等行动。通过这样的训练与实践来培养青少年的公共精神、提升青少年的自我调节能力，帮助青少年学会理解与协调个人利益与公共利益之间的关系，最终向社会输送具备上述品质的合格成员。

第二，亲环境理念中的生态主义内涵与保护、提升或优化自然环境质量的亲社会能力有关。在态度与认知层面上，生态主义内涵涉及人们在生态保护和人类永续发展等议题下对环境现状和问题的关注与责任归属、对全人类乃至整个地球生态圈的生存与发展所持有的积极态度以及亲环境的自我概念等（Cottrell，2003；Leung et al.，2015）；在意识与行为层面上，生态主义内涵涉及人们为了降低生态伤害、保护自然资源以及提升环境质量而采取行动的意愿及实践，比如为改善环境而提供支持，在家庭和社区等个人生活领域的节能环保行为（Jensen，2002；Ehrlich and Kennedy；2005）、在公共商业领域的环境友好型消费（Kaiser and Biel，2000），以及通过倡导亲环境的集体行动以构建公共生活，促进教育目标的实现，并构筑亲环境的文化传统（Leung et al.，2015；Meyer，2015）。在环境议题上，青少年是重要的利益相关者（critical stakeholder)。青少年要为人类社会过去和现在针对环境所犯下的错误承担责任。但是研究者发现，在面对环境问题所带来的威胁时，青少年的反应并不相同。一部分青少年的公共参与意识、个体责任归因以及集体效能感会得到提升；而另一部分青少年则对环境议题反应消极、态度冷漠，甚至表现出排斥和拒绝，亲环境行为的意愿也低于成人（Doherty and Clayton，2011；Reser and Swim，2011；Gronhoj and Thogersen，2012）。因此，针对青少年亲环境行为的引导、干预和教育就显得尤为重要。在基于生态主义内涵的亲环境视角下，亲社会行为干预的主要目的是帮助青少年建立或改善针对生态保护的积极态度，强化对生态环境议题的关注与生态保护的责任感，以及在日常生活、消费选择和社区互动等领域培养生态保护的方法和技能。

综上，基于社会环境视角下的公共性内涵和自然环境视角下的生态主义内涵，亲社会行为干预完成了由“社交友好”取向到“环境友好”取向的拓展，进而囊括了学校场景下的同伴社交技能训练和社区场景中的亲环境行为训练，实现干预内容框架的整合。

三　从团体心理辅导到小组社会工作的拓展：亲社会行为干预方法体系的整合

在对内容框架进行拓展与整合的基础上，亲社会行为干预的方法体系也面临相应的调整与改良。鉴于学校干预方法所存在的局限，社区干预视角下的方法拓展主要包括三个方面。

（一）亲社会行为社区干预对象的选取

在学校干预模式下，干预对象是通过整班选取的方法来确定的。由于在班级动态成长过程中，不断强化的组内同质性和组间异质性会增加不同班级在亲社会基线水平方面的差异，而来自教师的预期和暗示也会强化这种差异，进而减弱了亲社会行为干预的效度。整班抽取简化或忽略了每个班级成员的特征和个性化需求，这就使得集体辅导的干预模式难以收到更有针对性的成效。为了弥补这一局限，对于干预对象的抽取应跳出学校班级建制的框架，将亲社会干预研究的目标从原先在“群体改变”的视角下强调班级的整体提升调整为——在“问题解决”的视角下，强调有针对性地指向每个群体成员的主要问题和独特需求，并基于每个微观个体的成长而实现自下而上的群体成长。这里的群体不再是教学班级，而是在同龄群体的层面上，结合教师的意见，围绕那些处在社会性发展水平后20%的青少年而组建的，这种类型化群体甚至可以在社区范围内进行跨校选择。问题解决导向下的抽取方法更容易集中一批具有共性的问题，使得干预更有针对性。基于干预目标的调整，我们对于干预成效的理解也就从原先单维模式下的群体改变、整体提升调整为个体成长累积下的群体改变，也就是兼顾个体和群体这两个层面上的收益。

（二）亲社会行为社区干预的实施

亲社会行为的学校干预一般被嵌入学校已有的德育或心理健康课程体系中，具体的实施方法是由教师主导下的团体心理辅导。随着亲社会行为干预对象组成和抽取方法的拓展，干预课程的实施过程和实施主体也要随之进行调整。从亲社会干预的价值取向来看，学校模式下常用的团体心理辅导可以部分地回应上文中提到的"基于个体成长的群体改变"这一主旨，根据亚洛（Yalom）1995年对团体心理辅导疗效因子重要性的排序可知，最能反映团体心理辅导价值的是输入性人际学习（来自他人的评价与观感）、情绪宣泄（通过表达感受来改善情绪体验）以及团体凝聚力（通过集体活动获取群体归属感）。这三个最重要的疗效因子反映了团体心理治疗最基本的专业使命，即"团体能够为个体做什么"，或者"个体可以在团体中收获什么"。可见团体心理辅导主要强调个体的治愈或成长，其基本的工作路线是"个体（个体间互动）→团体（团体建设和团体功能的发挥）→个体（问题解决）"，强调通过团体的建设和成员的互动，最终解决个体的心理问题、提升个体的心理健康、实现个体的福祉。

但是，对个体层面投入较多的关注会在一定程度上削弱团体心理辅导在群体建设和群体成长方面的效能，使其在促进青少年群体持续成长方面遇到一些困难。这就需要我们在干预课程的组织与实施过程中寻求更为多样、灵活的方法。相比之下，社会工作可以在学校生态系统中扮演教育、合作者和沟通协调者的角色（时怡雯、倪锡钦，2016）。社会工作专业体系中的小组工作方法可以弥补上述局限，小组建设既是手段，也是目的，其基本的工作路线是"小组（基于生活共同体或专业共同体组成和建设小组）→个体（小组成员间通过互动获得权力，修复或完善社会功能）→小组（基于群体性增权的自组织能力和自适应能力得到提升，小组成为具有再生能力和造血功能的社会单元，最终成为健康、成熟社会的重要基石）"。因此，在小组社会工作的技术语境下，小组的意义不仅局限于解决当前具体的问题，其工作价值也不局限于微观个体的改变与成长。社会工作强调通过组内互动来促进成员间建立相互信任和相互影响的人际关系，随着关系模式的持续稳定，小组的功能得到不断的完善，最终可以建立一个具有自主调节能力和适应能力的小组，实现群体层面上的增权目标（陈树强，2003），与之同步实现的是身处其中每一位个体的成长与获益。青少年小组增权的路径涉及两个步骤：一是通过成员之间的互动，发展每个人的权力感和自我效能感，并由此构筑建设性和支持性的人际关系框架，实现人际层面上的增权；二是通过发展群体意识和群体共识，开发小组动力、提升小组功能，实现群体层面上的增权。在社会工作的增权视角下，小组工作承担了比团体心理辅导更多的“群体建设”任务，其背后隐含的是权力的生成、增长与巩固，以及基于群体功能改善而实现的社区品质提升。因此，与团体心理辅导侧重于个体心理症状的治疗性价值取向相比，小组社会工作的专业价值更多地体现了宏观层面上的系统性特征和建设性内涵。

拓展后的亲社会行为干预方法框架可以整合团体心理辅导和小组社会工作，在此基础上，干预实施的主导者也由教师转变为社会工作者，并具体表现为“社会工作者 + 研究者 + 学校”的三合一操作形式。基于高校研究团队在亲社会行为概念、测评和干预等方面的研究基础，借助驻校社会工作者的社会服务平台实现成果转化。中小学的角色由“在地组织者和直接参与者”转变为“场景和资源的提供方”，从而弱化了学校的管理性指导和对干预内容的框架性规制，避免了教师直接参与带来的偏差，使学校从被动的组织者转变为主动的观察者和反思者，同时强调青少年自身的主体性需求以及干预小组的建设性和成长性诉求。

（三）亲社会行为社区干预效果的评估

学校干预模式在进行效果评估时，一般采用的是点对点的“前测 - 后测”或“干预组 - 对照组”量化比较。这种评估方法主要依据三个假设：（1）干预对象最初的亲社会水平低于干预内容框架所设定的预期水平；（2）在前后测的时间点之间，干预效果会呈现出线性的变化模式；（3）干预组和对照组具有同质的基线水平，对照组在干预实施期间的亲社会发展可以被忽略不计。事实上，在社会生态系统中，青少年发展水平的内部差异是复杂而多样的，依据抽样群体平均数及其在孤立且少数时间点上的变化趋势来对干预效果进行量化描述的方法难以准确揭示这种多样性，因此上述假设带有明显的简单化和理想化特点。首先，单次前测描述了干预组基线水平在一个时间点上的状态，基于这种非连续数据很难准确判断干预对象的亲社会水平是否低于预期水平。干预的真正目的并不是在平均趋势的层面上改善数据，而是要寻求每一位个体针对现有水平的提升或改良，因此即使数据支持基线水平低于预期水平的假设，其实际的意义也是有限的。其次，当研究者尝试描述干预效果的线性趋势时，孤立的点对点比较不具备动态性和连续性，所以无法触及对象在干预过程中发生的变化，很难获取关于干预效果的线性趋势，因而基于线性假设得出的干预结论也是有风险的。最后，量化干预理论认为，前测数据可以支持或推翻干预组和对照组之间的同质性，如果前测证明两组是同质的，那么后测出现的组间差异就可以被认为是由干预所引起的。但是，上述逻辑无法排除另一种可能，即由于干预研究做不到像实验研究那样严格的控制，只能达到准实验设计要求的弱控制，对照组的亲社会水平在干预期间也会有提升（基于环境、教育和自身成长等因素），但对照组没有接触到干预课程所隐含的话语和内涵，因而同样可能在后测数据上表现出落后于干预组。很明显，这样的组间对比即使符合统计学要求，但其背后的逻辑也是站不住脚的。

针对量化评估方法的问题，有的研究者指出，质性的评估方法同样可以为干预研究的效果评估提供实证依据，使学校干预成为有据可信的实践活动（evidence-based practice）。因此应该将质性研究的理念和方法整合到量化方法体系中，即采用混合研究方法（mixed-methods research）来对干预效果进行评估（Nastasi and Schensul，2005）。这种理念同样适用于亲社会行为干预，如果在混合评估过程中整合量化和质性分析工具，则可以为干预效果的检验工作提供更加可靠且有效的依据。首先，量化研究根据孤立时间点上的前后测数据来判断干预效果的做法更容易造成极端值的出现，从而加剧测试状态的不稳定性，因而其可靠性是不足的。在混合评估的理念下，研究者可以借助连续的观察或访谈，在前后测之间收集可以描绘干预过程的质性资料，如果这些资料支持了干预对象状况在动态进程中的持续改善，则可以实现量化评估和质性评估之间的相互佐证，提高效果评估的可靠性（即信度）。其次，质性分析方法对于干预过程的描述和解读可以揭示青少年在干预课程作用下所发生的连续变化，并且挖掘出青少年群体在理解与应对干预课程时所表现出来的个体差异，甚至可以根据不同的变化模式对个体进行分类。如果将这些变化、差异和分类与干预的内容框架进行比对，则可以反映出干预内容在对象身上所产生的作用，以及干预本身之于青少年的意义。因此，质性分析可以巩固量化测试在考察干预效果时的有效性（即效度）。总之，质性研究方法可以获取更为连续、丰富和深入的信息，因而可以为量化研究提供必要的补充。由此可以在考察亲社会行为干预效果时由单一的量化方法拓展为“基于点对点测验的量化分析 + 基于全程记录的质性分析”的综合评估方法。

四　结论

亲社会的品质和行为反映了青少年在自我发展与社会性发展过程中的积极状态，亲社会行为干预是提高青少年社会适应能力、促进其形成健康人格的有效实现形式。目前的亲社会行为干预主要是在学校的德育和心理健康教育框架开展的，学校在环境设置、组织动员、榜样示范等方面具有明显的优势。但学校场景下的亲社会干预强调同伴社交能力的提升以及同伴群体范畴内的自我适应训练，因而限制了青少年探索与适应更为真实的社会和自然环境；学校干预采用的整班抽取方法难以有效排除班级生态等因素对干预效果的影响；由教师组织干预课程的做法则难以规避各种与干预目标有关的诱导与暗示。鉴于此，本文在干预内容和干预方法这两个层面上分别探讨了亲社会行为干预的拓展路径（见图 8 - 1）。第一，行为干预由学校范围内的同伴社交场景（亲社交）延伸到社区范围内的公共生活场景（亲环境），干预的内容框架也在亲环境的层面上进行两个角度的拓展：一是基于公共性的角度增加集体行动意识和公共参与能力的内容，旨在提升青少年在社区场景下的自我发展与社会适应能力；二是基于生态主义的角度增加自然环境保护的内容，旨在提升青少年对生态环境的积极关注并训练其环保技能。拓展以后的干预内容框架整合了学校与社区的生活场景，使得亲社会行为训练体系更加合理与完整。第二，鉴于学校干预模式所存在的局限，对干预的方法体系进行拓展，进而形成一套整合的干预方法框架，整合以后的方法框架包括三方面要素：一是在选取干预对象时整合了班级建制取向和实际需求取向的方法；二是在实施干预课程时整合了团体心理辅导和小组社会工作的方法；三是评估干预效果时整合了基于点对点测验的量化分析方法和基于全程记录的质性分析方法。

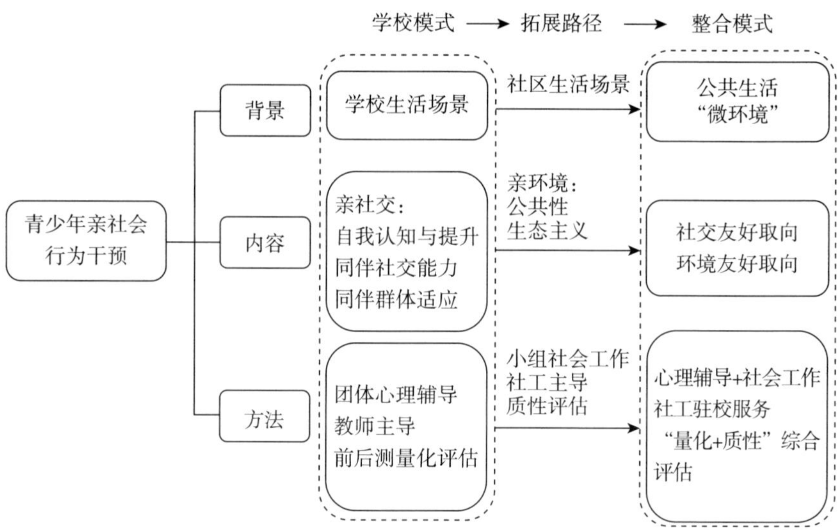

图 8－1 青少年亲社会行为干预的整合模式

第九章
青少年亲社会行为的社区干预实务

由上一章可知，当亲社会行为干预的视角从学校延伸到社区时，干预的内容框架和方法体系都要进行不同角度和不同程度的拓展。基于拓展后的整合模式，我们进一步开发出了符合社区提升需要的干预新方案。这套方案共四个主题，分别涉及自我成长、人际关系提升、群体适应和公共精神培育等内容。每个主题下面包括两次小组活动，作为相关主题的具体实现形式。通过广州市两所公立小学开展的小组工作实务，收集干预前后测数据以及过程观察文本，并基于这些资料考察了干预内容的有效性以及干预方法的可靠性。

一　亲社会行为的干预研究

（一）亲社会行为干预的理论基础

干预研究首先依据的是基于青少年亲社会行为概念表征结构确定的亲社会行为的基本维度，以及在此基础上进行的必要拓展。基本维度结构包括特质性、利他性、关系性和遵规公益性这四个要素，这个结构既揭示了亲社会行为在自我完善与提升、人际提升和群体适应等方面的内涵，也反映了青少年社会性发展、健康人格培育和积极行为习惯养成的过程中所必需的品质来源；在此基础上，我们将亲社会行为的范畴进一步拓展到社区层面上的公共性议题以及更加宏观层面上的生态主义议题。就干预实务的理论基础而言，亲社会行为概念表征结构及其整合模式可以为学校干预中具体课程的设计提供依据（寇彧、张庆鹏，2017），在学校干预的基础上，亲社会行为社区干预的框架主要依据四个层次展开，分别指向四个亲社会领域的提升，第一是自我提升，第二是人际关系提升，第三是群体和团队提升，第四是公共性和生态主义提升。

就干预实务的方法基础而言，则可以借鉴另外两个经典的社会心理学理论。第一个是社会学习理论。该理论是美国心理学家阿尔伯特·班杜拉（Albert Bandura）提出的。第一，他认为社会学习理论是三因素交互作用的过程：其中包括个人的认知、行为与环境这三个因素，以及三个因素交互作用对人的影响。在这个过程中，通过观察学习进行自我调整是重点。第二，直接经验与间接经验都能使人习得行为。在社会学习阶段，人会对别人进行观察和模仿以调整和修改自己的行为。但在这一阶段的学习可能会同时习得好行为和坏行为（Bandura，1989）。若青少年在消极的外在环境刺激下没有得到正确的引导，那么他们很有可能会习得不正确的问题解决方式，如采取攻击行为、干扰行为和消极忍让等。

而亲社会行为是积极的，是被社会所鼓励和倡导的。因此我们更加提倡通过同伴间不断的观察学习和相互促进来使青少年逐渐习得亲社会行为。在小组社会工作中，社会工作者为青少年提供一个轻松并自由的环境，在小组里的组员间的交流过程是一个互相学习、互相影响的过程，组员与社会工作者通过自己的语言和行为，为其他组员树立一个观察和模仿的榜样，同时，组员也通过间接经验，通过对别人的观察和模仿，使自己在一定程度上发生一些改变。在社区干预研究中，开展的小组本身对于青少年来说就是一种外在的干预，另外在小组内组员间的互动也是干预的一部分，因此社工通过亲社会行为干预小组的开展并加以对组员进行引导互动，从而引导青少年建立亲社会的思维习惯和行为模式。

第二个是社会交换理论。社会学家霍曼斯的“社会交换理论”认为：人际互动在本质上是一个交换关系的过程（佟丽君，1997）。这一理论深受英国古典政治经济学、马克思经济思想以及斯金纳行为主义思想的影响，它是从经济理性的角度出发，揭示人际交往、社会交换的最终目的是交换的双方各自获得最大利益。但利益包括物质上的和精神上的获得，只有当人们的精神和物质交换过程达到相对互惠平衡时，人际关系才能维系并处于一个和谐的状态。在亲社会情境下，我们一方面可以将发生在人群中的利他性互动看成是人际间的一种交换程序，其中既包括物质交换（现实资源的共享与互惠），精神交换（由助人引发的自我价值提升、人际关系提升以及社会声誉和地位的提升），还包括在更为抽象层面上的符号交换（仪式化的助人行为以及由此衍生出的社会和文化价值）。

以上三个层面上的社会交换使得亲社会行为成为一种兼具互惠价值和内化价值的社会规范，进而嵌入了社会互动的不同领域。就核心主旨而言，针对青少年群体的亲社会行为促进和干预最需要完成的是帮助他们树立理性助人和积极利他的观念，并能够在行动实践中将自我与社会协调起来，进而在自我成长的基础上学会合作分享、互惠共赢。

（二）亲社会行为社区干预的意义

第一，社区干预可以进一步丰富青少年亲社会行为干预的研究。目前的亲社会行为促进实践主要依托学校心理健康或德育课程平台，而对于社区服务资源和专业社会工作者介入方法的关注则相对较少。我们希望可以通过社会工作实务，与亲社会行为促进的理论与方法结合起来进一步去探究社区干预的理念和方法，以及可资推广的现实空间与可能性。此外还可以通过对干预成效的检验与反馈去不断修正干预方案，旨在不断拓宽亲社会行为培养的路径和机制，为青少年亲社会行为总体提升目标提供更多的思路，最后不断丰富关于青少年亲社会行为促进的理论体系，并使得干预实务得到不断的改善和提升。

第二，就实务工作而言，我们尝试将社会工作者小组工作和学校团体心理辅导结合起来，在中小学开展连续的亲社会行为干预课程，希望借助这个整合的模式将社会工作专业技巧和学校成熟的德育和心理健康教育结合起来，帮助青少年逐步建立基本的亲社会意识、逐步培养亲社会行动的习惯，进一步认识自己、了解自己，并不断增强对社会的理性认知，从而更好地学会与同伴、与成人交往，以及学会如何与环境和谐相处。

第三，青少年亲社会干预的整合模式以社区为桥梁、以社会工作为中介，加强了学校和家庭的深度联结。我们希望通过系统的亲社会行为干预课程，在青少年社会性发展和社会化等议题上引发学校、家长以及其他普通大众的共识。对于中小学生来说，高质量地完成学业、考入理想的初中、高中和大学固然是首要任务，但与此同时，如何培养健康的心态，如何学会与人相处、与自己相处，如何适应自我发展、人际交往和社会环境变化带来的新要求，这些问题同样是非常重要的，而究竟要怎样看待和理解这些问题，进而该用怎样的行动去回应或解决这些问题，同样会给青少年带来深远影响。

（三）青少年亲社会行为社区干预的可行性

早前人们对于“亲社会行为”的概念界定过于狭窄，多数着眼于探讨青少年如何做出对别人以及社会有益的行为，这往往很容易导致研究者忽视亲社会行为本身对青少年的教育作用，即重视利他性而忽视对青少年自身来说最本质的自利性。亲社会行为不仅仅能够使青少年自我得到提升与发展，同时也促进他们在进行人际交往时的行动技巧，进而促进整个社会的和谐发展，这也是不断激发青少年的亲社会行为的重要原因之一。

伴随着亲社会行为概念界定的逐渐完善，学者们进而考虑如何基于现有的研究来切实促进青少年的亲社会行为。大多数研究表明亲社会行为是可以通过干预习得的。寇彧等人（2003）认为进行干预的作用在于协助青少年建立亲社会行为模式，并且预防消极不良行为的出现。在青少年阶段，家庭和学校是他们最重要的生活场所，不仅因为他们在这两个场所度过的时间是最长的，还因为这两个系统环境的影响对青少年来说是十分重要的。随着年龄的增长，青少年在其中逐渐接触到不同类型与性质的人和事，并完成了社会化。家庭和学校为青少年自身发展奠定了重要基础（李丹，2001）。因此传统的干预途径通常会以家庭干预和学校干预为主：家庭干预强调父母的教养方式和亲子互动；而学校干预则侧重于教师德育工作或者是同伴群体内互动的促进（寇彧、王磊，2003）。

就干预方法而言，学校干预以团体心理辅导的形式为主，也就是教师在团体情境下开展的一种类似集体心理咨询的形式，它是通过组建起一个团体，促使个体在团体中进行互动与观察式学习体验，从中学到新的经验以处理在团体中个体所遇到的事情（刘婷，2014）。许多研究者也不断通过实务工作去验证团体心理辅导对亲社会行为建立的效果。其中左宏梅等人（2008）通过自编量表的检验发现，通过心理活动课、主题班会等干预形式，借助榜样示范法、行为训练等具体方法使初中生的亲社会行为得到促进；杨晶（2015）则通过团体干预活动验证了亲社会行为促进课程对初中生同伴关系的质量具有明显的改善作用。

综上可知，青少年亲社会行为具有较强的可塑性，学校情境下的亲社会行为干预对青少年的认知重构与行为改善是有效的。

二　亲社会行为社区干预过程

（一）亲社会行为社区干预的背景

近年来，伴随着社会工作在中国内地的蓬勃发展，作为第三方的社会工作机构通过承接政府购买项目而向社区不同人群提供综合性的公共服务。

其中包括青少年服务、长者服务、社区矫正服务等。社会工作者可利用的专业知识与技能包括同理心、积极倾听、澄清、引导等，在此基础上，通过社会工作的三大手法：个案社会工作、小组社会工作以及社区社会工作，挖掘服务对象的潜能，协助服务对象发现并解决问题，达到“助人自助”的目的。

因此，亲社会行为的促进不但可以通过心理和教育领域的专业干预活动来实现，也可以通过社会工作者及其专业方法的介入来实现。已有证据表明，专业社会工作介入青少年亲社会行为的培育是可行的。比如已有研究者从整体性角度出发分析了社会工作介入的可行性，指出社会工作介入亲社会行为培养具有以下优势——“创新了培养路径，整合了教育资源，实现了优势互补，增强了道德教育的时效性，为思想政治教育的发展提供了借鉴意义”（牛素枝，2010）。还有的研究者探索了特殊青少年群体（比如孤儿）的亲社会行为促进议题，并通过小组实务验证了社会工作介入活动对这类青少年亲社会行为的促进作用（董斯佳，2014）。根据上述研究可知，社会工作的工作模式与工作技巧为青少年亲社会行为干预提供了一种新的思路。社会工作是独立于家庭、学校之外的第三方，社会工作者以案主为中心开展社会服务，站在青少年角度，协助他们更了解自身、实现自我突破。但是，相对于传统方式的团体心理辅导技巧来说，社会工作方法还相对较少地被运用于青少年亲社会行为干预中。我们将在以往研究对社会工作介入亲社会行为的宏观分析的基础上，借助更为直接的社会工作手法——小组社会工作——围绕青少年亲社会行为在几个具体指标上的促进来开展干预实践。本研究在干预全程设置了连续的观察任务，将青少年在系列小组活动中的表现和改善细节呈现出来，以便更为全面、深入和精细地反映干预实效。

（二）亲社会行为社区干预的内容

1. 内容框架

我们结合小组社会工作的手法，对传统干预进行了内容及形式上的拓展与改良，主要涵盖四大内容板块：自我提升、同伴社交、公共性、亲环境。这是一个由自我向社会不断拓展的过程（见图9－1）。本书第一篇和第二篇的相关章节分别对这些内容及其背后的理论与实证研究基础进行了深入的探讨，从而为青少年亲社会行为在这四个板块上的具体干预内容提供了可资借鉴的理论依据和实务参考。

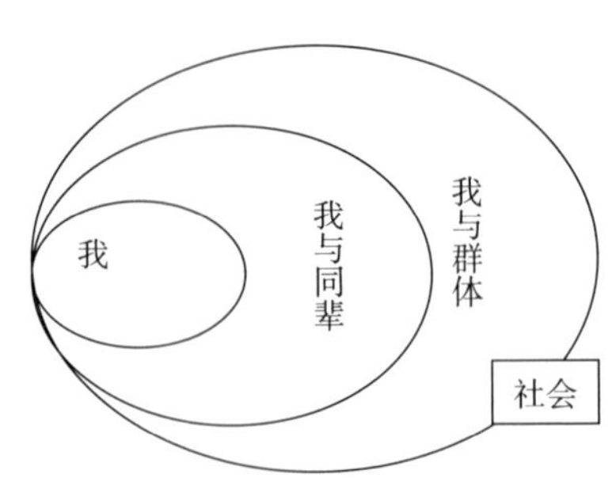

图 9－1　亲社会行为干预：从自我到社会

自我提升是指青少年基于积极的自我知觉、自我探索和自我实践而建立良性的自我概念和自尊结构的过程。其中涉及青少年对自己的认识和评价，并在此基础上建立稳定的自我同一性。自我探索就是向自己学习、了解自己，进而更好地与他人相处，对自我的探索还可以为更长远的职业规划打下基础（寇彧、张庆鹏，2017）。

同伴社交是指年龄相似或心理发展水平相当的个体之间建立和发展互动关系的过程。同伴关系是青少年时期重要的社会网络资源，青少年通过与他人交往获得自身所需要的社交需求、关系与情感支持以及爱与安全感等。同时，不断积累的同伴交往经验也有利于青少年的自我认知，并能促进健康人格的发展。

公共性反映了人们在协调个人利益和群体利益的冲突过程中所形成的集体共识，是人们在实践活动中所表现出来的一种社会属性（贾英健，2012）。人们在这个过程中要完成两项工作，第一要为自己的生存努力，第二要不断地提升自身价值，进而推动社会发展。成熟的公共性使青少年将自身发展和推动社会发展整合到同一个行动目标之下，从而能够很好地兼顾个人利益和群体利益。因此，青少年在这一过程中所发展起来的集体行动意识和公共参与能力更有利于他们的社会性发展与健康人格培养。

亲环境的内涵既包括保护自然生态环境的意愿与行动，又包括改善人文社会环境的动机与努力。基于这两个层面所阐述的环境议题能够使青少年从更深、更广的角度去探索亲社会行为的本质。这就极大地拓展了亲社会行为的概念范畴与干预的内容框架。传统的亲社会行为研究倾向于将青少年置于学校与家庭的生态系统中，但这个系统以外的自然与社会场景也是青少年成长中不容忽视的环境变量，对青少年的个性与社会性发展的影响同样是非常重要的。因此，针对人文社会环境和自然生态环境展开的教育和干预实践同样也是不可或缺的。

2. 干预课程

亲社会行为小组分别在广东省广州市黄埔区的两所小学进行（以下简称 H 小学和 T 小学），共历时两个学年，每学年第一个学期开展连续的亲社会小组，第二个学期做反思总结。每次小组活动设置在小学生放学后的“4：30”，时长约持续一个课时（45～60 分钟）。小组活动尽量避免在校老师的直接参与（校方要求旁听等特殊情况除外）。亲社会行为干预小组的主题与主要内容见表 9－1，八节小组具体课程详见附录 9－1“亲社会行为干预的小组计划书”。

表 9－1　亲社会行为干预小组主题与主要内容

节次	名称	主题	主要内容
第一节	我的名字	自我	增强小学生对自我的敏感性，促进他们去理解隐含在名字背后家人期望，通过鼓励自我表露，促进组员之间的了解
第二节	我是谁		帮助学生了解自己，学会给自己定位，在自我概念澄清的基础上完成去自我中心化。增强自己和他人之间的沟通，促进相互了解
第三节	情绪真人秀	关系	增强小学生的情绪感知能力，了解更多表达情绪的词汇，熟悉引发情绪的条件（情绪如何产生），认识情绪的伴随事件（情绪会引起什么结果），增强对他人情绪线索的识别
第四节	人际小剧场		通过设置“得到他人帮助”的求助情境和“被别人不友善对待”的冲突情境，帮助小学生合理、辩证地看待自己在人际交往中遇到的不同情况。并学会合理应对的方法，提升人际交往能力
第五节	团体交响乐	社群	通过体验组内和组间两个层面上的团队合作（小合作和大合作），帮助小学生了解并掌握解决问题时必需的群体互动规范：即在“小合作”中理解整齐划一和步调一致的含义，在“大合作”中学会坚守自己的岗位，履行自己的职责
第六节	环保小先锋		通过体验“无形的规范（大家都这样做）”和“有形的规范（明文规定这样做）”，帮助小学生在不同的环境下了解不同类型的规范是如何影响人们行为的。进而逐渐学会如何在社会生活中处理好个人需要和群体规范之间的关系，以及在模拟的社会公共生活中体验“小小主人翁”的感觉

续表

节次	名称	主题	主要内容
第七节	市长议事厅	公民	在第六节基础上，继续在模拟的社会生活中体验“小小主人翁”的感觉。本次活动让“市长”、“商户”和“市民”在一起议事，解决一块公共用地的规划问题。让小学生从中体验到不同角色背后所代表的利益，以及利益之间的差别、甚至冲突，同时让他们根据自己的角色实际参与到公共事务的商讨、选择和决定过程中来
第八节	小小财政局		本次活动要回应第七节，在小组内建立次小组，形成小团体和大团体共存的局面；让学生亲自参与利益分配，在小团体的利益和大团体的利益之间做出权衡，继续从模拟游戏中体会“公共精神”的内涵

（三）亲社会行为社区干预的方法

社区服务视角下的亲社会行为干预结合了团体心理辅导和小组社会工作这两种手段。团体心理辅导是心理咨询范畴下的一种技术，而小组社会工作则是社会工作专业体系中的一种基本手法。团体心理辅导致力于营造一个团体的环境，使个体在其中充分互动，并发挥团体的作用，最终服务于个体问题的解决，促进其实现自我提升。而本研究将把团体心理辅导拓展到小组社会工作的手法。两种手法有吻合之处，都是通过由个人组成的团体产生群体动力，然后在个体身上发挥作用。但小组社会工作则更加强调每位组员本身的潜能，并期望能够通过组员间互动以及组员与社会工作者间的互动来激发青少年的亲社会行为，因此小组的作用会更“系统”、更“社会”。小组的意义不局限于解决当前具体问题，而在于通过组内互动来建立成员间基于互相信任、帮助和影响的人际关系，随着关系模式建立与稳定，最终建立一个具有自主调节能力、自主适应功能的小组。小组的目标除了解决当下的现实问题，还要指向未来解决问题的能力提升，因此会致力于提升小组作为社会微小组织单元的内部效能和自适应能力，实现群体增权的目标，最终使每个成员也因此得到成长、获取收益。

（四）亲社会行为社区干预的实施

1. 干预的执行主体

本研究立足于小组社会工作的视角来促进青少年的亲社会行为，干预课程的实施主体是专业社会工作者及其助理。每轮干预在三个小组中实施，因此安排了三名具有实务经验的一线社会工作者作为小组负责人（其角色等同于团体心理辅导中的团体领导），另外安排三位有实习经验的社会工作专业大学生作为助理，协助开展小组活动并在各自的小组中观察和记录典型个案的表现。

三个小组分别在不同的场地完成相同的课程任务。社会工作者及其助理来自为青少年所在社区提供服务的社会工作机构，他们独立于学校或家庭中的任何一方。社会工作者是小组开展的主导者，而其助理一方面辅助社会工作者组织活动，另一方面还负责收集干预研究的信息，也就是在参与过程中完成观察和记录。在小组工作进行的过程中，社会工作者与其助理相互配合，充当教育者、协调者以及引导者的角色。每次小组结束后，社会工作者与其助理都会集中在一起进行小组的总结与分享，共同探讨小组中出现的问题，并寻求最优的解决方法。

与传统的干预模式不同，学校不再发挥主导作用，其角色由“在地组织者和直接参与者”转变为“场景和资源的提供方”，从而弱化了学校的管理性指导和对干预内容的框架性规制，避免了教师直接参与带来的偏差，使学校从被动的组织者转变为主动的观察者和反思者。

2. 干预的实施对象

本次干预小组成员由 H 小学和 T 小学的五年级和六年级学生组成。与学校干预中整班抽取干预对象的做法不同，社会工作主要基于现实问题和实际需求来抽取成员、建立小组。干预小组通过与学校班主任的沟通协商，在五年级和六年级所有班级中选择自我意识、社交能力和群体适应等方面发展得相对较慢、问题行为表现的相对比较突出的同学，经本人及其家长同意后进入干预小组。以上抽取过程符合社会工作所提倡的一个理念——“帮助最后的10%”，也就是主要面向社会功能和发展水平处在相对落后位置上的社区成员，为其服务，助其提升。

3. 小组社会工作流程

一个小组包括如下阶段：形成阶段、开始阶段、转换阶段、工作阶段以及结束阶段（吕新萍等，2005）。其中社会工作者需要与组员建立专业关系、制定小组契约、发挥社会工作技巧以实现小组目标，具体涉及以下三种技巧。

（1）澄清。不论是社工还是组员都应该澄清自己的想法，借此重申小组期待并消除小组进行中出现的一些误解。例如，组员 LZJ 对小组的期待是在游戏中度过“4：30”时间，但是从社会工作者的角度来说，这并不是他们开展小组的主要目的。因此需要进行明确的澄清，使组员察觉到自己的期待存在不合理的地方。

（2）支持。社会工作者要使用专注、倾听、同理心和鼓励等支持性技巧去协助小组成员，支持成员的自我管理、自我引导和自我支持，通过小组内容的开展以及小组互动去促进成员的亲社会行为。

（3）引导。社会工作者以建议与协调的手法达到引导的目的，社会工作者向小组成员提出适当的建议并与组员进行协商。在小组活动过程中，社会工作者分别坐在不同的位置，但能总览全部组员，当组员发言或者互动时，社会工作者利用其专业敏感度对组员们进行引导与追问，鼓励组员合作，共同探究问题的解决方法。

亲社会行为社区干预课程最大的特点就是带有浓厚的社会工作色彩。社会工作者的任务不但要完成预期的小组活动内容，而且要发挥社会工作者的专业技巧，使组员之间，以及组员与社会工作者之间建立良性的专业关系，引导组员理解小组的主要内容，使其能够借助个人能力和群体效能去解决在同伴群体中遇到的问题，同时也能生成新的力量去应对未来可能发生其他场景中的类似问题。

4. 干预的操作程序

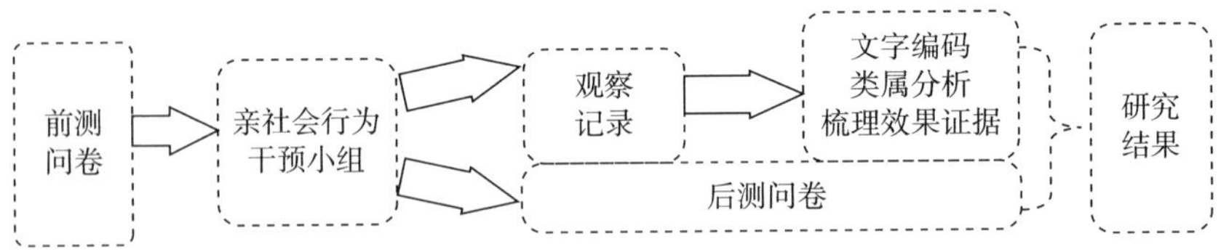

图 9－2　青少年亲社会的社区干预研究的总体流程

基于小组社会工作的手法，在社会工作专业服务框架内开展针对青少年的亲社会行为的社区干预实践。通过观察、记录与分析，归纳总结出小组成员的类型、小组动力与组内互动的表现形式以及亲社会行为的改善与提升模式，最终梳理出经过亲社会行为社区干预后的效果证据。在上述框架内，分三步完成干预研究，其具体程序分三步。

第一步，确定干预方向与干预大纲（小组课程）。

第二步，收集并梳理小组工作中的相关资料，其中包括三个部分，一是实施亲社会行为的小组干预方案；二是量化测评问卷的派发、回收和录入；三是在小组开展过程中记录并整理典型个案对象的行为表现。

第三步，分析量化结果以及质性结果，即对派发的问卷进行横向以及纵向的对比分析，对收集到的11个典型个案观察资料进行质性分析，从中梳理出支持干预效果的证据。

三　干预课程的效果检验

（一）干预效果的量化分析

1. 量化分析工具

量化分析工具由三个部分问卷组成。

第一，青少年社会适应问卷（周晖等，2008），共50题。包括自我肯定、自我烦扰、亲社会倾向、人际疏离、行事效率、违规行为、积极应对、退缩挫败八个维度。

第二，青少年亲社会行为问卷（杨莹、张梦圆、寇彧，2016），采用15题版本的亲社会行为问卷。包括四个维度，即利他性亲社会行为、遵规公益性亲社会行为、关系性亲社会行为和特质性亲社会行为。

第三，冷酷无情特质问卷（邓俏文等，2016），共44个题目。包括三个维度，第一是情绪情感维度，又分为“情绪隐藏”和“情绪表现不真实”这两个子维度；第二是同理心－内疚感维度，又分为“情感淡漠、缺乏同理心”和“缺乏懊悔之心”这两个子维度；第三是“不在乎日常表现”维度。

2. 问卷施测过程

采取问卷测量法来作为检验干预效果的辅助手段。共进行两轮量化测量，第一轮在H小学的测量是干预组与对照组的平行后测，问卷将在小组工作开展完之后对实验组与对照组同时进行；第二轮在T小学的测量是干预组的前后测分析，分别会在小组工作开展的第一次和最后一次施测同样的一组问卷。研究者通过派发、回收、录入、分析问卷等流程，对两轮干预进行不同的对比——横向对比以及纵向对比：第一轮是干预组与对照组的对比分析，第二轮是干预组的前后测对比分析。

在问卷的派发与填写过程中，研究者给青少年强调三点注意事项：第一，问卷答案没有正确与错误之分，自己的看法与意见就是自己的答案，无须担心对错；第二，在填写过程中不应与其他同学交头接耳，互相交流答案；第三，为了保证问卷的有效性，提醒青少年在答题时不能漏题以及随意跳题。

同时也要求研究者在问卷填写过程中注意营造一个安静的环境，回收问卷时注意检查问卷的填写程度。

3. 量化分析结果

（1）第一轮干预。第一轮在 H 小学的干预课程采用实验班和对照班平行后测的方式来评估（实验组 1 和对照组 1），比较结果：在限制性亲社会情感的“情绪表现不真实”子维度上（能体会到不同的情绪体验，有需要时，能自如地表露出相应的情绪来帮助自己达到目的），实验组 1 得分（$M=2.23$，$SD=0.54$）高于对照组 1（$M=2.02$，$SD=0.46$），$t(80)=1.83$，$p=0.07$（边缘显著）；在社会适应的“自我烦扰”子维度上，实验组 1 显著高于对照组 1（$M=2.42$，$SD=1.03$ vs. $M=1.94$，$SD=0.67$），$t(80)=2.54$，$p=0.01$；而在社会适应的其他子维度上均未出现显著差异。组间比较同样没有在亲社会行为的四个子维度上发现显著差异。社会适应、亲社会行为和限制性亲社会情感的整合维度亦未出现显著的变化。

（2）第二轮干预。第二轮在 T 小学的干预课程采用实验班前后测的方式来评估干预效果，即实验组 2 的前测和后测比较。结果发现，在限制性亲社会情感的“情感淡漠，缺乏同理心”子维度方面（不在意他人的感受，冷漠，只关心自己的行为对自己的影响，哪怕对他人造成伤害），实验组 2 在后测（$M=2.02$，$SD=0.48$）时比其前测（$M=1.80$，$SD=0.48$）更加明显了，$t=2.01$，$p=0.53$。社会适应、亲社会行为和限制性亲社会情感的整合维度未出现显著的变化。

（3）综合分析。在后测层面上，综合比较实验组 1（$n=41$）、实验组 2（$n=30$）和对照组 1（n =41）。首先，三个组学生在亲社会行为的“利他性”维度上得分存在边缘显著，$F(2, 109)=2.70$，$p=0.072$，实验组 2 在亲社会行为的“利他性”维度上边缘显著高于实验组 1（$M=5.39$，$SD=1.55$ vs. $M=4.58$，$SD=1.23$）。其次，三个组在社会适应的“行为适应”（整合了行事效率和违规行为这两个子维度）上得分差异显著，$F(2, 109)=3.15$，$p=0.047$，差异点出现在实验组 2（$M=2.45$，$SD=0.99$）和对照组 1（$M=1.70$，$SD=1.60$）之间，前者显著大于后者。

4. 讨论

以上的综合分析结果部分地验证了亲社会行为干预的有效性，在整合两轮测试的情况下，参加小组干预的青少年在社会适应中的一个积极维度（行为适应）上表现得好于对照组。但是，组间平行后测的结果并没有完全支持干预研究的假设，组内前后测的结果也出现了和预期相反的情况。这可能是由于这其中出现了干扰研究结果的其他因素，比如伴随干预过程同时增强的组间不同质倾向，以及两组青少年的发展和成长速率存在差异等。因此，仅凭单次测验的点对点比较结果既无法完全支持干预课程对亲社会行为促进是有效的，同时也无法完全推翻干预课程的有效性。

这也提示我们再一次反思干预效果评估的方法，点对点的“前测－后测”或“干预组－对照组”量化比较方法选取的是有限而孤立的几个时间点，并试图以点代面，用孤立时间点上的测试结果来反映整个干预横切面的效果，这样做的确是存在风险的。首先，干预效果的量化评估方法要保证干预对象最初的亲社会水平低于干预内容框架所设定的预期水平，这其实是很难实现的，因为基于前测得到的所谓“最初水平”仅仅能够反映个体在一个时间点上的能力或表现，但实际水平其实更接近统计意义上的一组概率分布，用一次测验的结果来代表一组数据的做法更容易出现偏差。其次，量化方法假设，在前后测的两个时间点之间，预期的干预效果会表现出线性的变化模式，但这一点也不容易做到，就数据变化趋势而言，两点之间可能会存在多种可能，既有可能是比较简单的线性关系，也有可能是相对复杂的非线性关系，而青少年的心理与社会性发展规律在很多领域都存在波动性和多变性的特征，包括亲社会行为在内的很多社会性指标都会随年龄变化而表现出非线性的趋势（寇彧、张庆鹏，2017：40），因此点对点的前后测比较也就难以避免其不合理性了。最后，量化评估方法还假设干预组和对照组的基线水平具有较高的同质性，这就要求对照组在干预实施期间的亲社会发展变化可以被忽略不计。但事实上，由于环境、教育和自身成长的因素都在持续发挥作用，对照组的亲社会水平在干预期间同样有可能得到提升，这就使严格的同质性很难得到保证。

综上表明，量化评估方法存在明显的问题，这就提醒我们不宜只采用单一的方法来评估亲社会行为干预的效果。也就是要在量化分析的基础上考察质性资料的意义和内涵，从另一个角度出发来收集干预效果的证据。

（二）干预效果的质性分析

1. 质性资料的收集方法

主要采用半参与式观察法来获取资料。在亲社会行为干预小组中，社工助理在小组中与青少年直接接触，观察并记录其中的典型成员在活动内外的表现和变化。作为追踪观察，这项工作要从第一节一直持续到第八节。对干预全过程的追踪和记录是反映干预质量和效果的重要依据，而且连续的观察记录可以较为完整地描述干预的全过程，还可以弥补点对点量化测验所损失的信息，因而可能会比前后测的问卷结果更可靠。但观察法对研究者的要求较高，研究结果容易受到研究者主观因素的影响，因此在研究过程中，研究者应该时刻提醒自己要保持中立，客观描述行为与现象。

2. 质性编码过程说明

质性编码是基于三位社工助理对各自小组的追踪对象所进行的观察与记录文本。研究者排除掉部分不完整的记录以及对相对完整的个案跟踪记录全部整合起来形成个案的连续观察记录。为了保持研究者的敏感度，一共进行两次质性编码过程。分析的内容不仅仅是个案特征，还要分析与思考每一个个案的问题呈现以及发生改变的模式。

文本编码与分析的步骤分四步。

第一步，反复阅读基于观察的文本记录，在这一阶段可以找出一些关键词进行标注；第二步，找出并标定可以表示文本每一部分特征的主题。这些主题可以记录在文本右边的空白处。主题的标题是概括性的，并且应该充分表现文本内容的某些本质特征。这一阶段可以使用心理学术语；第三步，将结构引入分析中。审视在第二步列出的主题，并思考它们彼此之间的关系。其中某些主题可以形成天然的概念联系，因为他们具有共同的意义或关系，而其他主题的特征表现为彼此间的层次关系。主题类群的名称必须充分体现其本质，这些名称可以是受访者本人使用的原生的术语、简短引语或描述性标签；第四步，制作出结构化主题的表格，并附上说明每个主题的引语。表格中只应列入那些可以充分体现参与者经验的某些品质的主题。

3. 亲社会行为干预小组成员的特征分类

经过两次对文本记录的质性编码，以青少年在小组内表现出来的心理行为问题及其呈现特点为导向，研究者最终对青少年总结出了四种特征分类：类型一，问题不明显；类型二，问题呈现不稳定，积极变化与消极变化交错；类型三，消极问题持续呈现；类型四，发展自我与自我提升（详见附录9-2质性编码结果）。

类型一，积极配合型（问题不明显）。这一类青少年在小组内表现正常，能够接受小组与社会工作者，也能够积极配合社会工作者在小组过程中提出的要求，积极参与到小组活动中来（个案CPZ）。

类型二，混合型（问题呈现不稳定，积极变化与消极变化交错）。这种类型的青少年在小组过程中表现出一些消极问题，但问题的呈现形态不稳定，当积极转变的迹象出现的同时，也会伴随出现消极表现。在小组过程中既会表现出被动的一面，也会表现出吵闹的一面，同时还会有攻击行为和干扰行为。随着小组的进行，他们正逐渐发生变化，例如当社工带组员们进行分享时，虽然他们表面上不愿意参与，但是只要社工再引导他们几次就会表达出来。但在小组结束前还会出现退行现象，甚至退出小组（个案 LZF）。

类型三，消极改变型（消极问题持续呈现）。这个类型的主要特点是持续表现出某一类消极问题，比如表达困难（不在小组分享中发言，也不去和其他组员互动），虽然这个问题会在小组过程中持续稳定地存在，但随着小组的进行，在社工和组员的促进下，互动不断加强，表达困难的问题会有所改善（个案 CZH）。

有些青少年组员的问题不但持续呈现，而且会与其他组员的问题产生交互影响，使个人问题上升为小组问题。主要有三种表现形式：表现（1）干扰行为、攻击行为、破坏规则（个案 LZB、个案 LZJ）；表现（2）组内人际交往差，问题与矛盾激发（个案 LWC、个案 CDT、个案 YSW）；表现（3）情绪问题，他评差（个案 LSB）。

类型四，主动提升型（问题改善明显，能够发展自我与自我提升）。这个类型下的青少年能够通过小组不断激发自身内在的潜能，并通过组员的正面评价与正面肯定使亲社会行为得到巩固，实现自我提升（个案 YWY、个案 LM）。

4. 小组动力与组内互动的具体表现

从小组过程中的动力特征和互动特征来看，以上四种类型青少年的主要表现也各不相同，具体表现在以下三个方面。

第一种是自愿型表现。在小组过程中，通过与组内互动以及干预内容的开展，青少年的问题与矛盾逐渐显现了出来。一些青少年会选择主动向社会工作者求助，希望能够通过社会工作者与其共同解决发展性问题。有的青少年问题比较严重，已经影响到正常的人际交往或情绪，这些问题多以干扰行为、攻击行为、破坏规则以及失调性的朋辈交往模式为主，在遵规公益性、关系性亲社会行为方面表现的较差。从社会工作者的角度来看，积极寻求帮助来解决问题或困惑是青少年自我意识和行为主动性得到提升的重要标志，社工的主要任务是协调组员的关系，引导组员互相促进，共同解决问题和矛盾。在此过程中，社会工作者不应该像传统干预中的教师角色或是家长角色，而是应该充分倾听青少年，给予组员间互相沟通与共同解决问题的自主权。

第二种是被动接受型的表现。这种表现反映了青少年组员中规中矩的改变模式。一方面是由于某些比较轻微的行为问题尚未引起当事人的注意，或者本人还没有意识到问题的严重性，故而也就没有产生主动寻求帮助的意愿；另一方面，当小组建设进入良性轨道之后，组内成员开始了积极而有效的互动，这种互动可以潜在地改变一些成员的行为，同龄群体的相互促进作用不断显现并能及时得到强化，形成了良性的小组动力机制，这种情况不需要社工的直接接入，但同时也会降低个体成员的主动性。

第三种是拒绝型的表现。有的青少年组员对自己的问题比较了解，并且能够清晰地描述和评价这些问题（比如他们会说“我知道我这样做不好/不对”），在小组动力的作用下，这些问题会出现短暂而部分的改善。但这种改善是被动的，因为到小组结束阶段时，原先的问题还会再次显现出来，甚至还会提前退出小组。从根本上来讲，他们尚未完全理解小组的意义，甚至认为促进亲社会行为的课程对他们是没有价值的。例如个案 LZB，他的自评与他评情况都不佳，而且在小组中多以攻击行为、破坏行为为主。起初他对于小组活动比较好奇，但他与社会工作者始终未能建立相互信任的关系，以至始终无法接受社会工作者和小组契约的约束，从意识和行动上都流露出了对社会工作者和小组的拒绝态度。在这个角度来看，社会工作者在开展服务时难点就在于如何在前期与组员建立互相信任的关系，进而可以为接下来开展专业服务打下深厚的基础。

5. 一般社会态度和社会行为的改变模式

在亲社会行为干预小组中，不同特征类型的青少年发生改变的程度以及改变方式都是不同的。换言之，亲社会行为干预对于不同的个体具有不同的意义，亲社会的认知与行为模式对于基础条件、准备状态和知识结构不同的青少年所发挥的作用也会存在差异。因此，在评估干预效果时，除了要基于组内前后测或组间平行测验的平均数差异来考察群体层面上的总体变化趋势以外，还要充分考虑到群体内部的个体间差异，也就是考虑量化的平均数趋势无法描述的微观现象。

在针对连续观察文本的质性分析中，根据心理或行为问题的存在形式和改善程度，小组成员在一般性社会态度和社会行为方面的改变大致遵循三种路径。

第一，单一问题的改善路径。青少年从小组中获得积极改变的能力并能够在某一个具体问题上出现明显的改变。积极改变的能力不仅来源于自己，还可能来源于组员之间的互动、他人评价以及社会工作者的技巧推动。例如个案 YWY，她在小组里面总体表现是积极的，能够较好地投入小组中，但她存在一个比较清晰的问题，即表达困难，最初表现得很害羞，表达和沟通的意愿很低。随着小组推进，她表现得越来越积极与自信，很多方面都出乎同学与社会工作者的意料。在此过程中，社工使用了一系列的专业技巧，如促进组员间的良好沟通互动，在小组中积极引导与鼓励她对限定话题进行分享，通过追问的技巧了解其真实的想法与感受。最后，在每次小组活动之后与案主进行反馈与沟通，同时引入干预课程以外的其他话题，以此进一步在社会工作者与案主之间建立专业关系。案主从安静、退缩到主动发言，能够越来越自然地表现自己，这个变化也引起了同伴的注意，他评得分不断提升。

第二，多重问题下的单一改善路径。成员在小组中一部分心理或行为问题持续存在，但另外一些问题则随着小组的推进而有所改善。在某些特定主题或特定的小组活动环节中，某些成员的表现明显比之前更为投入与积极，但这种改变需要在更长的时间段之内进行多次的巩固与强化，才能够逐渐稳定下来。同时，其他一系列问题则依旧持续存在。例如个案 LSB，他在小组中的情绪问题比较凸显，且他评较低。他在小组初期的主要表现是排斥社会工作者、消极社交情绪以及同伴冲突，但到小组第 4 节“人际小剧场”时，LSB 出现了助人的行为并且接受社会工作者，主动求助社会工作者以解决他在小组内的消极人际互动问题。在小组结束后，通过对焦的技巧，社会工作者与 LSB 共同探讨他自身在小组内存在的问题以及他的表现，社会工作者给予他建议并向他表达他具有能够改善问题的能力，鼓励他去积极转变。

第三，问题持续存在，未能在干预期间解决。亲社会行为干预不可能解决所有问题，有些问题基于长期家庭经历和学校社会化影响而形成，因而在有限的干预周期内很难得到本质的改善。这类问题的典型表现是干扰行为或攻击行为，以及无视或破坏小组契约的行为。社工在于这一类组员建立专业关系的过程中需要花费较多的时间与经历，进而影响了对其他组员的关注和干预课程的总体进程。例如个案 CDT，小组初期并没有表现出明显的问题，但进入中间阶段之后出现了人际挑衅、肢体冲突和情绪失控等问题，表现出消极社交特性，并被同伴排斥，这些问题一直呈现，使其很难真正投入小组，难以实现角色期待。在小组的推进过程中，新老问题不断爆发。在全部干预课程结束时并无任何改变的特征。

6. 亲社会行为指标的改善

亲社会行为社区干预的小组活动涉及自我提升、关系提升、群体适应和集体行动的公共性等四个方面的内涵。干预研究的初衷旨在通过实施一系列的活动课程，使得青少年在上述主题上的发展得到改善或提升。从为期两个学年的干预实践来看，青少年亲社会行为的表现和改变主要在于四个方面。

第一，通过在干预过程中的连续观察、记录和分析发现，青少年大多会在小组的中后阶段出现积极的改变，其中多以第 3、4 节（关系型维度下的“情绪真人秀”“人际小剧场”）为“转折点”。

第二，青少年在学习与日常生活中受到三类亲社会行为的影响最大，即利他性亲社会行为、关系性亲社会行为和遵规公益性亲社会行为。亲社会意识和行动的训练在青少年日常学校和社区生活中发挥了积极的作用，亲社会行为干预使青少年在其成长过程中能够更好地应对一系列与之有关的发展性议题，包括处理自我获益和他人利益之间的潜在冲突，如何理解他人并与他人建立积极的互动关系，如何理解社会规范并很好地应对环境的变化对自己提出的新要求。

第三，质性观察了发现一些特殊个案的心理与行为特征（如消极问题反复出现、拒绝改变等），可以为亲社会行为干预的意义和必要性提供反面的启发。这些个案相对比较缺乏亲社会行为的意识和行动意愿，这通常会导致他们在社会交往中出现或大或小的问题。比如无法理性全面地认识自己，对社会规范的理解存在偏差，无法有效处理情绪问题和同伴之间的冲突等。

第四，亲社会行为干预的效果得以持续显现，有赖于小组内部的人际互动所形成的内群体促进效应。在亲社会的群体气氛下，一部分青少年做出的积极行为会对另一部分青少年产生示范作用。在这样的气氛感染下，加之同伴关系在其中发挥桥梁纽带的作用，某个特定的青少年群体会发生潜移默化的改变。

四　结论

通过针对青少年的亲社会行为干预实践，我们对亲社会行为干预的内容框架和方法体系进行了必要的拓展，内容方面增加了环保和公共行动这两个主题，在方法方面则将量化评估方法和质性评估方法结合起来考察干预的实施效果，此外还在抽取干预对象时充分考虑青少年自身发展问题和实际需求，避免了整班抽取带来的偏差。基于两轮干预可得到以下结论。

（1）质性取向下的过程观察可以获取更为连续、完整的心理与行为样本，从而可以对干预课程中青少年个体进行分类，以及更加立体地勾勒出他们在干预进程中所呈现出来的问题类型、特征和解决模式。关于干预效果评估的质性分析方法也可以很好地弥补量化分析的不足，使干预效果能够更为直观、详细地得以呈现。

（2）根据问题呈现的特点，参加干预小组的青少年可划分为四种类型，分别是问题不明显的积极配合型、积极变化与消极问题交错出现的混合型、消极问题持续呈现的被动改变型以及能够积极寻求改变的主动提升型。

（3）青少年组员在小组互动过程中的表现可归纳为自愿表现、被动表现和拒绝表现这三类。

（4）青少年组员的一般社会行为与社会态度在干预过程中会发生不同程度的改变，主要遵循三条不同的改变路径，即单一问题的改善路径、多重问题的改善路径以及未完成的改善路径。

（5）亲社会行为指标在关系性维度上的改善较为明显，亲社会行为的提升与干预小组内部的人际互动和同伴促进有关。

（6）基于社会工作的实务视角来开展亲社会行为干预是可行的。社会工作者以驻校服务的形式将亲社会行为促进课程切入干预体系中，并在关系建立、角色引导、沟通与促进等方面发挥了重要的作用，成为学校德育和心理健康教育体系中的重要补充力量。

最后，关于青少年亲社会行为的社区干预研究还在不断继续与探索中，未来研究应在以下几个方面进行补充与延伸。

第一，亲社会行为涵盖的内容较为丰富多样，因此干预课程如果以“亲社会行为促进”为主要目标，则可能会出现比较泛化的结果，难以将种类各异、表现丰富的行为改善指标全部整合到亲社会行为的干预效果中去，因此未来的实务应将亲社会行为社区干预拓展到更多、更具体的区域，比如社会适应能力、情绪调节与控制能力、人际协调与冲突解决能力等。可以将现有的整合性课程分解为不同领域的子课程，从而使得干预更有针对性，干预效果也更加聚焦。

第二，今后应继续考虑如何更好地整合家庭、学校和社区这三方面的资源，使其能够共同发挥作用。我们目前已经在学校和社区层面积累了较为丰富的经验，以教师为主导的学校干预模式和以社会工作者为主导的社区干预模式都被证明是有效的，未来应继续探讨如何将家长的主动性和积极性调动起来，比如以“家长义工队”或“家长专业志愿者”的形式将他们组织起来，合理整合家长群体的专业特长和社会资源，让其真正参与到青少年的亲社会教育中来，并能在社区范围内进行互助合作，促进社区的整体提升。

第三，未来还需继续对亲社会行为干预课程进行修订。继续完善“自我”、“关系”、“社群”和“公民”四个主题，探索如何将这些主题转化为据有操作性和实务价值的小组干预课程，使青少年在互动中实现亲社会行为的促进与养成。今后应更多地考虑到广州青少年的实际情况来修订一个更适合于本土化青少年关于亲社会行为的培养计划，进一步丰富亲社会行为社区干预的研究成果。

附录 9－1　亲社会行为干预的小组计划书

小组计划 1－A：我的名字

<table>
<tr><td>目的</td><td colspan="2">增强小学生对自我的敏感性，促进他们对名字背后家人的希望的认识，促进相互之间的了解和自我表露</td></tr>
<tr><td>形式</td><td colspan="2">课堂以小组活动为主要形式，教师需要在前期、中期进行引导，活动结束后进行总结</td></tr>
<tr><td>一般说明</td><td colspan="2">①人数：每组 8～12 人
②时间：40 分钟
③场地：安静舒适的空间，每组成员围坐在一起</td></tr>
<tr><td rowspan="7">实施步骤</td><td>①</td><td>老师说明活动内容，轮流（举手的先说）让学生来说自己名字的来历和含义</td></tr>
<tr><td>指导语</td><td>今天咱们做的活动是跟每个人的名字有关的，我看到咱们组同学的名字都很有特点，你们能不能告诉大家你们的名字是怎么来的呢？你们的名字是谁取的？有什么含义呢？我相信你们的名字背后都有些有趣的故事</td></tr>
<tr><td>②</td><td>让学生轮流说家里人和同学还会怎么叫他，他是否有小名或绰号</td></tr>
<tr><td>指导语</td><td>我想知道你除了大名之外，还有别的什么名字吗？比如小名、绰号、笔名呀，只要是你喜欢的，都可以告诉大家，最好再说清楚谁最喜欢那样叫你</td></tr>
<tr><td>③</td><td>引导学生体验自己说自己名字时的感觉</td></tr>
<tr><td>指导语</td><td>当你们说自己名字的时候有什么特别的感觉吗？</td></tr>
<tr><td>④</td><td>让学生回想和体验当遇到与自己重名的人有什么感受</td></tr>
</table>

续表

	指导语	你们遇到过跟自己重名的人吗？遇到过的举手！噢，你们能不能说说当遇到跟自己重名的人时有什么感觉 没遇到过重名情况的同学，你们说说希不希望别人跟你名字重名呀？为什么呢？
	⑤	活动总结
	指导语	今天这个关于名字的活动大家喜欢吗？现在和做这个活动之前相比，你们有了新的想法和感受吗？
	⑥	让每个学生给自己起一个喜欢的代号，都用××星
	指导语	现在，大家每个人用“××星”给自己起一个喜欢的代号，如果其他同学也觉得你比较适合某个星的话，你就可以把它写在你胸前挂的牌子上，比如说“合作星”“诚实星”
活动说明	①	多数人名字的来历别人可能都不太了解，引导每个小学生说出关于自己名字的故事，有利于增强他们的自我觉知
	②	如果某个学生在每个关于名字的问题上都没话可说，需要留个作业给他，让他回家去问一下父母

小组计划 1 - B：我是谁

<table>
<tr><td>目的</td><td colspan="2">帮助学生了解自己，学会给自己定位，在自我概念澄清的基础上完成去自我中心化。增强自己和他人之间的沟通，促进相互了解</td></tr>
<tr><td>形式</td><td colspan="2">课堂以小组活动为主要形式，教师需要在前期、中期进行引导，活动结束后进行总结</td></tr>
<tr><td>一般说明</td><td colspan="2">①人数：每组 8 ~ 12 人
②时间：40 分钟
③场地：安静舒适的空间，每组成员围坐在一起</td></tr>
<tr><td rowspan="10">实施步骤</td><td>①</td><td>开场白：简要介绍课程目的和内容</td></tr>
<tr><td>指导语</td><td>大家好，每个人都认为自己最了解自己，事实真的是这样吗？今天的小组活动请大家完成一个有趣的填字游戏，这个游戏的目的是帮助大家更好地了解自己和身边的人（老师可以加入其中一组）</td></tr>
<tr><td>②</td><td>填字任务：各自在纸上完成 12 个“我是________”</td></tr>
<tr><td>指导语</td><td>请你根据的实际情况，在空白处写出对自己的描述，形式不限，可以用词、短语或一个句子等。写的越多越好，尽可能完成全部 12 个填空。如果填满以后</td></tr>
<tr><td>③</td><td>猜字游戏：大家一起猜每张纸上写的是谁</td></tr>
<tr><td>指导语</td><td>我们现在将大家写好的字条统一收起来打乱顺序，我们轮流来猜每张纸上写的是谁，并说出理由</td></tr>
<tr><td>④</td><td>教师引导 1：体验填写和猜测过程中的感受</td></tr>
<tr><td>指导语</td><td>当你们在完成这个填字游戏的时候有什么特别的感觉吗？当你被大家猜中（或没有猜中）时的感受是什么？大家轮流来谈谈吧！</td></tr>
<tr><td>⑤</td><td>教师引导 2：继续思考自己和别人的区别与关系</td></tr>
<tr><td>指导语</td><td>大家在描述自己的时候是不是觉得自己是独一无二的？在看到别人的描述时，你的发现是什么？你和其他人有什么不同？你和别人在那些方面没有区别？</td></tr>
</table>

续表

	⑥	活动总结
	指导语	今天这个关于“我是谁”的活动大家喜欢吗？现在和做这个活动之前相比，你们有了新的想法和感受吗？有了新的收获吗？
活动说明	①	有的学生可能一开始不太清楚该怎么填空，老师可以适当提示一下：就好像你给别人介绍自己时，你会说什么，或者你的特点、特长等，都可以写出来
	②	本节课的重点是后面的互动和讨论，在猜测环节和谈感受的时候，教师应充分鼓励学生说出自己的真实想法，并控制现场气氛，避免小组成员之间互相开玩笑影响课程进展

小组计划1-C：情绪真人秀

活动目的	增强小学生的情绪感知能力，了解更多表达情绪的词汇，熟悉引发情绪的条件（情绪如何产生），认识情绪的伴随事件（情绪会引起什么结果），增强对他人情绪线索的识别	
一般说明	①人数：12~15人 ②时间：40~45分钟 ③场地：安静舒适的空间 ④道具：空信封、情绪小纸条【生气、开心、愤怒、痛苦、愉快、幸福、尴尬、难过、骄傲、悲伤、忧愁、不满、满意、高兴、委屈、悲哀、无聊、害怕、厌恶、后悔、得意、自豪、郁闷、发狂、好奇、伤心、（被）冤枉、恐惧、失望、烦躁、兴奋、慌张、激动、紧张、不耐烦、惊讶】	
实施步骤	①	说明活动内容和形式
	指导语	今天我们要做的活动叫“情绪真人秀”。我这里有一些写好的纸条，每个纸条上面都写有一种情绪，这些纸条分别装在社工A和社工B手中的信封里。每个小组还有一个骰子，游戏开始后，大家轮流来扔骰子，扔到小点（1、2、3）就从社工A的信封里抽一个纸条，扔到大点（4、5、6）就从社工B的信封里抽一个纸条。然后根据你抽到的“情绪”进行真人秀表演
	②	一名社工向学生演示掷骰子的方法：双手空心相扣，骰子置于其中，用力摇晃几下，然后摊开手，看看手心的骰子是几点。根据点数选择社工A或社工B手中的信封
	指导语	每个同学扔骰子之后从相应的信封里抽出你要表演的情绪，然后给大家表演。表演的时候可以自己演，也可以找个同学给你帮帮忙，配合你演好这个情绪的来龙去脉。主要表演三个内容：（1）这个情绪本身（大家猜猜是什么）；（2）什么情况下会产生这种情绪；（3）产生这种情绪后我会做什么
	③	活动总结：要让学生明确意识到情绪的产生和情绪的结果
	指导语	刚才大家表演得真不错，有的表演得很生动，有的表演得很准确，还有的同学想象力很丰富。好，大家想想自己以前能够说出多少种表示情绪的词，那现在呢，是不是能说出更多了呢？你们觉得情绪是怎么产生的呢？一种情绪产生之后人们会做些什么？大家平时遇到这些情绪的时候都是像你表演得这样做的吗？我发现有些让你们感觉不好的情绪，比如愤怒、郁闷、紧张，你们觉得自己在这些情绪之后的做法合适吗？好不好？

续表

注意事项	①	活动道具主要是写有情绪词汇的纸条和玩具骰子，务必在活动前准备好
	②	活动一定要按规则进行，社工规定按照顺时针或逆时针的顺序依次掷骰子
	③	活动场面可能会比较热烈，要注意活动秩序的维持

家庭作业：

1. 回想一个令你愤怒的事件，你当时有什么想法？你都做了什么？

2. 现在想想你的想法和做法有什么不合理的地方？有没有更合理的想法和解决问题的方法？

小组计划 1 – D：人际小剧场

活动目的	通过设置“得到他人帮助”的求助情境和“被别人不友善对待”的冲突情境，帮助小学生合理、辩证地看待自己在人际交往中遇到的不同情况。并学会合理应对的方法，提升人际交往能力	
一般说明	①人数：12～15 人 ②时间：40～45 分钟 ③场地：安静舒适的空间 ④道具：适合抽签（角色分配）的硬纸片	
实施步骤	①	简短的热身游戏之后，说明本次活动的内容和形式
	指导语	今天我们要做的活动叫“人际小剧场”，首先请大家每两人一对结成小组（其中一个人的代号是 A，另一个人的代号是 B），每人通过抽签决定在剧本中扮演的角色，然后根据角色相应的剧本描述进行“表演”。表演结束之后，请大家轮流谈谈自己在演出过程中的感受和心得
	②	表演包括两幕，第一幕是求助情境（在一次重要考试中，A 的笔坏掉了，B 借给他/她用），第二幕是冲突情境（在超市排队结账，当 A 准备掏钱时，排在后面的 B 不停地催促，并且用手推 A） 角色分配卡片的制作：用硬纸片做成折叠贺卡状，文字写在内侧；内侧一面是代号，另一面是角色描述。共制作两套抽签卡（每套两张，即 A 角色和 B 角色），第一套的角色描述是求助情境，第二套的角色描述是冲突情境
	指导语	首先进行第一幕表演，大家围坐一圈，中间的空地是舞台，先请两个同学站在中间，由社工出示两个抽签卡，每人抽到以后大声念出自己是 A 角色或是 B 角色，然后根据卡片另一侧的角色描述进行表演 然后请出另外两位同学进行第二幕表演，要求同上 （如果每个小组 15 人左右，首先请助理加入以保证总人数为偶数，最后可分成 7～8 个两人次小组，安排一半的两人次小组表演第一幕，另一半表演第二幕）
	③	活动总结：要让学生感受帮助别人、被别人帮助的人际情境，以及攻击别人、被别人攻击的人际情境。对两类情境中不同的角色进行点评
	指导语	刚才大家表演得真不错，有的表演得很生动，有的表演得很准确，还有的同学想象力很丰富。好，现在请大家根据以下四种情况分别谈谈自己的感受：当你帮助别人时、当你被别人帮助时、当你被别人冒犯时、当你去冒犯别人时

续表

注意事项	①	活动道具主要是角色抽签用的可折叠卡片，需在活动前准备好
	②	活动一定要按规则进行，根据第一组表演的时间酌情决定一共叫几组上去表演
	③	活动场面可能会比较热烈，要注意活动秩序的维持

家庭作业：

1. 请你和父母分享自己帮助别人、被别人帮助的经历，请父母说说，别人帮助我们以后，我们该怎么做？

2. 请你和父母讨论下列问题：如果我们在生活中被别人冒犯了，我们该怎么做？

小组计划 2－A：团体交响乐

活动目的	通过体验组内和组间两个层面上的团队合作（小合作和大合作），帮助小学生了解并掌握解决问题时必需的群体互动规范：即在“小合作”中理解整齐划一和步调一致的含义，在“大合作”中学会坚守自己的岗位，履行自己的职责	
一般说明	①人数：15 人 ②时间：40 分钟 ③材料：无 ④场地：宽敞的空间	
实施步骤	①	简要介绍本活动 1～2’
	指导语	今天的小组活动与团队合作和群体规范有关，活动名称叫作“团体交响乐”，这个项目要求大家相互配合完成
	②	分组、分配各组任务和所用的器材 3～5’
	指导语	这个交响乐共有三个节拍，所以需要我们分成三组，第一组 6 个人，第二组 5 个人，第三组 4 个人。（第一组人要最多） 好，小组分好了，现在老师告诉你们每个小组各自的节拍： 1 2 3 4 5 6 7 8 第一组的节拍是＊＊＊＊＊＊＊＊；第二组的节拍是＊ ##＊##＊##＊##；第三组的节拍是＊## ##＊＊## ##＊ 每个小组所发出的声音是不同的，第一个小组用拍手发出声音，第二个小组通过拍手和拍膝盖发出声音，第三组通过拍手和脚后跟踏地发出声音。注意第一组的节拍最简单，速度一定要慢，其他小组要跟上第一组的节拍
	③	小组分散练习 5～8’
	指导语	下面，各个小组先分散练习 5 分钟，使得小组内的节拍一致。练习时可以一边喊 1、2、3、4、…、一边演奏
	④	各组合作开始完成整个交响乐 8～10’
	指导语	好，现在大家开始合作完成整个交响乐。咱们的顺序是第一组先开始；八个节拍之后，第二组加进来（第一组继续）；再过八个节拍后，第三组加进来（第一、第二组继续）

续表

		要求大家既要保持自己小组内节拍的一致，同时也要和其他小组的速度保持协调。 任务简单吗？咱们开始…… （分成三轮进行，前两轮可以让他们体会混乱的感觉，第三轮的时候，看到比较协调一致了就停止开始讨论）
	⑤	活动讨论和总结 10～15’
	指导语	做完这个活动，大家有什么感受？你觉得团队合作要成功，最重要的是什么？活动总结： 1. 团队合作不容易，一方面要保证自己应该承担的职责不出错，另一方面还要及时关注其他成员的节奏，根据总体情况调整自己的结构 2. 做好这个活动首先要在自己的节拍组内配合好，做到一样整齐，避免其他组的影响（小合作）；然后再在时间上与其他节拍组做到一致，保持整个大组的和谐（大合作）
注意事项	①	第一组不能拍得太快，要压住阵脚
	②	两个一组的节拍必须连贯，中间的时间间隔要小，要快且干脆
	③	每个节拍单元内无论需要有多少个小节拍，所用时间是一样的

家庭作业：

1. 我们每个人的家庭就是一个小团体，而我们生活的社区则是由一个又一个的家庭组成的大团体，请和你的爸爸妈妈分享今天的活动，并讨论：一个幸福的社区是怎么建立起来的？

2. 下次见面时，老师会请大家谈谈你们讨论的结果。

小组计划 2－B：环保小先锋

首先简要回顾上次活动留下的思考：我们每个人的家庭就是一个小团体，而我们生活的社区则是由一个又一个的家庭组成的大团体，请和你的爸爸妈妈分享今天的活动，并讨论：一个幸福的社区是怎么建立起来的？

活动目的	通过体验“无形的规范（大家都这样做）”和“有形的规范（明文规定这样做）”，帮助小学生在不同的环境下了解不同类型的规范是如何影响人们行为的。进而逐渐学会如何在社会生活中处理好个人需要和群体规范之间的关系，以及在模拟的社会生活中体验“小小主人翁”的感觉	
一般说明	①人数：15 人 ②时间：40 分钟 ③材料：不规则的碎纸片，两种宣传卡片各 15 张（可以用硬纸片做成名片大小） ④场地：宽敞的空间	
实施步骤	①	简要介绍本活动 1～2’
	指导语	今天的小组活动与两类群体规范有关，活动名称叫作“环保小先锋”，本次活动主要设置两种环境（充满垃圾的环境和整洁的环境），要求大家根据分配到的角色（广场管理员或游客）决定自己应该怎么做
	②	分组、分配各组任务和所用的器材 3～5’

续表

	指导语	首先我们通过随机抽签来决定两个同学来担任广场管理员，其他同学是游客。管理员将拿到两套宣传环保的卡片，第一套上写“禁止乱丢垃圾”，第二套上写“请把自己的垃圾带走”。每套卡片 15 张。接下来分别完成场景 1 和场景 2
	③	场景 1：布满垃圾的广场（全体成员围坐一圈，中间的空地设计为广场）
	指导语	1. 现在大家正站在一个布满垃圾的广场上（用碎纸片代替垃圾），请两位管理员商量一下选择哪一套宣传卡片作为这个广场上的环保规范 2. 请各位游客自行决定是否接受管理员的卡片，接受卡片则意味着你接受了广场上的环保规范，并且要遵守这个规范，当然你也有权利不接受卡片 3. 我们来计算发出去的卡片数量
	④	场景 2：整洁的广场（将地面的碎纸片清理干净，重新抽签，产生新的广场管理员）
	指导语	1. 现在大家正站在一个干净整洁的广场上，请两位管理员商量一下选择哪一套宣传卡片作为这个广场上的环保规范 2. 请各位游客自行决定是否接受管理员的卡片，接受卡片则意味着你接受了广场上的环保规范，并且要遵守这个规范，当然你也有权利不接受卡片 3. 我们来计算发出去的卡片数量
	⑤	活动讨论和总结 10～15’
	指导语	大家现在想几个问题，第一，在这个游戏中，无形的规范是什么？有形的规范是什么？第二，请“游客”分享：广场上原本的卫生状况会不会影响你的决定？第三，请“管理员”分享：你们在两个场景下是怎么商量的，根据什么理由来最终决定用某一套规则卡片呢？
注意事项	①	启发学生在不同场景、不同的卡片语句中体验规范的差异，并探索这些差异对人们的环保行为可能产生的影响
	②	引导学生根据场景和条件的不同进行有区别的、独立的思考
	③	活动结束后及时清理道具，保持场地整洁

小组计划 2－C：市长议事厅

活动目的	在活动 2－B 的基础上，继续在模拟的社会生活中体验“小小主人翁”的感觉。本次活动让“市长”、“商户”和“市民”在一起议事，解决一块公共用地的规划问题。让小学生从中体验到不同角色背后所代表的利益，以及利益之间的差别、甚至冲突，同时让他们根据自己的角色实际参与到公共事务的商讨、选择和决定过程中来
一般说明	①人数：15 人 ②时间：40 分钟 ③材料：第一，四张正方形硬纸片（40cm×40cm），分别写“餐馆”“服装店”“超市”“书店”，一张长方形硬纸片（60cm×40cm），上面写“居民小区”；第二，用来代替纸币的卡片（名片大小）10 张，每张面额 1 万元 ④场地：宽敞的空间

续表

实施步骤	①	简要介绍本活动 1～2’
	指导语	今天的小组活动是一次模拟的“市民议事会”，发生在市长议事厅里。主要的议题是如何在一块公共用地上做出规划。这块地的中间是一个居民小区，在它的周围要建四家商铺，分别是餐馆、服装店、超市和书店。本次议事会由市长主持，分别请来了以上四家商铺的业主，以及 10 位市民代表。首先由 4 位业主商量好商铺的位置，然后在议事厅的地板上摆出示意图（不同的位置意味着商铺的获益是不同的，距离小区越近商铺获益越大，但容易造成交通拥堵、挤占居民的公共活动空间；距离小区越远商铺获益越小，但居民的活动空间和交通不会受影响），然后请市民代表举手表决是否通过他们的方案，最后由市长决定采纳或驳回这个方案。市长有最终决定权
	②	分组、分配各组任务和所用的器材 3～5’
	指导语	1. 首先我们抽签选出 4 位同学担任业主，然后选出 1 位同学担任市长，其余的 10 位同学担任市民代表 2. 每位业主抽到一个写有店铺名称的硬纸片，代表自己的店铺 3. 社工将写有“居民小区”的硬纸片放在场地中央，代表已建成的小区 4. 社工拿着 10 万元代币，根据店铺与小区的距离依次向业主展示未来收益
	③	场景 1：业主闭门会议 3’
	指导语	4. 请 4 位业主到旁边的区域（教室里的另一端，与活动小组保持一定距离）进行协商 5. 请业主们根据协商结果将自己的商铺摆放在相应的位置 6. 社工根据每个商铺的位置向业主展示未来每周收益，距离小区最近：7 万元；距离中等：5 万元；距离最远：3 万元。（三个等级的尺度由社工酌情判定）
	④	场景 2：市民投票和市长宣布决定 3～5’
	指导语	1. 请 10 位市民代表根据 4 名业主确定的商铺位置举手表决，是否同意该方案。 2. 请市长根据市民表决情况，宣布最终决定
	⑤	活动讨论和总结 10～15’（请大家站在各自角色的立场上思考下列问题）
	指导语	1. 请业主们分享：你们做出最后决定的依据是什么？当市民代表同意（或反对）你们的方案时，你们的想法是什么？ 2. 请市民代表分享：为什么要同意（或反对）业主的方案？ 3. 请市长分享：业主的方案是否合理？市民的选择是否合理？你对自己的最后决定是否满意？
注意事项	①	启发学生从公共利益（小区公共空间和交通便利）和局部利益（业主获利）的角度考虑不同群体立场背后的意义
	②	最终的方案可能是在一个折中的位置，此时要引导学生理解“公共”的内涵：妥协，商户要在商业利益和客户权益之间妥协、居民要在出行和购物之间妥协、市长要在不同利益方之间妥协）
	③	活动结束后及时清理道具，保持场地整洁

小组计划 2－D：小小财政局

<table>
<tr><td>活动目的</td><td colspan="2">本次活动要回应 2—C，在小组内建立次小组，形成小团体和大团体共存的局面；让学生亲自参与利益分配，在小团体的利益和大团体的利益之间做出权衡，继续从模拟游戏中体会“公共精神”的内涵</td></tr>
<tr><td>一般说明</td><td colspan="2">①人数：15 人
②时间：40 分钟
③用于标识广州各区的硬纸片，上面写“越秀”“天河”等，每组一套；用于代币的硬纸片，每组 30 张（名片大小），每张的面额是 10 万元
④常用计算器
⑤场地：宽敞的空间</td></tr>
<tr><td rowspan="10">实施步骤</td><td>①</td><td>简要介绍本活动 1～2’</td></tr>
<tr><td>指导语</td><td>在今天活动中，我们用自己所在小组代表“广州市”，组内分成 3 个“区”，每个区里有 5 个同学，根据给定的规则讨论一笔公共财政的分配方案</td></tr>
<tr><td>②</td><td>分组、分配各组任务和所用的器材 3～5’</td></tr>
<tr><td>指导语</td><td>1. 首先我们把小组成员分成 3 组，每组成员 5 人左右，他们是抽到的区（如黄埔）的代表
2. 每个区将拿到 10 张代币卡片，每张卡片相当于 10 万元人民币的面值
3. 各个区的代表讨论：给自己的区留多少钱？交给市里多少钱（公共基金）？
4. 各区根据讨论结果分配手中的资金。并把准备交给市里的钱放在场地中央</td></tr>
<tr><td>③</td><td>步骤 1：讨论分配方案</td></tr>
<tr><td>指导语</td><td>1. 请每组的 3 个区分别讨论资金分配方案
2. 讨论结束后，请大家把公共基金放在场地中央
3. 社工宣布一年以后的资金收益：各区自留的资金收益是 1.5 倍（也就是 10 万元变成了 15 万元），市公共资金收益是 2 倍（10 万元变成了 20 万元）</td></tr>
<tr><td>④</td><td>步骤 2：计算最终收益</td></tr>
<tr><td>指导语</td><td>1. 请各个区计算自己的收益，也就是之前分配给自己区的资金乘以 1.5
2. 大家一起计算公共资金的收益，也就是三个区交给市里的总资金乘以 2
3. 公共资金用于全市公共事业，最终各个区也会受益，现在将第二步计算的结果除以 3，就是每个区在公共资金上的收益
4. 请每个区计算自己的总收益，也就是第一步的收益加第三步的收益</td></tr>
<tr><td>⑤</td><td>活动讨论和总结 10～15’（请大家站在各自角色的立场上思考下列问题）</td></tr>
<tr><td>指导语</td><td>1. 请大家思考：如果所有的区都把 100 万元全部留给自己，最终每个区的收益是多少？如果把 100 万元全部交给市里，最每个区里的收益是多少？（用计算器和大家一起计算）
2. 请大家思考：在分配资金的过程中遇到最大的困难是什么？（请 1 到 2 个同学回答）</td></tr>
<tr><td rowspan="3">注意事项</td><td>①</td><td>启发学生从公共利益（广州市）和局部利益（各个区）的角度考虑不同群体立场背后的意义</td></tr>
<tr><td>②</td><td>最终的方案可能是在一个折中的位置，此时要引导学生理解“公共”的内涵：每个小团体分享给大团体的利益越多，最后自己得到的利益也会越多）</td></tr>
<tr><td>③</td><td>活动结束后及时清理道具，保持场地整洁</td></tr>
</table>

附录9－2　质性编码结果

1. 个案CPZ

	CPZ	
	消极	积极
第一节	兴奋、抢话（干扰小组）	接受小组、激动；发言多；对小组发展起了积极的作用：控场 & 配合（接受小组、投入小组）
第二节	最后分享稍有走神	回应社工；提醒组员；活动积极兴奋（接受社工、投入小组）
第三节	初：注意力不集中；末：浮躁，受影响，但受契约制约（低度投入）	活动积极；鼓励其他组员（遵守规则、投入小组、行为改善）
第四节		配合；专心（投入小组、积极沟通）
第五节	（低度投入）	初开始走神但慢慢积极参与（投入小组）
第六节	（低度投入）	积极，理解内容；中间有些走神；部分内容能理解（积极参与）
第七节		稍有走神，但总的来说积极参与（投入小组）
第八节		原本积极，在礼物的激励下更积极（积极情绪、投入小组）
总体表现	配合社工活动，积极且对大部分内容都能理解	
消极表现	低度投入、干扰小组	
问题呈现的模式	问题不明显，时而会低度投入	
发生改变的过程	小组初低度投入，中间会积极投入，积极情绪	

2. 个案LZF

	LZF	
	消极	积极
第一节	十分吵闹（干扰小组）	对于他不想做的事虽然会直接说“我不要”
第二节		语言攻击减少
第三节		分享（融入小组、积极参与）
第四节		大叫着说“我不要参加”，可是他又每次都会参加；会吵闹但是在一些程度上还是参与到小组来了（接受小组）

续表

	LZF	
	消极	积极
第五节		很认真参与，但受影响（接受小组、融入小组、但自控力仍低）
第六节	请假	
第七节	表现得很被动；会搞小动作，不投入；在社工阻止他时离开小组（排斥小组、干扰小组、排斥小组）	
第八节	退出小组	
总体表现	改变分阶段，小组中间阶段有所改变，包括攻击行为减少、积极融入小组，但明显发现在小组结束前变化恢复原样，甚至退出小组	
消极表现	干扰小组、排斥小组	
问题呈现的模式	问题呈现不稳定，有积极的变化，也有反复	
发生改变的过程	第5节：接受小组，言语攻击减少；第7节：出现反复，排斥小组、破坏规则	

3. 个案 CZH

	CZH	
	消极	积极
第一节	安静（表达困难）	但有跟别人互动（积极人际交往）
第二节	对游戏紧张，语言表述的确不太流畅（表达困难）	但尽力地完成（积极参与）
第三节	（表达困难）	在社工鼓励下能分享自己的故事（积极融入小组）
第四节	（表达困难）	安静，但会给予社工支持；慢慢地表达出来（接受社工、积极沟通、同伴接纳、积极人际关系）
第五节		安静；配合组员；对活动没有什么想法（表达改善、接受小组）
第六节	但融不入热烈的氛围中（消极反馈）	安静；但安静积极地参与小组（积极配合）
第七节	有“魔方”这个外物，注意力不集中（表达困难、低度参与）	
第八节		安静；比较认真地听，眼神也集中在社工身上（投入小组，积极沟通）

续表

	CZH	
	消极	积极
总体表现	总体表现安静状态，变化不明显但有改善，但总体是配合社工配合小组的；不爱说话，表达困难，需要引导的类型	
消极表现	消极表现：表达困难	
问题呈现的模式	问题呈现的模式：消极表现持续稳定呈现，社工引导会有改善，总体投入小组	
发生改变的过程	发生改变的过程：第3、4节表达改善	

4. 个案 LZB

	LZB	
	消极	积极
第一节	调皮，打架；鄙视社工，语言暴力（语言和肢体攻击行为、干扰小组）	
第二节	看到社工回避；搞小动作，对小组不感兴趣；只积极参与了游戏，游戏过后又捣乱；当其他组员集体投诉他时会稍有收敛（排斥小组、排斥社工、避免人际交流、干扰小组）	（部分参与、群体依从）
第三节	迟到、大力推门（破坏规则、行为失范）	这节比较乖，虽然还是会有语言上的捣乱，但是很明显地比上两节小组都有进步了；会给社工反映；分享（攻击行为减弱、融入小组、积极沟通、接受社工）
第四节	兴奋到影响小组进行（干扰小组）	遵守时间、反抗心降低，听社工话；参与小组内容（遵守规则、接受社工、融入小组）
第五节	踢门；吵闹；阻碍到社工（破坏规则、行为失范、干扰小组）	在意社工，会时不时偷望（积极沟通）
第六节	退出小组	
第七节	退出小组	
第八节	退出小组	
总体表现	对小组不信任，采取攻击行为，虽在小组过程中攻击行为有所减弱，但是由于与社工与组员沟通不良后来退出小组；在第3、4节小组中有所改善攻击的行为以及融入小组	
消极表现	干扰小组、攻击他人、消极社交情绪、排斥小组/社工、行为失范	
问题呈现的模式	消极表现持续稳定呈现。与积极的改变交错出现	
发生改变的过程	第2节：亲规范；第3节：遵守规则、接受小组、积极沟通；第4节：融入小组	

5. 个案 LZJ

	LZJ	
	消极	积极
第一节	也会时不时打断小组，到后面会选择性地回应他（干扰小组、自我困扰）	很嘴贫，多话，跟社工也很易熟；有一定的号召力；自我调侃；协商；帮助行为（接受社工、关系调节、自我接受、助人）
第二节		遵守小组契约；对别人的评价可以很客观，赞扬他人；对自己的接受程度也很高；调侃自己肥来逗组员；帮助行为；对别人的不满没有显现出伤心（遵守规则、认同他人、接受自我、助人行为）
第三节	积极参与但得不到关注时生气；出现小动作（渴望关注而引发的消极社交情绪：干扰小组、攻击行为、人际冲突、外部归因）	
第四节	故意制造小动作引起关注（干扰小组以期得到关注）	比上节认真了；对社工提的建议接受了（投入小组、接受社工）
第五节	干扰别人，不回应别人，有时会严重影响到组员与小组活动（干扰小组、消极人际交流、排斥社工）	
第六节	不遵守小组契约；故意制造小动作引起关注；当社工想跟他聊时完全不理会，直接走掉（干扰小组、排斥社工、排斥小组、破坏规则）	
第七节		比上一节的确是更投入，对社工的表扬无反应（投入小组、排斥社工）
第八节	过于兴奋；严重时会影响到社工进行小组且影响组员；不屑礼品（干扰小组、同伴冲突）	
总体表现	积极行为与消极行为交替出现；渴望得到关注，得不到则会表现出消极人际关系与人际交往	
消极表现	干扰小组/社工、自我困扰、渴望关注而引发的消极社交情绪：攻击行为、人际冲突、同伴冲突、外部归因、破坏规则	
问题呈现的模式	在得不到关注下，消极表现持续稳定呈现。与积极的改变交错出现（期待与交换不平衡）	
发生改变的过程	第 4 节：投入小组、接受社工，第 7 节：投入小组	

6. 个案 LWC

	LWC	
	消极	积极
第一节		积极、认真，听社工提出的任务；愿意分享（接受小组、积极融入）
第二节	自嘲自己的样貌、自卑、插话（自卑心理、干扰小组）	积极主动；插嘴，想引起社工的关注（接受小组、渴望关注）
第三节	（自卑心理、自我困扰）	积极、主动；坦白地分享自己不自信的事情，自卑（投入小组、信任社工）
第四节	（问题凸显、同伴排斥、对现实失望）	跟社工沟通自己的事情；寻求帮助却数次解决不了，很伤心被欺负（信任社工）
第五节	（同伴排斥、自我困扰、攻击）	被孤立时努力地“入群”但被明显拒绝时表现出自己的倔强；在小组积极参与说话的环节，引起注意（主动融入）
第六节	总体挺闹的。被别人挑衅时先是生气后自嘲；自己积极参与小组却被组员抱怨，很沮丧（同伴冲突、攻击行为、自我困扰、消极社交情绪、干扰小组）	
第七节	有比上节更多的组员抱怨他抢话这一行为（同伴排斥加强、干扰小组）	（主动寻求帮助、信任社工、接受社工）
第八节	小组游戏输了就变得负面（心理承受能力低、行为失范）	抢话和讲很多话的小缺点有一点改善了，和组员也算和谐（自我改变、接受小组、同伴紧张关系和缓）
总体表现	积极接受与融入小组，但同伴关系问题通过小组逐渐显露并变得紧张，承受能力弱引发一些行为失范，信任社工主动寻求帮助	
消极表现	消极表现：自卑心理、自我困扰、问题凸显、同伴排斥、心理承受能力低、行为失范与心理压力增强	
问题呈现的模式	问题呈现的模式：对于小组来说，积极投入；但在组内人际交往较差，同伴排斥与冲突，从而发生行为失范	
发生改变的过程	发生改变的过程：从第4节开始问题开始凸显，并在第6节爆发。但本人接受社工并主动寻求帮助（接受开个案的建议）	

7. 个案 CDT

	CDT	
	消极	积极
第一节		阳光开朗、受师生喜爱、个人非常自信
第二节		阳光开朗、受师生喜爱、个人非常自信

续表

	CDT	
	消极	积极
第三节		阳光开朗、受师生喜爱、个人非常自信
第四节	出现挑衅同学的话语，与同学推撞、情绪失控（同伴排斥、受助者、攻击、消极社交情绪）	
第五节	情绪崩溃，与同学发生冲突（破坏规则、消极社交情绪、同伴冲突、攻击）	
第六节	（同伴排斥、受助者、攻击、消极社交情绪）	
第七节	（同伴排斥、受助者、攻击、消极社交情绪）	
第八节	（同伴排斥、受助者、攻击、消极社交情绪）	
总体表现	消极社交与同伴排斥，问题一直呈现，投入小组较难，跟角色期待不符	
消极表现	同伴排斥、受助者、攻击、消极社交情绪、同伴冲突、破坏规则	
问题呈现的模式	问题再小组过程中呈现并激发出来	
发生改变的过程	无	

8. 个案 YSW

	YSW	
	消极	积极
第一节	（消极人际关系与人际交流、同伴排斥、低度参与）	
第二节	（消极人际关系与人际交流、同伴排斥、低度参与）	
第三节	（消极人际关系与人际交流、同伴排斥、低度参与）	
第四节	（消极人际关系与人际交流、同伴排斥、低度参与）	
第五节	（消极人际关系与人际交流、同伴排斥、低度参与）	
第六节	游离于小组外；被动；跟同学无亲近表现（低度投入、消极社交）	
第七节	因被他人忽视而哭（消极社交情绪）	但哭后投入了小组（投入小组）

续表

	YSW	
	消极	积极
第八节	拒绝社工跟进；容易走神，难以集中在小组中。	
总体表现	消极社交与同伴排斥，问题一直呈现，投入小组较难	
消极表现	消极人际关系与人际交流、同伴排斥、低度参与	
问题呈现的模式	问题一直呈现、消极社交、同伴排斥	
发生改变的过程	无，拒绝社工跟进（建议开个案）	

9. 个案 LSB

	LSB	
	消极	积极
第一节	身体动作表现对社工不守时的不耐烦（排斥社工）	（投入小组）
第二节		相信社工、轻松；积极参与小组；发言时能说到重点
第三节	他评：情绪暴躁，喜欢打架，被挑衅时控制不住情绪（消极社交情绪）	接受社工的建议（处理情绪的方法）（助人、接受社工、寻求改变）
第四节	挑衅同学、情绪失控、动手打人（消极社交情绪、同伴冲突）	
第五节		
第六节		
第七节		
第八节		
总体表现	情绪问题凸显，他评不好，有意识改变，主动求助	
消极表现	消极表现：排斥社工、消极社交情绪、同伴冲突	
问题呈现的模式	问题呈现的模式：情绪问题，他评较严重，但有意识进行改变，寻求帮助	
发生改变的过程	发生改变的过程：第 4 节助人、接受社工、寻求改变	

10. 个案 YWY

	YWY	
	消极	积极
第一节	（表达困难）	害羞文静；无发言但认真倾听，活动认真完成；对人友好（投入小组、人际良好、助人）

续表

	YWY	
	消极	积极
第二节		紧张；帮助他人，给予提示；随着小组氛围而积极起来；在社工引导下分享（助人、积极投入小组、表达改善）
第三节	表达困难	虽声音小但尝试回顾上节；主动举手表演；鼓励其他组员；在社工引导下分享（表达改善、人际促进）
第四节		认真倾听、回应社工，但音量有所提高；主动举手参与活动；越来越能表现自己，男生也惊讶（投入小组、表达改善、自我提升）
第五节		保守地完成小组活动，认真但发言少（投入小组）
第六节	稍微后退，该节较文静，不敢表达自己的看法（表达困难）	表达改善
第七节		被他人认同很开心，表示喜欢该小组（接受小组）
第八节		配合积极，并开始与男生讨论（表达改善、接受小组）
总体表现	总体表现为表达困难但投入小组：原本害羞安静不敢表达，后面越来越积极与自信，出乎同学与社工的意料	
消极表现	消极表现：表达困难	
问题呈现的模式	问题呈现的模式：问题持续但表达有改善	
发生改变的过程	发生改变的过程：第3节以后：接受小组、表达改善	

11. 个案LM

	LM	
	消极	积极
第一节	易被影响，交头接耳、嬉戏吵闹（干扰小组）	当强调纪律时能遵守；帮助社工维持秩序；积极参与（遵守规则，配合小组，积极投入）
第二节		积极参与
第三节	交谈（干扰小组）	融入和适应了小组的开展；积极参与；配合；帮助行为（配合小组、融入小组、积极人际交往）

续表

	LM	
	消极	积极
第四节		积极配合；协助社工解决中途发生的小插曲（接受小组、积极沟通、调节关系）
第五节		愿意尝试接受那名被孤立者；最终小组矛盾基本解决，气氛变得较好（接纳同伴、认同他人、调节关系）
第六节	一开始时有点心不在焉；受影响而不参与到小组（干扰小组）	但到游戏环节开始积极，能认真积极聆听和表达自己的看法（接受小组、积极沟通）
第七节		积极、认真和配合；在社工的引导下进行思考，有自己的想法和理由（接受小组、自我提升）
第八节		在意见不一下，在她的努力下才推动意见的协商和同意；被人信服（公共精神、自我提升、接纳社工）
总体表现	干扰行为小但不明显，内在潜能通过小组激发出来，通过自评与他评获得重新认知；他评：改观	
消极表现	干扰小组（但不明显），积极表现较明显	
问题呈现的模式	积极表现较多，消极表现会出现但不明显，通过小组发展了自我，得到自我提升	
发生改变的过程	第5、7、8节积极表现突出	

附录9－3　小组活动现场照片

读书成就梦想 知识照亮人生

第十章 亲社会行为干预课程的反思与修订

一 亲社会行为干预课程的反思

在为期一年的亲社会课程结束之后，研究者及时对干预课程的内容、方法、实施过程、课程效果以及相关人员反馈等方面的信息进行了反思。根据对干预过程的质性观察资料、干预效果的量化分析结果以及面向学生和教师的访谈，明确了值得进一步推广的经验，同时也总结了当前课程所存在的一些问题。

第一，课程主题。在亲社会行为社区干预的整合模式基础上（详见第九章图 9－1），我们在广州市某社区开展的亲社会行为干预课程包括四大核心主题，即自我成长、社交提升、群体适应和亲环境意识与行动。就内容框架而言，这四个主题较为全面地涵盖了青少年在学校内外的社会生活场景。但是，基于这四个主题的理论框架在具体课程的转化过程中，我们遇到一些困难，根据实际干预效果和相关反馈信息可知，青少年组员反映 2－A、2－B、2－C、2－D（详见第九章，附录 9－1）这四次活动的内容比较枯燥，与自己的生活距离较大，由于青少年很少有机会能够实际参与社区的公共事务，很多与此相关的概念都来自父母或教师的转述，其中难免出现二次加工，将成人的价值观混入其中，他们对于公共性和群体规范的理解还主要局限在学校场景下的同伴交往范畴内，这就需要我们在未来的课程开发中进一步修改与完善这些主题之下的课程内容。

第二，课程实施方法和实施过程。在亲社会行为干预实务中，我们采用了团体心理辅导和小组社会工作相结合的方法，一方面吸收了团体心理辅导方法在前期热身、建立关系、人际接纳和团体动力等方面的有用经验；另一方面也很好地利用了小组社会工作在资源链接和群体建设等方面的优势，既避免了教师直接参与带来的效果偏差，也充分发挥了社工在社区的综合服务功能。因此这个方法具有可推广的价值。但是这种综合方法涉及一些跨学科和跨领域的知识与技能，对一线人员的能力和经验也同样提出了较高的要求，因此我们在干预的实施环节中依然存在进一步提升的空间，比如社会工作者及其助理在社会工作理论与实务方面的基础比较扎实，也具有较强的实际操作能力，但她们的心理学知识与技能还有待进一步提升。未来针对青少年的社区服务和教育人才的培育和选拔也应注重多元整合视角与跨学科背景。

在课程实施方面，群体适应和亲环境这两个主题中的部分内涵与青少年现实生活存在一定的距离，因而具有很强的抽象性，如何将这种比较抽象的理念转化为可操作、可理解的小组活动？这是课程设计者和实施者始终都需要面对的一个挑战；鉴于这些主题的难度，社会工作者在公共生活训练和生态保护训练的小组活动中很难切入形象化和趣味性的游戏活动，这就使得低龄青少年在领会和施行方面遇到很多困难，比如注意力难以集中，容易对一些抽象议题出现错误认知等。

此外，在小组活动的策划中也存在一些问题，一是由于设置的主题较多，每个主题安排的节数是一节，所以设置的引导性思考会比较浅显，不够深入；二是鉴于青少年亲社会行为的养成是一个长期的过程，而社工介入的时间长度是有限的，所以目前设计的 8 节课时长对部分青少年来说是不够的。

第三，课程效果。亲社会行为的促进是一个连续而长期的过程，所以对于效果的评估也应是跨时间、多角度和全方位的。从已经完成的两轮干预来看，我们在评估干预效果时一方面采用量化研究范式下的“前测 - 后测”和“干预组 - 对照组”分析方法，另一方面采用了质性研究范式下的连续观察和深度访谈的评估方法。结果和第九章所预测的一致，量化分析有意义的结果有限，基于孤立时间的“点对点”前后测比较或组间比较容易出现偏差，因此很难准确、清晰地反映干预的效果。而在干预全程的持续观察记录中，一些典型成员的表现和变化可以在其中得到充分体现，这些变化和课程进度相匹配之后，可以进行深入的交叉分析，进而分别探讨不同主题的干预效果，并可以发现具体的问题，以便进行有针对性的调整（详见第九章，附录 9 - 2）。这表明混合评估方法是有价值的，至少能够比单一的量化评估方法获取更多的信息。但这种方法的难度也比较高，因而在连续观察和后期的质性分析中也相应地对社会工作者和研究人员提出了更高的要求。

二　青少年亲社会行为干预课程的修订

针对上述反思过程中发现的问题，我们尝试开发了另一套干预课程。主要针对已有课程中的部分内容抽象性太高、比较枯燥的问题，在以下几个方面设计更具体和贴近生活现实的课程。需要强调的是，修订后的“新课程”在内核上和原先的四大主题依然是吻合的。主要的区别在于修订版内容更形象，操作性更高，更容易被青少年组员理解与接受。

亲社会行为干预课程的修订版主要考虑四个问题。

第一是社区志愿活动。寇彧（2003）总结出人们在共同的社会生活中表现出来的帮助、合作、分享、安慰、谦让、捐赠及自我牺牲等积极的、有社会责任感的、有益于他人和社会的行为，都常被作为典型的亲社会行为。志愿活动就是一种体现行为个体社会责任感的，有益于社会、有益于他人的亲社会行为。青少年通过参加志愿活动可以增强他们的团体意识、社会意识和社会责任感，在帮助他人的同时，丰富自己的人生经历，实现自己的人生价值。曾盼盼（2011）还指出志愿活动与青少年和成年人的身心健康和幸福感有正向联系，幸福感越强，越能够激励青少年友好待人、做出帮助他人的亲社会行为。从个体付出的角度来看，亲社会行为涉及两类付出，一类是金钱，一类是体力，前者包括捐赠、捐款等行为，后者包括志愿者、义工等行为。对于还没有稳定收入的青少年来说，后者与他们的现实生活更贴近。

第二是沟通姿态。人与人之间的交往通过沟通进行，人际交往的质量受沟通姿态影响。萨提亚模式提出人的沟通姿态有许多种类（萨提亚，2007），最主要的有五种，分别是：表里一致型、讨好型、指责型、超理智型、打岔型，其中最理想的沟通姿态是表里一致型。表里一致型就是表里如一，真诚待人，真情表露，表里一致型的人可以和他人实现和谐互动。每个人的沟通姿态都不是固定不变的，随着年龄、阅历、社会地位等，沟通姿态不断变化。同时每个人的沟通姿态也不是只有一种，而是各种类型的组合，如有的人是讨好型、超理智型等。青少年是儿童向成人过渡的重要时期，也是青少年逐步演变成社会人的重要阶段。培养青少年良好的沟通姿态，可以助力青少年获得良好的人际沟通，赢得同伴、老师、父母的理解与欣赏，从而获得心理上的自我认可，增加亲社会行为，并且给他人以积极向上的形象。鉴于青少年，尤其是低龄青少年的认知和情感发展特点，与他们泛泛地谈社交、谈沟通还是略显抽象，会受到他们理解力的限制，因此，具体而形象的沟通姿态更适合这个年龄段。

第三是健康心理。拥有健康的心理对青少年的成长非常重要，陈宇海（2007）指出青少年亲社会行为缺失重要的原因是青少年自身成长过程中形成的一些不健康心理因素。表现为：期望值过高、自卑感太浓、嫉妒心太强、承受力太弱和自私心太重。因此，在青少年智力发育正常的基础上，要通过一些教育课程及训练，使他们拥有健全的个性、心理耐受力、情绪稳定性及自控能力，可以较好地适应社会。此外，由于心理健康教育在当前的中小学已普及，青少年也能够相对比较容易地理解这个概念，进而在相关的课程中真正有所收获。

第四是同伴关系。这也是青少年发展议题中最重要的一项，赵章留、寇彧（2006）指出同伴关系良好的个体一般拥有较强的社会认知能力。同伴关系良好的青少年，其亲社会行为也更容易在同伴中获得积极反馈而得到进一步强化。同伴关系是青少年阶段最为重要的关系之一，必须正确处理。青少年受同辈群体的影响甚至超越来自父母老师的影响，并且由于受青少年期不稳定、可塑性特点的影响，青少年更加容易在学习和生活中习得一些同伴之间的行为习惯。如班上一位同学在听课时转笔转书，其他同学觉得这个行为非常酷，就会学习这种行为，继而在班级中形成不良的风气。所以拥有健康的同伴关系，青少年才能识别不同的同辈影响；另外，如果没有适当有效的沟通技能，青少年就难以获得良好的同伴关系，习得适当有效的沟通技能是青少年人生中重要的一课。

三　修订版干预课程的实施及效果验证

（一）修订版干预过程

基于上述反思，干预课程的修订版包括八次小组活动（附录 10 - 1）。课程的实施以小组工作方法在广东省 A 市一所公立小学开展，在老师的帮助下课程顺利实施，前期经过与校长的协商，在该校五年级一班学生中随机抽取了 10 名学生，利用班会课时间，由社会工作专业实习生进行。

下面介绍其中五节课程的开展情况（以下由参与课程修改的社会工作专业实习生以第一人称“笔者”的身份总结撰写）。

第一节：自我认可。在老师的协助下，组员在上课前全员到齐，笔者请组员围坐在地上，与他们闲聊，组员显得有点拘谨。小组活动正式开始后，笔者首先自我介绍，解释了接下来的课程安排，并告诉学生课程形式以组员发言、游戏和情景模拟等为主；组员们放松了许多，开始七嘴八舌地插话、打闹等。笔者见状，开始与组员一起订立小组契约，组员们一起想出了三点内容，包括尊重人、要配合以及出去要请示，并请他们签名确认契约内容。接着笔者介绍小组目标，组员们对于亲社会行为这个名词非常陌生，经过解释后，组员能举例说出几个亲社会行为。在请组员进行自我介绍时，包括名字由来、自己的爱好等，发现个别组员在向其他同学介绍自己时还是比较害羞，需要笔者引导才能说出更多关于自己的信息。而有的组员则可以非常自信地介绍自己，同时还发现在介绍自己的爱好时有两个特别的地方：第一是当个别组员说出自己的爱好时，其他组员会感叹之前一直都不知道他有这样的爱好，现场的介绍加深了同学间的了解；第二是组员们有相似的爱好，比如男组员大都喜欢打篮球，女组员喜欢画画、看小说，这说明组员之间的同伴群体影响较为显著。接着让他们谈谈自己的优点和缺点，笔者使用自我披露的手法，引起组员的思考。在组员轮流说完自己的优缺点后，笔者发现，这些组员并不是原先想象的那样，总是乐于并且自豪地说出自己的优点，而耻于披露自己的缺点。实际上，组员们在介绍自己的优缺点时，大多会略过优点，或者只说一个优点，而对于缺点则加以详细说明。对于这种情况，组员表示是因为害羞所致。笔者追问大家是否会改正自己的缺点时，组员大多数表示没有，所以笔者开始引导组员要努力改正自己的缺点。游戏环节，组员们很快可以理解游戏规则，笔者强调要根据自己的优点及特点来给自己起一个昵称，其中有位身材较为圆润的组员开始称自己是“胖子”，笔者问他，每当别人这么叫你时，你的感受是怎样？他说感受不好。笔者引导他可以根据自己的优点来选择昵称，后来他想到自己数学成绩较好，就取名为“小数点”。游戏顺利结束。笔者最后总结时强调，我们是不一样的人，名字、爱好、优点缺点等等组成了不一样的我，我们要学会接受自己、认可自己。

第二节：你在烦恼什么。笔者首先请组员回想一下自己知道的表达情绪的词，发现组员比较容易混淆词性，会说出很多例如“打架、抑郁症、爱哭”等词语。然后请组员把这些情绪词分类，组员可以说出几种分类方法：开心与不开心、正确与错误。接着笔者提出积极与消极的分类方法，个别组员一开始不明白“消极”的意思，在解释后，组员们能够顺利地对情绪词进行分类。在游戏环节，主题是“分享你的烦恼和压力”，组员看到笔者拿出糖果都显得较为激动，场面开始有点混乱。笔者立即拿出小组契约，重申要遵守小组契约，组员们静下来后说明游戏规则。游戏进行得非常顺利，每位组员都认真地分享了自己最近的烦恼或者压力，其他组员有相似情况时都会赞同并拿出糖果，总体来说，组员们的烦恼有：第一，学业紧张；第二，来自父母高要求的压力；第三，课余娱乐时间越来越少；第四，有时会感觉孤单；第五，父母总是喜欢拿自己和别人家的孩子比较。然后笔者问组员平时如果不开心时会怎么做，大家七嘴八舌说出了很多方法，笔者再让组员思考大家想出来的办法可以怎样分类？有组员说正确与错误，笔者肯定了这种分类法，提出了积极的排解方法与消极的排解方法，让组员分类。大家能明确分类，然后重点谈谈如果不开心而使用打架的方法来排解，后果会怎样，大家都认同打架会互相伤害，老师会批评，严重的会请家长，结果是更加不开心。最后笔者向组员分发情绪管理的材料让组员阅读，有组员阅读时遇到不理解的地方提出来让笔者解读，同时笔者请组员拿到班上传阅，并且拿回家里让父母阅读。

第三节：我和我的小伙伴。笔者首先说明了这节小组活动的目标，组员不明白“同伴关系”的意思，经过笔者的解释，组员很快就明白了。然后开始进行热身游戏，“代币游戏”的内容设计促进了男女生之间的合作，因为在游戏中，只有男女生组合才能凑足要求的钱数，总的来说，组员们玩得非常开心，起到炒热气氛的效果。接着笔者带着组员一起讨论了良好的同伴关系需要双方怎样地相处，怎样的人招人喜欢，怎样的人惹人讨厌？组员七嘴八舌说了自己的观点，笔者带着组员总结了大家的观点，也起到强化的作用，总结来说：第一，良好的同伴关系需要双方相互信任、忠诚、互相帮助、有福同享有难同当等；第二，招人喜欢的人具有乐观、善良、友好、无私、正直等特征；第三，惹人讨厌的人具有小气、不诚信、脾气坏、喜欢搬弄是非等毛病。接着是蒙眼贴鼻子的环节，笔者要求组员自由组合，但是组员中男女平均为五人，剩下一男一女要组队，大家不乐意，所以为了公平起见，以猜拳的方式，男生组中猜输的要和女生组猜输的组员结成一对，以这种方法最终解决了分组问题。说明了游戏规则后，大家开始游戏。组员们都热情高涨，笔者在一旁鼓励组员要相互配合，团结一致，最终五个组都完成了游戏。分享环节中，笔者请组员谈谈蒙眼贴鼻子的游戏能成功最重要的是什么？组员们说最重要的是团结和相互配合，说明大家开始领悟到游戏的真正目的。

笔者总结，希望组员做到对待同伴真诚，同伴之间团结协作，珍惜同伴。

第四节：我爱我家。小组正式开始前笔者与组员一起回顾了上几节小组的内容，组员都记得非常清楚。这一节的第一个环节是画全家福，个别组员了解了笔者提出的作画要求后表示无从下手，经过笔者的提醒和鼓励，大家简单地画好了全家福。接着笔者邀请组员轮流来向大家展示，并和大家分享一下和父母做过最有趣的一件事。总结组员们分享的趣事大致为：第一，父母带自己去吃好吃的；第二，生日的时候父母送礼物给自己；第三，和父母去旅游；第四，外地的组员和父母回老家。组员分享完毕后，笔者顺着话题问组员，觉得父母爱自己吗？出乎意料的是大部分组员都表示不爱，问为什么，他们觉得父母对自己很严格，所以觉得父母更爱自己的兄弟姐妹。听到组员这么说后，笔者让组员想一想：觉得父母严格是不是因为他们限制你的娱乐时间，为什么这么做？是不是想大家尽快完成作业？严格的要求只是父母希望你成为更好的人，我们都太关注自己了，试着站在父母角度想想，他们每天努力赚钱是为了给我们更好的生活，父母劳累一天后回到家还要给你们做饭洗衣，作为子女的我们应该看到父母的付出，更应该感谢他们的付出。接着笔者拿出事先准备好的贺卡，请组员为父母写一张表示感谢的贺卡，放学回家送给父母，大家都非常认真地写好了贺卡。

第五节：小小志愿者。笔者首先问大家是否记得学雷锋日是几月几号？大部分组员回答 3 月 5 日，并表示那天他们全校进行了大清洁。笔者再问大家是否知道什么是志愿活动，做过哪些志愿活动？他们说学雷锋就是志愿活动，并表示没有作过其他志愿活动。由于天气原因，感受志愿活动的环节改在图书室进行，笔者动员组员一起把图书室乱放的书籍摆放整齐。20 分钟后，再次集合组员一起进行分享，笔者首先解释了志愿活动的意思，组员在无意中做了许多志愿活动，比如帮学校清洁卫生、在市里的慈善万人行活动中捐钱、帮助图书室工作人员整理书籍等，其实志愿活动还有很多种形式，如到敬老院探望老人、捐旧衣物、卷旧书籍等。接着笔者问大家志愿整理图书室书籍的感受是什么？组员说很累，但是图书室变得整洁了觉得很开心。笔者肯定了这种想法，呼吁组员带动身边的同学朋友甚至父母，参加学校和社区组织的志愿活动。

（二）效果验证

效果验证采用访谈的方式，通过师生参与课程的反馈，从正面和侧面验证青少年亲社会行为干预课程的有效性以及不足之处。

1. 组员反馈

反馈性访谈在小组课程结束一周后进行，一共访谈了五名组员，访谈提纲如下：

1. 还记得我们小组活动的内容吗？请举例说明。
2. 你觉得印象最深刻的是哪一节小组活动？为什么？（内容、形式）
3. 请举例说明怎样的行为是亲社会行为？
4. 参加完小组活动，你的收获是什么？
5. 你觉得小组活动有什么地方需要改进？
6. 假如体育课自由活动，你看见一位同学跑步时摔倒了，你会怎么做？
7. 假如你的同桌忘记带语文课本，向你求助，你会怎么办？假如他向你借作业抄，你会怎么做？
8. 假如周末在家，你看见妈妈在清洁卫生，你会怎么做？
9. 假如你们班开始流行购买某位明星的周边产品，你会怎么做？
10. 假如最近你遇到很生气的事情，心情低落，你会怎么做？

从访谈提纲可以看出，前五个问题主要是谈谈关于对小组的整体感受，后五个问题是测试组员参与小组活动后的亲社会行为倾向。对于小组活动的内容，五名组员虽然不能流利说出每节小组活动的名字，但经过笔者的提醒，组员们可以清楚回忆起每节小组活动的内容。对于印象最深刻的小组活动，组员的意见不一，主要有小组活动（四）：我和我的小伙伴、小组活动（六）：我爱我家，以及小组活动（七）：小小志愿者，原因主要是游戏比较有趣，写贺卡送给父母很有意义，父母收到贺卡后非常开心，到图书室整理图书很有意义等。问到参加小组活动后有什么收获，组员表示学习到要珍惜友谊、感恩父母和用正确的方法发泄等。而关于小组有什么地方需要改进，组员普遍表示要增加趣味性，加入更多游戏。

进一步问道：请列举说明有哪些亲社会行为？此问题旨在了解组员对于亲社会行为的理解。对于该问题，组员的回答大多数为：帮助他人、感恩父母、遵守校规班规、认真学习、珍惜同伴等，由此可见，小组后组员认同的亲社会行为就是小组中倡导的亲社会行为，说明小组在帮助组员了解亲社会行为方面起到一定的作用。

最后，笔者为受访谈组员提供了五个情境，看看他们会做出何种行为选择。结果显示，大多数组员回答的内容符合社会认同的行为期待，有个别组员的回答体现了较为强烈的个性，虽然并不是常规的答案，但是其中也体现出了亲社会的考量。

总的来说，组员的反馈总体上反映出了小组预期的效果，组员了解了亲社会行为，并且表示在特定情境下愿意做出亲社会的行为选择。

2. 老师反馈

访谈提纲：

1. 参与小组的学生在学习和行为上有什么变化？

2. 以小组的方式开展行为教育，你觉得如何？有什么不足之处？怎样改进不足？

3. 你认为还需要增加什么主题？

4. 对于社会工作者进驻校园开展小组，你怎么看？

对于组员参与小组活动后的变化，老师反映还没看出组员有太大的变化，但在细节上有改变，特别是有组员家长在微信群中表示组员送给他们的感谢卡让他们非常感动。以小组的形式开展行为教育更加吸引学生，相比之下，以往学校对于学生的行为教育以班会课和训导教育为主，气氛比较严肃，因此学生会比较厌烦。小组活动以较为放松的环境及趣味性较高的游戏来引导学生习得正确的行为习惯，是非常新颖的行为教育方式。

但同时老师也提出，行为表现较差的学生即使是在严肃且严格的环境下也不听讲，扰乱纪律，所以社会工作者倡导的轻松有趣环境可能不会受到这部分学生的重视，甚至会妨碍教学的顺利进行，使得教学不能发挥预期效果。在时间方面，小组活动利用班会课或其他活动课开展，可能会打乱原本的课时安排，如果安排在学生放学后进行，会造成学生到家晚的情况，老师及学生家长会比较担心学生放学安全问题。

至于还应加设哪些主题，老师表示还应该加强学生尊师重道、遵守校规校纪及爱护公共设施的意识。老师比较支持社会工作者进驻校园，因为现阶段老师在教学方面的压力已经非常大，特别是班主任还要兼顾学生的操行品德问题以及与家长保持沟通的任务，所以社会工作者的进驻可以分担老师的重担，使其可以更加专注于教学。

从师生的访谈结果可以得出以下结论：第一，趣味性较强的活动会更加吸引学生，在青少年亲社会行为干预课程中加入趣味性活动可以使学生更加投入课程，从而增加干预效果；第二，青少年时期更具有可塑性，经过五节的干预课程，从学生的访谈结果可以看出，青少年亲社会行为干预课程有助于增加青少年的亲社会行为倾向；第三，小组活动区别于学校教育，以 10 ~12 位组员为一组，具有更强的针对性，在增强青少年亲社会行为倾向上，比学校教育中的全校集会、主题班会等形式更具有说服力，效果也更加明显。

（三）结论

关于课程取得成效部分。小组活动形式部分，从组员在小组中的反应以及对组员的访谈可以得出以下结论：第一，组员接受小组活动形式；第二，生动有趣的小组活动形式可以让组员投入活动内容中，使社会工作者更加容易讲授每节小组活动需要传递的信息；第三，组员对小组活动内容、环节有所期待，组员流失率低。

课程对组员效果部分。从组员角度看，组员们学会了亲社会行为的定义、对个人的重要性，从不同角度了解了不同的亲社会行为，如感谢父母、助人为乐、使用正确方法发泄情绪、建立良好的伙伴关系等。同时从访谈结果可以看出，组员在参与小组活动后有亲社会行为选择，可以明辨正确的行为选择。从老师角度看，老师注意到参与小组活动后的组员在行为表现上有进步，组员之间表现得比以往更亲密，组员对参与小组活动表现出期待，会积极询问班主任小组活动安排的时间。同时从老师方面得知，家长反映组员会在家和父母分享小组活动内容，家长进而支持其在不影响学业的情况下积极参与小组活动。

关于课程效果不佳部分。一是时间方面，由于需要配合学校的课时安排，社会工作需要在不妨碍语文、数学和英语三门主课正常教学的前提下，从学生的活动课、音乐课或者美术课等抽出时间来开展小组活动。从而影响这些科目的学习进度，同时还导致小组活动时间不固定，使学生没有一种正式的感受，他们觉得这是“临时”的课程，从而减低组员对小组活动的重视，一定程度上降低了小组活动的效果。另外，每节小组活动的时间需要控制在 40 分钟之内，否则会影响组员下节课的正常学习，所以小组内容、环节需要精简，但是精简的同时，又使得每节小组最重要的分享环节面临较大的时间压力，一般来说，每节小组活动的分享环节会放在最后一部分，组员在进行了前面各个环节后，分享的目的是强化和巩固本节小组活动要传递的重要信息，时间不足会导致分享质量不高，组员难以深刻领会其中的道理。

二是课程主题方面。本课程主题设置方面主要考虑学生的日常生活、同学相处及父母相处这些较为日常的主题，而没有加入上升到社会的主题，每节小组活动之间没有层层深入。师生反映小组活动主题也不够多样化，有些主题也是与主题班会、学校讲座重复的。

课程形式方面。小组活动对学生来说虽是新颖的学习方式，但如果控制不好，就会变成吵闹的“活动课”，社会工作者的角色对于学生来说始终不及老师那样威严，一开始对于身份和小组活动形式的澄清，会使学生在结束上一节严肃课堂后出现心理上的放松，因而难以控制纪律。小组契约的约束作用也是暂时的，随着课程的持续进行，组员越来越无视小组契约，纪律也越来越差，使得小组活动环节及传递的内容并没有被组员完全吸收。所以值得注意的是，小组活动形式的确可以吸引组员，同时纪律的管理也是一大难题。

在小组和访谈结束后，笔者对小组策划的不足之处及出现的新问题进行了展望，主要有：第一，青少年亲社会行为的养成是一个持续而漫长的过程，而本小组活动只有八节，持续时间较短。第二，每节小组活动对应一个主题，每个主题只有一节课时间，使得讲解比较浅显，引导组员思考也不够深入。第三，主题涉及不全面，较少涉及品行方面内容。第四，本小组策划是针对小学高年级学生提出，主题对于小学低年级和中学学生同样适用，但是形式上，如游戏的设置、引导的方向则不适用，需要继续调整。第五，本小组策划只适合学生参与，而如果在部分主题上邀请老师或者家长参与，效果会更好，如亲子关系、师生互动等。

针对介入时间较短问题，需要设置一套完整的跟踪记录，驻校社会工作者要跟踪学生的发展，发现问题及时解决。目前国内关于青少年亲社会行为社会工作介入较少，一般以小组形式进行，对象一般是小学高年级学生。社会工作的手法还有多种，需要进行亲社会行为介入的还有其他年龄段的青少年，所以需要更加深入了解青少年亲社会行为特征，运用不同的社会工作手法以进行有效介入，促进各个年龄阶段青少年的亲社会行为。

附录 10－1　亲社会行为

小组计划 1：自我认可

<table>
<tr><td>目的</td><td colspan="2">帮助组员认识自我，通过活动对自我形成一定的了解。认识自己的优点和缺点，学会肯定自己的优点，认可自己。使组员认识到世界上没有相同的两片树叶，每个人都是独立的个体，都是独一无二的</td></tr>
<tr><td>形式</td><td colspan="2">课堂以小组活动为主要形式，社工需要在前期、中期进行引导，活动结束后进行总结</td></tr>
<tr><td>一般说明</td><td colspan="2">1. 组员人数控制在 10～12 人
2. 道具准备：白纸、笔、球</td></tr>
<tr><td rowspan="7">实施步骤</td><td>①</td><td>社工自我介绍，社工向组员说明本小组的总体目标，和组员一起订立小组契约。</td></tr>
<tr><td>指导语</td><td>1. 各位同学下午好！相信大家心中一定很疑惑，为什么自己被邀请在这里开小组会？我是谁？这个小组是干什么的？下面我来为大家一一解答。我是来自广州大学社会学系的一名大四学生，同时也是一名实习社工，大家可以叫我小敏姐姐。各位被我邀请来这，是我想和大家上几节小组课，什么是小组？小组是区别于课堂的活动形式，小组期间我会和大家一起玩游戏、一起讨论和分享
2. 本小组的目标是让同学们在小组开展中了解亲社会行为，亲社会行为是一种个体自愿做出的，给他人带来好处的，促进相互之间的和谐关系的行为。我们想要通过一系列的小组活动来促进同学们的亲社会行为
3. 好！大家都对我们这个小组有了一定的了解，小组的顺利开展需要大家遵守一定的契约，大家觉得订什么规则比较好呢？好！我把大家总结的三条契约写到这张纸上，大家在纸上签名确认，表示契约是大家一起想出来的并且要共同遵守</td></tr>
<tr><td>②</td><td>你的名字</td></tr>
<tr><td>指导语</td><td>1. 我已经进行了自我介绍，但我还没认识大家，所以下面请大家轮流进行自我介绍，包括你的名字、名字的由来、你平时的爱好是什么？</td></tr>
<tr><td>③</td><td>谈谈自己的优点和缺点</td></tr>
<tr><td>指导语</td><td>1. 小敏姐姐我从小就有一个好习惯，就是老师一布置下任务，我就立刻行动，尽快完成任务，绝对不拖延。我也有一个缺点，就是我的体育很差，我不喜欢运动，现在正努力改正
2. 我们都知道，每个人都有优点和缺点，下面请大家来谈谈自己的优缺点
3. 每当被邀请谈谈自己的优缺点时，我们总是非常自豪地说出自己的优点，这是我们的闪光点，我们应该向他人展示自己最优秀的一面。同时我们也不得不承认自己的缺点，很多人羞于启齿，但是不要否认，每个人都有缺点，这是我们的一部分，我们要承认自己的缺点，努力改正，如果暂时不能改正就学会接受自己的缺点，不能因为缺点就否认自己，有句古话说得好“金无足赤人无完人”</td></tr>
<tr><td>④</td><td>抛球游戏</td></tr>
</table>

续表

	指导语	1. 大家根据自己的优点起一个小组内的外号，一分钟后，大家轮流说出自己的外号，组员要记住其他组员的外号 2. 下面进行游戏，规则是由我把球抛给任意一位组员，同时叫他/她的外号，下一位组员抛给任意一位组员，同时叫他/她的外号，注意不能抛给已经接过球的组员，以此类推，最后一名组员接过球停止计时
总结说明	①	自我认识、认识自己的优缺点、肯定自己的优点、不一样的人组成多彩世界
	②	提醒组员下节小组时间、地点，并准时到场

小组计划2：你在烦恼什么？

目的	帮助组员认识不同的情绪，通过游戏抒发组员们最近的情绪困扰。通过组员的分享，剖析组员常用的排解方法。通过情绪管理小文章，使组员认识情绪，培养积极心态，学会面对负面情绪的“四不原则”，学会运用适当方式排解不良情绪	
形式	课堂以小组活动为主要形式，社工需要在前期、中期进行引导，活动结束后进行总结	
一般说明	1. 组员人数控制在10~12人 2. 道具准备：糖果、情绪管理小文章	
实施步骤	①	认识情绪
	指导语	1. 请大家说说你知道有哪些表达情绪的词语？ 2. 刚刚大家都很棒，说出了很多情绪词语，大家有没有发现这些情绪词语其实可以把它们分成两大类，谁知道怎么分？ 3. 大家说对了，这些情绪词语可以分成积极的情绪和消极的情绪
	②	游戏：分享你的烦恼，我的压力
	指导语	1. 现在我给大家每人发三颗糖果，先不要急着吃，这是我们接下来的游戏道具 2. 我们假设三颗糖果是我们的筹码，大家轮流分享一个自己最近的烦恼、压力、负面情绪，第一个组员分享时，如果其他组员也有类似的情况，请把自己的一颗糖放到这位组员面前，如果没有则不放糖。请大家诚实面对自己的困扰 3. 游戏结束了，大家把手上的糖果放到中间
	③	你是如何应对烦恼和压力？
	指导语	1. 面对烦恼和压力，你是如何应对？下面请每位组员轮流谈谈，当你遇到挫折、烦恼、压力时，你是如何解决的以及如何排解消极情绪的
	④	让我们一起学习情绪管理的方法，做一个心理健康、快乐无忧的人
	指导语	1. 下面我将发给大家一篇关于如何情绪管理的小文章，大家用5分钟的时间阅读 2. 好！大家都看完了吧？请大家回去后把文章里提到的情绪管理方法教给你的好朋友和父母
活动说明	①	希望大家认识情绪，培养积极心态，学会应对负面情绪的四不原则（小文章中提到过），采用适当方式排解负面情绪
	②	提醒组员下节小组时间、地点，并准时到场

小组计划 3：沟通的姿态

<table>
<tr><td>目的</td><td colspan="2">人与人之间的交往通过沟通进行，人际交往的质量受沟通姿态影响。本节小组通过情境模拟促进组员对五种沟通姿态的了解，并且通过情境模拟去识别出怎样的沟通是有效的、令人舒服的。通过阅读有效沟通六大建议，了解有效沟通方法</td></tr>
<tr><td>形式</td><td colspan="2">课堂以小组活动为主要形式，社工需要在前期、中期进行引导，活动结束后进行总结</td></tr>
<tr><td>一般说明</td><td colspan="2">1. 组员人数控制在 10 ~ 12 人
2. 道具准备：情境模拟纸条</td></tr>
<tr><td rowspan="5">实施
步骤</td><td>①</td><td>回顾上节内容</td></tr>
<tr><td>指导语</td><td>1. 大家还记得我们上节小组做了什么？
2. 大家回去后与好朋友和父母分享你学到的情绪管理方法，他们觉得怎么样？大家有没有尝试按照这些方法来进行情绪管理呢？</td></tr>
<tr><td>②</td><td>情境模拟：沟通姿态的类型</td></tr>
<tr><td>指导语</td><td>1. 现在大家报数，按 1 和 10、2 和 9、3 和 8、4 和 7、5 和 6 分成一组，每组派一名代表抽取一个纸条，自行分配角色，根据纸条里的内容发挥创意，并进行表演，5 分钟后每组轮流表演。表演时请先读出情境标题，并说明发生的地点、时间及大概剧情
2. 大家都表演得非常生动，请给自己掌声</td></tr>
<tr><td colspan="2">1. 表里一致型：A 同学和 B 同学是好朋友，课间，A 同学邀请 B 同学说：“我们放学去吃面包吧！”B 同学说：“好啊，我也喜欢吃面包。吃完面包去你家写作业吧。”A 同学说：“好啊，我觉得和你一起写作业写得很快。”B 同学说：“我们俩真的是很投缘啊。”A 同学说：“我喜欢你的性格。”B 同学说：“我也是啊，我也喜欢你，特别是我们相处表里如一，我们都是用心相处啊！”
2. 讨好型：A 同学在班上是很讨人喜欢的学生，B 同学也想被大家喜欢，就很想和 A 同学做朋友。一天在教室里，课间时间，A 同学正在做作业，B 同学走近 A 同学，不料被同学推撞，不小心把 A 同学的笔盒推到地上，就对 A 同学说：“对不起，都是我的错，我不是故意把你的笔盒推到地上的，我不想让你不高兴”！A 同学说没关系，小事一桩，B 同学坚持说：“真的对不起！你可怜可怜我吧，请你不要生我的气”
3. 指责型：A 同学和 B 同学是前后桌，一天课间，A 同学的好朋友走到他的位置上聊天，由于聊得太激动，手舞足蹈的 A 同学不小心把 B 同学的笔盒推到地上，A 同学立刻道歉，而 B 同学回应说：“你到底是怎么搞的？都是你的错！你知不知道错在哪里？”B 同学一直指责 A 同学，不给 A 同学任何解释道歉的机会
4. 超理智型：A 同学和 B 同学是同桌，A 同学生日快到了，于是他向 B 同学咨询一下生日怎么庆祝较好。A 同学说：“不如烧烤吧！”B 同学说：“又好又不好。”A 同学说：“那去游乐场吧。”B 同学说：“又好又不好”A 同学又说：“那去爬山吧。”B 同学说：“又好又不好”A 同学问 B 同学：“那你觉得做什么好呢？”B 同学说：“你自己想吧，什么都有两面性，有好的一面，又有不好的一面。”A 同学说：“你这个人超理智，整天就知道又好又不好，都不能和别人好好交流了”
5. 打岔型：课间，A 同学和 B 同学讨论放学后去奶茶铺买奶茶喝，C 同学过来说：“好像斜对面的抹茶蛋糕不错啊”，A 同学说：“那我们买完奶茶去看看。”C 同学又说：“其实奶茶配蛋糕都好甜，不如去喝冰水吧！”A 同学终于忍不住了，说：“C 同学你不要打岔好不好？我们都不知道你到底要怎么样”</td></tr>
</table>

续表

	③	情境模拟总结
	指导语	1. 请大家复述一下刚刚表演的五个情境模拟标题，大家觉得哪一个情境模拟是最和谐的？ 2. 大家都觉得表里一致型是最和谐的，你们觉得为什么呢？ 3. 大家都说得很对，之所以表里一致型是最和谐的是因为这样的沟通让人觉得舒服，觉得受到尊重，这样的沟通是最有效的
	④	阅读有效沟通六大建议
	指导语	1. 请大家阅读纸上关于有效沟通稳定六大建议 2. 好！大家都看完了吧？请大家回去后把这些建议分享给你们的好朋友和父母
总结说明	①	表里如一，真诚待人，真情表露的相处最能打动人，希望这节小组能帮助大家学习一些人际沟通的技巧，养成良好的沟通姿态
	③	提醒组员下节小组时间、地点，并准时到场

小组计划4：我和我的小伙伴

目的	同伴关系，就是指年龄相同或者相近的儿童之间的一种共同并相互协作的关系。通过讨论明确指出讨人喜欢和招人讨厌的人是怎样的，让组员在心里有明确的区分。通过游戏促进同伴之间的合作，总结引导组员珍惜同伴关系	
形式	课堂以小组活动为主要形式，社工需要在前期、中期进行引导，活动结束后进行总结	
一般说明	1. 组员人数控制在10~12人 2. 道具准备：大幅画像、五个印有鼻子的纸片	
实施步骤	①	热身游戏：五毛钱和一块钱
	指导语	1. 我们现在进行一个热身游戏：五毛钱和一块钱。游戏规则是女生代表五毛钱，男生代表一块钱，大家围成一个圈转圈，我会任意喊停并且说出一个数，比如一块五，那么就是三个女生或者一个男生和一个女生围在一起，钱数不对即淘汰
	②	讨论：具备哪些特征的人会被人喜欢？
	指导语	1. 我们现在来谈谈怎样的人招人讨厌？ 2. 那么怎样的人招人喜欢？
	③	游戏：同伴合作之蒙眼贴鼻子
	指导语	1. 下面组员两两之间自由组合进行游戏，规则是组合中一人用红布蒙住双眼，原地转8圈开始出发，另一组员用语言提示，直到把印有鼻子的纸贴到正确的位置，游戏结束，看看哪一组用时最短
	④	总结：珍惜同伴
	指导语	1. 还记得我刚才问过大家什么样的人招人喜欢，我听到有组员说懂得团结的人招人喜欢，是的，良好的同伴关系必不可少的就是合作，相信大家在游戏中也体会到合作的重要性 2. 我们上学时接触到最多的就是我们身边的同学，请大家谈谈你是如何和同学保持良好的关系？好朋友之间吵架了你会怎么做？

续表

		3. 大家的发言非常积极，没错，要和同学保持良好的关系，最重要的就是真诚、言行一致等，关系是相互的，你以什么态度对别人，别人就会用什么态度对你
总结说明	①	上完这节小组活动，希望大家珍惜同伴之间的友谊，小伙伴之间吵架了，希望你是主动说对不起的人，无论谁对谁错，既然我们如此需要同伴，那么道个歉不算什么
	②	提醒组员下节小组活动时间、地点，并准时到场

小组计划 5：近朱者赤近墨者黑

目的	通过游戏“指鹿为马”引出组员分享自己喜欢的朋友和明星以及为什么喜欢他们，社工引导组员正确对待同辈、明星、社会流行的影响	
形式	课堂以小组活动为主要形式，社工需要在前期、中期进行引导，活动结束后进行总结	
一般说明	1. 组员人数控制在 10 ~ 12 人 2. 道具准备：	
实施步骤	①	游戏：指鹿为马
	指导语	1. 大家报数，分成两组，逐对进行游戏。每队面向右边排成一排，由我来轻拍第一位队员，展示他要用身体语言表达的成语，然后他轻拍下一位队员示意他转身，用 20 秒钟的时间用身体语言表达该成语，以此类推，最后一名队员说出他理解到的成语，看看哪个组可以准确猜出，每组猜两个成语
	②	分享游戏感受
	指导语	1. 大家有没有发现这个游戏在电视节目上出现过很多次？ 2. 大家平时课余时间都喜欢看电视、玩电脑、手机吧，你们爸爸妈妈会允许你每天花多少时间干这些事情？ 3. 看来大家父母还是比较严格的啊，希望你们更投入学习上，这是无可厚非的
	③	分享你最喜欢的朋友和明星
	指导语	1. 下面请各位组员轮流来谈谈两个问题，第一个问题是谁是你最亲密的朋友，这位朋友有什么特别之处让你们成为好朋友？第二个问题是你最喜欢的明星是？这位明星的什么特质最吸引你？
	④	总结
	指导语	1. 听完大家的分享，可以总结大家之所以喜欢你的朋友是因为你们有共同的爱好，性格比较合得来，好朋友也会喜欢相同的明星。喜欢某个明星是因为觉得他/她很帅/漂亮，演戏好等等 2. 那么大家会不会模仿自己喜欢的朋友和明星？ 3. 原来大家都会模仿他们，这是一个很好的学习，但前提是你要学习的是优秀的人，而且他们身上的特质值得你去学习，中国有句古话“近朱者赤近墨者黑”，请大家要注意，不要因为大家都这样做就去模仿，自己要甄别哪些我应该学习，哪些我应该远离
活动说明	①	上完这节小组，希望大家正确对待同辈、明星、社会流行的影响
	②	提醒组员下节小组时间、地点、准时到场

小组计划 6：我爱我家

<table>
<tr><td>目的</td><td colspan="2">通过全家福及分享家庭趣事，让组员回味家庭的温暖；通过分享父母为自己做出的付出，感受父母对自己的爱；倡议为父母捶背及送父母一张感谢卡片，增进组员与父母之间的感情</td></tr>
<tr><td>形式</td><td colspan="2">课堂以小组活动为主要形式，社工需要在前期、中期进行引导，活动结束后进行总结</td></tr>
<tr><td>一般说明</td><td colspan="2">1. 组员人数控制在 10～12 人
2. 道具准备：画纸、小贺卡</td></tr>
<tr><td rowspan="8">实施步骤</td><td>①</td><td>我的全家福</td></tr>
<tr><td>指导语</td><td>1. 下面我将发给大家画纸，要求用 15 分钟的时间画一幅简略的全家福，内容包括家庭主要成员以及你家的简略格局</td></tr>
<tr><td>②</td><td>分享我的全家福及家庭趣事</td></tr>
<tr><td>指导语</td><td>1. 下面轮流请每位组员给大家讲讲你的全家福，有什么人，你家的布局是怎样的。然后再说说父母平时在家会和你做什么，带你去哪里玩，以及一件令你印象最深刻的家庭趣事</td></tr>
<tr><td>③</td><td>总结</td></tr>
<tr><td>指导语</td><td>1. 听完大家的分享，我发现大家的家庭生活都非常丰富啊
2. 下面再请大家谈谈家人为自己做出了哪些付出？
3. 听完大家的分享，我觉得非常感动，爸爸妈妈每天工作赚钱，为的是让我们有更好的生活，我们在他们的保护下成长，我们应该感谢他们的爱，用实际行动分担他们的辛劳。我倡议今晚回家给爸爸妈妈捶捶背</td></tr>
<tr><td>④</td><td>给父母的感谢卡</td></tr>
<tr><td>指导语</td><td>1. 下面我给大家派发一张卡片，请大家给爸爸妈妈写一张感谢卡
2. 请大家今晚把卡片送给爸爸妈妈</td></tr>
<tr><td rowspan="2">总结说明</td><td>①</td><td>孝敬父母是中华传统美德，孝敬父母是每个孩子应尽的职责</td></tr>
<tr><td>②</td><td>提醒组员下节小组时间、地点，并准时到场</td></tr>
</table>

小组计划 7：小小志愿者

<table>
<tr><td>目的</td><td colspan="2">通过回忆学雷锋日的活动使组员回忆自己做过的志愿活动。到校园公共区域捡垃圾，参与志愿服务，培养组员参与志愿服务的积极性；通过分享，倡导组员带动身边的同学朋友甚至父母，参加学校和社区组织的志愿活动</td></tr>
<tr><td>形式</td><td colspan="2">课堂以小组活动为主要形式，社工需要在前期、中期进行引导，活动结束后进行总结</td></tr>
<tr><td>一般说明</td><td colspan="2">1. 组员人数控制在 10～12 人
2. 道具准备：</td></tr>
<tr><td rowspan="3">实施步骤</td><td>①</td><td>开场</td></tr>
<tr><td>指导语</td><td>1. 大家知道学雷锋日是几月几号吗？学雷锋日那天你们都做了些什么？
2. 请组员来说说什么是志愿活动，你做过哪些志愿活动？</td></tr>
<tr><td>②</td><td>校园环保志愿者</td></tr>
</table>

续表

	指导语	1. 现在我们来到公共地段，我知道每个公共地段每天都有相应的班级来清洁，但是总会有不自觉的人破坏我们的校园整洁，下面我们就做校园的环保志愿者，捡一下垃圾。20 分钟后我们回到这里来集合
	③	分享我的感受
	指导语	1. 大家完成了这个志愿活动后，有什么类型的志愿活动还想参加，大家轮流来说说 2. 大家有没有觉得做志愿活动是一件很快乐的事情？小敏姐姐也曾经做过许多志愿活动，例如探望孤寡老人、给流浪汉收集旧衣服、带领小朋友游大学城等等 3. 志愿活动有时会很累，但是很值得，我们可以在参加志愿活动中认识到许多志同道合的朋友，我们会受到他人的夸奖，心情会变得很好
总结说明	①	呼吁组员带动身边的同学朋友甚至父母，参加学校和社区组织的志愿活动
	②	提醒组员下节小组时间、地点，并准时到场

小组计划 8：我的团队

目的	通过“坐地起身”和“翻船比赛”这两个游戏提高组员的团结协作能力，鼓励他们在往后的学习生活中也秉承游戏的初衷，即使会遇到许多困难，大家团结一致就能更快更好地解决困难。一起回顾 8 节小组，强化组员增加亲社会行为信念	
形式	课堂以小组活动为主要形式，社工需要在前期、中期进行引导，活动结束后进行总结	
一般说明	1. 组员人数控制在 10～12 人 2. 道具准备：塑料布、纪念小礼品	
实施步骤	①	热身游戏：坐地起身
	指导语	1. 首先我们进行一个较为简单的热身游戏，名叫坐地起身。游戏规则是五人一组，大家围成一个紧密的圈圈，向后转身，坐下。然后大家手挽着手，数到三同时起立 2. 大家有没有发现做这个游戏的要领是全体队员听指令一起行动？如果有队员慢了或是快了就很难起身了
	②	翻船比赛
	指导语	1. 大家自行分成两组，现在给每组派发一张塑料布，塑料布就是你们的船 2. 游戏规则：每对组员一起站在翻了的船上，你们想办法把船倒回来才能驶回岸边，成功获救，而且要注意，每名队员要保证一直在船里，如脚踏出船外则视为该名队员淘汰 3. 组员在进行游戏时，在一旁适度提示较为有效的方法，鼓励他们齐心协力，大家一起努力一定可以完成游戏，要团结一致、相互配合，给他们灌输一种团体观念
	③	分享游戏感受
	指导语	1. 大家觉得翻船游戏怎样？对！它的确有难度，而且非常考验队员的团结协作能力，我看大家的表现都挺好的 2. 你们觉得这个游戏教会了你们什么？ 3. 大家都说得很对！这个游戏就是要教会大家团结协作、相互配合。我们的学习生活中也会遇到许多困难，大家团结一致就能更快更好地解决困难

续表

	④	总结 8 节小组
	指导语	1. 这节小组活动是我们小组最后一节了，大家还记得我们前面几节小组都做了些什么？ 2. 大家都记得很清楚啊，还记得第一节时给大家订立的目标吗？就是通过一系列小组活动增加同学们的亲社会行为，希望大家在往后的学习生活中更加自愿做出给他人带来好处的，促进相互之间的和谐的行为，成为一个和善的人
	①	派发纪念小礼品
	②	合影留念
	通过“坐地起身”和“翻船比赛”这两个游戏提高组员的团结协作能力，鼓励他们在往后的学习生活中也秉承游戏的初衷，即使会遇到许多困难，大家团结一致就能更快更好地解决困难。一起回顾 8 节小组，强化组员增加亲社会行为信念	
活动说明	1. 组员人数控制在 10 ~ 12 人 2. 道具准备：塑料布、纪念小礼品	
	①	热身游戏：坐地起身

参考文献

布迪厄、华康德：《实践与反思》，李猛、李康译，中央编译出版社，1998。

迟毓凯：《亲社会行为启动效应研究——慈善捐助的社会心理学探索》，广东人民出版社，2009。

黄光国：《儒家关系主义——文化反思与典范重建》，北京大学出版社，2006。

杰弗里斯·麦克沃特：《危机中的青少年》，寇彧译，人民邮电出版社，2009。

克莱·舍基：《认知盈余：自由时间的力量》，哈丽斯、胡泳译，中国人民大学出版社，2010。

克里斯托弗·彼得森：《积极心理学》，徐红译，群言出版社，2010。

寇彧、张庆鹏：《青少年亲社会行为促进：理论与方法》，北京师范大学出版社，2017。

劳拉·E. 伯克：《伯克毕生发展心理学：从0岁到青少年》（第四版），陈会昌等译，中国人民大学出版社，2014。

莫斯科维奇：《社会表征：社会心理学探索》，方文主编，管健，高文珺，俞容龄译，中国人民大学出版社，2000。

汪安圣：《认知心理学（重排本）》，北京大学出版社，2012。

威廉·A. 哈维兰：《文化人类学：人类的挑战》，陈相超等译，机械工业出版社，2014。

维吉尼亚·萨提亚、约翰·格伯、玛利亚·葛莫莉：《萨提亚家庭治疗模式》，聂菁译，易春丽审校，世界图书出版公司，2007。

杨莹、张梦圆、寇彧：《青少年的亲社会行为量表的编制与维度的再验证》，载杨宜音主编《中国社会心理学评论》（第10辑），社会科学文献出版社，2016。

易北辰：《移动互联网时代：生活、商业与思维的伟大变革》，企业管理出版社，2014。

张庆鹏、卢芳、李瑶葵：《社工职业心态的内部要素探讨》，载谢俊贵主编《广州社会工作评论》（第1期），社会科学文献出版社，2016。

章志光、寇彧：《社会心理学》，人民教育出版，2015。

邹智敏、江叶诗：《文化汇聚主义：一种关系型的文化心理定势》，载赵志裕、吴莹主编《中国社会心理学评论》（总第9辑），社会科学文献出版社，2015。

车广告、丁艳辉、徐明：《论构建学校、家庭、社会教育一体化的德育体系——尤·布朗芬布伦纳发展生态学理论的启示》，《东北师大学报》（哲学社会科学版）2007年第4期。

陈斌斌、李丹：《班级生态系统对儿童亲社会行为影响的研究述评》，《心理科学进展》2008年第5期。

陈会昌、叶子：《群体社会化发展理论述评》，《教育理论与实践》1997年第4期。

陈树强：《增权：社会工作理论与实践的新视角》，《社会学研究》2003年第5期。

陈侠、黄希庭、白纲：《关于网络成瘾的心理学研究》，《心理科学进展》2003年第3期。

陈宇海：《亲社会行为：青少年缺失的原因分析与社会干预》，《陕西青年管理干部学院学报》2007年第2期。

陈宇海：《亲社会行为培养：加强青少年思想道德建设的重要途径》，《广西青年干部学院学报》2007年第6期。

池丽萍、张丽、辛自强：《社会微环境中青少年的活动特点》，《上海教育科研》2009年第2期。

邓林园、张锦涛、方晓义、刘勤学、汤海艳、兰菁：《父母冲突与青少年网络成瘾的关系：冲突评价和情绪管理的中介作用》，《心理发展与教育》2012年第5期。

邓俏文、丁宸曦、刘明亮、邓嘉欣、王孟成：《冷酷无情特质问卷在学龄前儿童中的信效度》，《中国临床心理学杂志》2016年第4期。

段文婷、江光荣：《计划行为理论述评》，《心理科学进展》2008年第2期。

范兴华、方晓义、刘勤学、刘杨：《流动儿童，留守儿童与一般儿童社会适应比较》，《北京师范大学学报》（社会科学版）2009年第5期。

方晓义、戴丽琼、房超、邓林园：《亲子沟通问题与青少年社会适应的关系》，《心理发展与教育》2006年第3期。

高文斌、陈祉妍：《网络成瘾病理心理机制及综合干预研究》，《心理科学进展》2006年第4期。

高雪屏、于素维：《儿童青少年多动冲动行为与父母养育方式的关系》，《中国临床心理学杂志》2003 年第 1 期。

贺金波、陈昌润、鲍远纯、雷玉菊：《青少年手机依赖的测量、危害和发生机制》，《中国临床心理学杂志》2012 年第 6 期。

洪大用：《经济增长、环境保护与生态现代化》，《中国社会科学》2014 年第 9 期。

黄海、余莉、郭诗卉：《大学生手机依赖与大五人格的关系》，《中国学校卫生》2013 年第 4 期。

黄林娟、林丹华：《中学生手机心理需求与手机依赖的关系》，《中国青年政治学院学报》2011 年第 5 期。

贾英健、肖蓉：《公共性与和谐社会的构建》，《东岳论丛》2012 年第 1 期。

江光荣、于丽霞、郑莺、冯玉、凌霄：《自伤行为研究：现状、问题与建议》，《心理科学进展》2011 年第 6 期。

江红艳、余祖伟、陈晓曦：《"蚁族"群体知觉压力与主观幸福感的关系：希望的调节作用》，《中国临床心理学杂志》2011 年第 4 期。

蒋奖：《父母教养方式与青少年行为问题关系的研究》，《健康心理学杂志》2004 年第 1 期。

蒋奖、鲁峥嵘、蒋苾菁、许燕：《简式父母教养方式问卷中文版的初步修订》，《心理发展与教育》2010 年第 1 期。

金灿灿、邹泓、侯珂：《情绪智力和父母社会支持对犯罪青少年社会适应的影响：直接效应还是缓冲效应?》，《心理科学》2011 年第 6 期。

金灿灿、邹泓、李晓巍：《青少年的社会适应：保护性和危险性因素及其累积效应》，《北京师范大学学报》（社会科学版）2011 年第 1 期。

金盛华：《自我概念及其发展》，《北京师范大学学报》（社会科学版）1996 年第 1 期。

寇彧：《青少年主体性道德教育与创造性培养》，《北京师范大学学报》（社会科学版）2007 年第 1 期。

寇彧：《如何评价青少年群体中的亲社会行为》，《教育科学》2005 年第 1 期。

寇彧、付艳、马艳：《初中生认同的亲社会行为的初步研究》，《心理发展与教育》2004 年第 4 期。

寇彧、付艳、张庆鹏：《青少年认同的亲社会行为：一项焦点群体访谈研究》，《社会学研究》2007 年第 3 期。

寇彧、洪慧芳、谭晨、李磊：《青少年亲社会倾向量表的修订》，《心理发展与教育》2007 年第 1 期。

寇彧、王磊：《儿童亲社会行为及其干预研究述评》，《心理发展与教育》2003 年第 4 期。

寇彧、徐华女、倪霞玲、唐玲玲、马来祥：《提高小学生情绪胜任力的干预研究》，《心理发展与教育》2006 年第 2 期。

寇彧、张庆鹏：《青少年亲社会行为的概念表征研究》，《社会学研究》2006 年第 5 期。

李丹：《儿童亲社会行为发展研究述评》，《心理科学》2001 年第 2 期。

李萌、周宗奎：《儿童发展研究中的群体社会化之争》，《西南师范大学学报》（人文社会科学版）2003 年第 3 期。

李涛、张兰君：《大学生网络成瘾倾向与父母教养方式关系研究》，《心理科学》2004 年第 3 期。

李晓巍、邹泓、曲可佳：《青少年社会适应的聚类分析》，《中国临床心理学杂志》2008 年第 6 期。

李艳红：《国内流动儿童社会适应研究述评》，《中国特殊教育》2012 年第 6 期。

李燕芳、徐良苑、吕莹、刘丽君、王耘：《母子关系，师幼关系与学前流动儿童的社会适应行为》，《心理发展与教育》2014 年第 6 期。

梁宗保、胡瑞、张光珍、邓慧华、夏敏：《母亲元情绪理念与学前儿童社会适应的相互作用关系》，《心理发展与教育》2016 年第 4 期。

林崇德：《青少年价值取向发展趋势研究》，《心理发展与教育》1998 年第 4 期。

蔺秀云、方晓义、刘杨、兰菁：《流动儿童歧视知觉与心理健康水平的关系及其心理机制》，《心理学报》2009 年第 10 期。

蔺秀云、方晓义、刘杨、兰菁：《流动儿童歧视知觉与心理健康水平的关系及其心理机制》，《心理学报》2009 年第 10 期。

刘红、王洪礼：《大学生手机依赖倾向与孤独感》，《中国心理卫生杂志》2012 年第 1 期。

刘杰、孟会敏：《关于布郎芬布伦纳发展心理学生态系统理论》，《中国健康心理学杂志》2009 年第 2 期。

刘朔、刘艳芳、王思钦、刘红升：《父母教养方式对流动儿童问题行为的影响研究》，《西安交通大学学报》（社会科学版）2015 年第 4 期。

刘婷：《小学阶段团体心理辅导有效实施研究》，《教育心理》2014年第1期。

刘文婧、许志星、邹泓：《父母教养方式对青少年社会适应的影响：人格类型的调节作用》，《心理发展与教育》2012年第6期。

骆文淑、赵守盈：《多维尺度法及其在心理学领域中的应用》，《中国考试》2005年第4期。

马德峰、李梅：《透视街角社会——对苏北小镇一街角青年群体的调查》，《社会》2002年第9期。

马晓辉、雷雳：《青少年网络道德与其网络亲社会行为的关系》，《心理科学》2011年第2期。

聂衍刚、林崇德、彭以松、丁莉、甘秀英：《青少年社会适应行为的发展特点》，《心理学报》2008年第9期。

聂衍刚、张卫、彭以松、丁莉：《青少年自我意识的功能结构及测评的研究》，《心理科学》2007年第2期。

乔志杰、薛朝霞：《家庭环境对青少年亲社会行为的影响》，《教育前沿》2016年第4期。

邵飞雪、张岩：《“小候鸟”共享“城市阳光”——西安、洛阳、东营、温州四市流动儿童社会融入现状调研》，《青年科学》（教师版）2014年第9期。

师建国：《手机依赖综合征》，《临床精神医学杂志》2009年第2期。

时怡雯、倪锡钦：《学校社会工作者在学校生态系统中的角色研究》，《中国青年研究》2009年第10期。

苏志强、张大均、邵景进：《社会经济地位与留守儿童社会适应的关系：歧视知觉的中介作用》，《心理发展与教育》2015年第2期。

佟丽君：《论霍曼斯的人际交往理论》，《求是学刊》1997年第1期。

汪婷、许颖：《青少年手机依赖和健康危险行为、情绪问题的关系》，《中国青年政治学院学报》2011年第5期。

王芳、李然、路雅、张福龙：《山西大学本科生手机依赖研究》，《中国健康教育》2008年第5期。

王建明、王丛丛：《消费者亲环境行为的影响因素和干预策略——发达国家的相关文献述评》，《管理现代化》2015年第2期。

王磊、谭晨、寇彧：《同伴冲突解决的干预训练对小学儿童合作的影响》，《心理发展与教育》2005年第4期。

王美萍、张文新：《青少年期亲子冲突与亲子亲合的发展特征》，《心理科学》2007年第5期。

王轶楠：《有关自我增强跨文化普遍性的争论》，《心理科学进展》2008年第6期。

王中会：《流动儿童亲子依恋对城市适应影响的内在机制：社会认同的中介作用》，《中国特殊教育》2016年第2期。

王中会、张盼、Jin, G：《流动儿童社会认同与文化适应的相关研究》，《中国特殊教育》2014年第12期。

魏杨：《百度贴吧传播模式分析》，《新闻传播》2007年第10期。

吴波：《绿色消费研究评述》，《经济管理》2014年第11期。

吴玫、周宏：《西方亲社会行为研究与学校教育》，《高教发展与评估》2015年第4期。

吴燕、徐建平：《初中生诚实性测验中社会赞许性反应研究》，《心理发展与教育》2007年第3期。

辛自强：《心理发展的社会微环境》，《华东师范大学学报》（教育科学版）2007年第2期。

徐华、吴玄娜、兰彦婷、陈英和：《大学生手机依赖量表的编制》，《中国临床心理学杂志》2008年第1期。

许颖、苏少冰、林丹华：《父母因素、抵制效能感与青少年新媒体依赖行为的关系》，《心理发展与教育》2012年第4期。

杨晶、余俊宣、寇彧、傅鑫媛：《干预初中生的同伴关系以促进其亲社会行为》，《心理发展与教育》2015年第2期。

杨雄、黄希庭：《青少年学生自我价值感特点的初步研究》，《心理科学》1999年第6期。

姚小波：《从贴吧热看高校有效沟通机制的建立》，《西南民族大学学报》（人文社会科学版）2010年第7期。

俞国良：《社会认知视眼下的亲社会行为》，《北京师范大学学报》（社会科学版）1999年第1期。

曾盼盼、俞国良、林崇德：《亲社会行为研究的新视角》，《教育科学》2011年第1期。

曾守锤：《流动儿童的社会适应状况及其风险因素的研究》，《心理科学》2010年第2期。

张春晖、何绪文、张凯、候嫔：《膜科学新技术在矿业环境保护中的应用》，《洁净煤技术》2015年第3期。

张娥、訾非：《大学生父母关系感知及其与安全感和特质焦虑的关系》，《中国临床心理学杂志》2012年第6期。

张菁宸、黎燕斌、张玉麟、蔺秀云、侯香凝：《对立违抗症状流动儿童的心理适应，学校适应和社会适应特点分析》，《中国临床心理学杂志》2015年第6期。

张科：《"啃老族"的形成原因探析》，《广西社会科学》2008年第9期。

张丽、辛自强、李洪儒：《青少年群体社会化的社会微环境研究》，《青年研究》2007年第3期。

张庆鹏、寇彧：《青少年亲社会行为测评维度的建立与验证》，《社会学研究》2011年第4期。

张庆鹏、寇彧：《青少年亲社会行为原型概念结构的验证》，《社会学研究》2008年第4期。

张庆鹏、寇彧：《自我增强取向下的亲社会行为：基于能动性和社交性的行为路径》，《北京师范大学学报》（社会科学版）2012年第1期。

张庆鹏、刘静丽、黄慧、黎洁、寇彧：《冲突情境中青少年的亲社会意图：预期重要他人观点的影响》，《心理发展与教育》2012年第4期。

张文娟、邹泓、李晓巍：《青少年的父母监控状况及其对社会适应的影响》，《心理发展与教育》2011年第3期。

张翔、杜建政：《流动儿童社会支持，核心自我评价与行为适应的关系研究》，《中国儿童保健杂志》2015年第9期。

张云运、骆方、陶沙、罗良、董奇：《家庭社会经济地位与父母教育投资对流动儿童学业成就的影响》，《心理科学》2015年第1期。

赵雪爱、赵玲：《"粉丝团"的转喻和隐喻滑变》，《四川外语学院学报》2008年第5期。

赵章留、寇彧：《儿童四种典型亲社会行为发展的特点》，《心理发展与教育》2006年第1期。

郑希付：《父母关系与子女行为异常》，《心理科学》1997年第2期。

周皓、章宁：《流动儿童与社会的整合》，《中国人口科学》2003年第4期。

周晖、张豹、谭锐、黄鸣鹤：《中学生社会适应状况问卷的编制及其信效度的初步检验》，《中国健康心理学杂志》2008年第9期。

朱京海、徐光、刘家斌：《无人机遥感系统在环境保护领域中的应用研究》，《环境保护与循环经济》2011 年第 9 期。

卓然、葛鲁嘉：《家庭环境对流动儿童社会融合的影响：教养方式的中介作用》，《社会科学战线》2015 年第 10 期。

邹泓、余益兵、周晖、刘艳：《中学生社会适应状况评估的理论模型建构与验证》，《北京师范大学学报》（社会科学版）2012 年第 1 期。

左宏梅、韦小满：《初中生亲社会行为的干预实验》，《中国心理卫生杂志》2008 年第 9 期。

董斯佳：《社会工作方法介入下的孤儿亲社会行为研究》，硕士学位论文，吉林大学，2014。

杜广建：《中学生手机依赖，网络成瘾与父母教养方式关系的研究》，博士学位论文，北京师范大学，2011。

贾海燕：《小学生亲社会行为特点及其学校干预研究》，硕士学位论文，内蒙古师范大学，2013。

牛素枝：《专业社会工作介入小学生亲社会行为培养研究》，硕士学位论文，南昌大学，2010。

张娥：《大学生父母关系，亲子关系感知及其与安全感的关系》，博士学位论文，北京林业大学，2012。

张庆鹏：《早期青少年亲社会行为的概念原型分析与测评维度研究》，硕士学位论文，北京师范大学心理学院，2007。

Abele, A. E., & B. Wojciszke. 2007. "Agency and communion from the perspective of self versus others." *Journal of Personality and Social Psychology* 93(5): 751 – 763.

Abrams, D., & M. A. Hogg. 2006. *Social Identifications: A Social Psychology of Intergroup Relations and Group Processes.* Routledge.

Acock, A. C., & V. L. Bengtson. 1980. "Socialization and attribution processes: Actual vs. perceived similarities among parents and youth." *Journal of Marriage and Family* 42(3): 501 – 515.

Adam, E. K. 2004. "Beyond quality: Parental and residential stability and children's adjustment." *Current Directions in Psychological Science* 13(5): 210 – 213.

Adam, E. K., & P. L. Chase – Lansdale. 2002. "Home sweet home (s): Parental separations, residential moves, and adjustment problems in low-income adolescent girls. "*Developmental Psychology* 38(5): 792 - 805.

Aiken, L. S., S. G. West, & R. R. Reno. 1991. *Multiple Regression: Testing and Interpreting Interactions*. Sage.

Ajzen, I. 1991. "The theory of planned behavior. "*Organizational Behavior and Human Decision Processes* 50(2): 179 - 211.

Ajzen, I., & M. Fishbein. 1980. *Understanding Attitudes and Predicting Social Behavior*. EnglewoodCliffs, NJ: PrenticeHall.

Allen, P. M., S. T. Mejía, & K. Hooker. 2015. "Personality, self-perceptions, and daily variability in perceived usefulness among older adults. "*Psychology and aging* 30(3): 534 - 543.

Ames, D. R., F. J. Flynn, & E. U. Weber. 2004. "It's the thought that counts: On perceiving how helpers decide to lend a hand. "*Personality and Social Psychology Bulletin* 30(4): 461 - 474.

Aneshensel, C. S., & C. A. Sucoff. 1996. "The neighborhood context of adolescent mental health. "*Journal of Health and Social Behavior* 37(4): 293 - 310.

Aquino, K., B. McFerran, & M. Laven. 2011. "Moral identity and the experience of moral elevation in response to acts of uncommon goodness. " *Journal of Personality and Social Psychology* 100(4): 703 - 718.

Aquino, K., & A. Reed. 2002. "The self-importance of moral identity. " *Journal of Personality and Social Psychology* 83(6): 1423 - 1440.

Aron, A., & L. Westbay. 1996. "Dimensions of the prototype of love. " *Journal of Personality and Social Psychology* 70(3): 535 - 551.

Asch, S. E. 1946. "Forming impressions of personality. " *Journal of Abnormal and Social Psychology* 41(3): 258 - 290.

Bakan, D. 1966. *The Duality of Human Existcece*. Reading, PA: Addison Wesley.

Bakan, D. 1966. *The Duality of Human Existence: An Essay on Psychology and Religion*. Oxford, England: Rand McNally.

Bamberg, S., & G. Möser. 2007. "Twenty years after Hines, Hungerford, and Tomera: A new meta-analysis of psycho-social determinants of pro-environmental behaviour. "*Journal of Environmental Psychology* 27(1): 14 - 25.

Banarjee, B., & K. McKeage. 1994. "How green is my value: Exploring the relationship between environmentalism and materialism. "*Advances in Consumer Re-*

search 21(1): 147 - 152.

Bandura, A. 1989. "Social cognitive theory." In R. Vasta (Ed.), Annals of child development: Vol. 6. *Six Theories of Child Development Revised Formulations and Current Issues* (pp. 1 - 60). Greenwich, CT: JAI Press.

Barbaro, N., & S. M. Pickett. 2016. "Mindfully green: Examining the effect of connectedness to nature on the relationship between mindfulness and engagement in pro-environmental behavior." *Personality and Individual Differences* 93 (4): 137 - 142.

Bargh, J. A. 2006. "What have we been priming all these years? On the development, mechanism, and ecology of nonconsious social behavior." *European Journal of Social Psychology* 36(2): 147 - 168.

Bargh, J. A., M. Chen, & L. Burrows. 1996. "Automaticity of social behavior: Direct effects of trait construct and stereotype activation on action." *Journal of Personality and Social Psychology* 71: 230 - 244.

Barnett, M. A., G. D. Vitaglione, J. S. Bartel, & F. W. Sanborn. 2000. "Perceptions of self-oriented and other-oriented 'everyday' helpers." *Current Psychology* 19(2): 87 - 109.

Barrett, D. E., M. R. Radke-Yarrow. 1977. "Prosocial behavior, social inferential ability, and assertiveness in young children." *Child Development* 48 (2): 475 - 481.

Barry, C. M., & K. R. Wentzel. 2006. "Friend influence on prosocial behavior: The role of motivational factors and friendship characteristics." *Developmental Psychology* 42(1): 153 - 163.

Bauer, J. J., & H. A. Wayment. 2008. The psychology of the quiet ego. *Transcending Self-interest: Psychological Explorations of the Quiet Ego*, 7 - 19.

Batson, C. D., J. G. Batson, R. M. Todd, & B. H. Brummett. 1995. "Empathy and the collective good: Caring for one of the others in a social dilemma." *Journal of Personality and Social Psychology* 68(4): 619 - 631.

Bengtson, V. L., & R. E. Roberts. 1991. "Intergenerational solidarity in aging families: An example of formal theory construction." *Journal of Marriage and the Family* 53(4): 856 - 870.

Bergin, C., David A. Bergin & Evelyn French. 1995. "Preschoolers' prosocial repertoires: Parents' perspectives." *Early Childhood Research Quarterly* 10(1): 81 - 103.

Bergin, C., S. Talley, & L. Hamer. 2003. "Prosocial behaviors of young adolescents: A focus group study." *Journal of Adolescence* 26(1): 13 - 32.

Berndt, T. J. 1979. "Developmental changes in conformity to peers and parents." *Developmental Psychology* 15(6): 608 - 616.

Bianchi, A., & J. G. Phillips. 2005. "Psychological predictors of problem mobile phone use." *CyberPsychology & Behavior* 8(1): 39 - 51.

Billieux, J., M. Van der Linden, & L. Rochat. 2008. "The role of impulsivity in actual and problematic use of the mobile phone." *Applied Cognitive Psychology* 22(9): 1195 - 1210.

Black, D. R., & A. S. Babrow. 1991. "Identification of campaign recruitment strategies for a stepped smoking cessation intervention for a college campus." *Health Education & Behavior* 18(2): 235 - 247.

Boldero, J. 1995. "The prediction of household recycling of newspapers: The role of attitudes, intentions, and situational factors." *Journal of Applied Social Psychology* 25(5): 440 - 462.

Blyth, D. A., J. P. Hill, & K. S. Thiel. 1982. "Early adolescents' significant others: Grade and gender differences in perceived relationships with familial and nonfamilial adults and young people." *Joural of Youth and Adolescence* 11(6): 425 - 450.

Boiral, O., & P. Paillé. 2012. "Organizational citizenship behaviour for the environment: Measurement and validation." *Journal of Business Ethics* 109(4): 431 - 445.

Box, P., S. T. Maries, & E. G. Sara. 2004. "Is it bad to be good? An Exploration of aggressive and prosocial behavior subtypes in adolescence." *Journal of Youth and Adolescence* 33(2): 91 - 100.

Bratt, C. 1999. "The impact of norms and assumed consequences on recycling behavior." *Environment and Behavior* 31(5): 630 - 656.

Bronfenbrenner, U, CeciS. 1994. "Nature-nurturereconceptualized: A bioecologicalmodel." *Psychological Review* 101(4): 568 - 586.

Brown, J. D., & S. Smart. 1991. "The self and social conduct: Linking self-representations to prosocial behavior." *Journal of Personality and Social Psychology* 60(3): 368-375.

Bures, R. M. 2003. "Childhood residential stability and health at midlife." *American Journal of Public Health* 93(7): 1144-1148.

Caprara, G. V., C. Barbaranelli, C. Pastorelli, A. Bandura, & P. G. Zimbardo. 2000. "Prosocial foundations of children's academic achievement." *Psychological science* 11(4): 302-306.

Caprara, G. V., B. P. L. Kanacri, M. Gerbino, A. Zuffianò, G. Alessandri, G. Vecchio, & B. Bridglall. 2014. "Positive effects of promoting prosocial behavior in early adolescence Evidence from a school-based intervention." *International Journal of Behavioral Development* 38(4): 386-396.

Carlo, G., A. Hausmann, S. Christiansen, & B. A. Randall. 2003. "Sociocognitive and behavioral correlates of a measure of prosocial tendencies for adolescents." *Journal of Early Adolescence* 23(1): 107-134.

Carlo, G., & B. Randall. 2002. "The Development of a Measure of Prosocial Behaviors for Late Adolescents." *Journal of Youth and Adolescence* 31(1): 31-44.

Cheung, S. F., D. K. S. Chan, & Z. S. Y. Wong, . 1999. "Reexamining the theory of planned behavior in understanding wastepaper recycling." *Environment and Behavior* 31(5): 587-612.

Chiu, C., M. J. Gelfand, T. Yamagish, G. Shteynberg, & C. Wan. 2010. Intersubjective Culture: The Role of Intersubjective Perceptions in Cross-Cultural Research. *Perspectives on Psychological* 5(4): 482-493.

Chiu, C. Y., & Y. Hong. 2005. "Cultural competence: Dynamic processes." In A. Elliot & C. S. Dweck (Eds.), *Handbook of Competence and Motivation* (pp. 489-505). New York: Guilford.

Chiu, C. -y., & Y. -y. Hong. 2006. *Social Psychology of Culture.* New York: Psychology Press.

Choi, I., M. Koo, & J. A. Choi. 2007. "Individual differences in analytic versus holistic thinking." *Personality and Social Psychology Bulletin* 33(5): 691-705.

Choi, Y., M. He, & T. W. Harachi. 2008. "Intergenerational cultural dissonance, parent - child conflict and bonding, and youth problem behaviors among Vietnamese and Cambodian immigrant families." *Journal of Youth and Adolescence*

37(1): 85 -96.

Collins, W. A. 1990. "Parent-child relationships in the transition to adolescence: continuity and change in interaction, affect, and cognition." In G. A. R. Montemayor& T. Gullotta (Eds.), *Advances in adolescent development* (Vol. 2, pp. 85 -106). Newbury Park: CA: Sage.

Cornelissen, G., M. Pandelaere, L. Warlop, & S. Dewitte. 2008. "Positive cueing: Promoting sustainable consumer behavior by cueing common environmental behaviors as environmental." *International Journal of Research in Marketing* 25 (1): 46 -55.

Cottrell, S. P. 2003. "Influence of sociodemographics and environmental attitudes on general responsible environmental behavior among recreational boaters." *Environment and Behavior* 35(3): 347 -375.

Cummings, E. M., M. C. Goeke-Morey, & L. M. Papp. 2001. "Couple conflict, children, and families: It's not just you and me, Babe." In *Couples in Conflict national symposium, Nov, 1999, Pennsylvania State U, PA, US; Based on Presentations and Discussions at the Aforementioned Conference.* Lawrence Erlbaum Associates Publishers.

Daddis, C. 2008. "Influence of close friends on the boundaries of adolescent personal authority." *Journal of Research on Adolescence* 18(1): 75 -98.

Dambrun, M., S. Duarte, & S. Guimond. 2004. "Why are men more likely to support group-based dominance than women? The mediating role of gender identification." *British Journal of Social Psychology* 43(2): 287 -297.

Deci, E. L., & R. M. Ryan. 2000. "The 'what' and 'why' of goal pursuits: Human needs and the self-determination of behavior." *Psychological Inquiry* 11 (4): 227 -268.

de Groot, J. I. M., & L. Steg. 2009. "Morality and prosicial behavior: the role of awareness, responsibility, and norms in the norm activation model." *The Journal of Social Psychology* 149(4): 425 -449.

Dijksterhuis, A., & J. A. Bargh. 2001. "The perception-behavior expressway: Automatic effects of social perception on social behavior." *Advances in Experimental Social Psychology* 33(1): 1 -40.

Doherty, T. J., & S. Clayton. 2011. "The psychological impacts of global climate *change.* "*American Psychologist* 66(4): 265 -276.

Ehrlich, P. R., & D. Kennedy. 2005. Millennium assessment of human behavior. *Science* 309(5734): 562 -563.

Eisenberg, N., R. A. Fabes, & T. L. Spinrad. 2006. Prosocial development. In W. Damon & R. M. Lerner (Series Ed), N. Eisenberg (Vol. Ed), *Handbook of Psychology* (Vol. 3): Social and personality development (6th ed, pp. 646 -718). New York: John Wiley.

Eisenberg, N., I. K. Guthrie, A. Cumberland, B. C. Murphy, S. A. Shepard, & Q. Zhou, et al. 2002. "Prosocial development in early adulthood: A longitudinal study." *Journal of Personality and Social Psychology* 82(6): 993 -1006.

Eisenberg, N., & P. A. Miller. 1987. The relation of empathy to prosocial and related behaviors. *Psychological Bulletin* 101(1): 91 -119.

Eisenberg, N., P. A. Miller, R. Shell, S. McNalley, & C. Shea. 1991. "Prosocial development in adolescence: A longitudinal study." *Developmental Psychology* 27(5): 849 -857.

Fabes, R. A., G. Carlo, K. Kupanoff, & D. Laible. 1999. "Early Adolescence and Prosocial/Moral Behavior I." *The Journal of Early Adolescence* 19(1): 5 -16.

Fehr, B. 1994. "Prototype-based assessment of laypeople's views of love." *Personal Relationships* 1(4): 309 -331.

Fehr, B., & J. A. Russell. 1991. "The concept of love viewed from a prototype perspective." *Journal of Personality and Social Psychology* 60(3): 425 -438.

Fiske, S. T., A. J. C. Cuddy, P. Glick, & J. Xu. 2002. "A model of (often mixed) stereotype content: Competence and warmth respectively follow from perceived status and competition." *Journal of Personality and Social Psychology* 82(6): 878 -902.

Fiske, S. T., A. J. C. Cuddy, & P. Glick. 2007. "Universal dimensions of social cognition: warmth and competence." *TRENDS in Cognitive Sciences* 11(2): 77 -83.

Frymier, A. B., & M. L. Houser. 2000. "The teacher-student relationship as an interpersonal relationship." *Communication Education* 49(3): 207 -219.

Fu, X., X. Liu, Y. Yang, M. Zhang, & Y. Kou. 2015. "The role of relative intrinsic aspirations in Chinese adolescents' prosocial behaviors." *Youth & Society*, sagepub. com/journalsPermissions. nav, 1 – 18.

Gagné, M., & E. L. Deci. 2005. "Self-determination theory and work motivation." *Journal of Organizational Behavior* 26(4): 331 – 362.

Gebauer, J. E., C. Sedikides, O. Lüdtke, & W. Neberich. 2014. "Agency-communion and interest in prosocial behavior: Social motives for assimilation and contrast explain sociocultural inconsistencies." *Journal of Personality* 82(5): 452 – 466.

Gian, V. C., & Patrizia, S. 2007. "Prosocial agency: the contribution of values and self-efficacy beliefs to prosocial behavior across ages." *Journal of Social and Clinical Psychology* 26(2): 218 – 239.

Goldberg, I. 1995. Internal addictive disorder (IAD) diagostic criteria. Retrieved from http://www. psycom. net/iadcriteris. heml.

Goldstein, N. J., R. B. Cialdini, & V. Griskevicius. 2008. "A room with a viewpoint: Using social norms to motivate environmental conservation in hotels." *Journal of Consumer Research* 35(3): 472 – 482.

Grant, A. M. 2008. "Does intrinsic motivation fuel the prosocial fire motivational synergy in predicting persistence, performance, and productivity." *Journal of Applied Psychology* 93(1): 48 – 58.

Grant, A. M., & F. Gino. 2010. "A little thanks goes a long way: Explaining why gratitude expressions motivate prosocial behavior." *Journal of Personality and Social Psychology* 98(6): 946 – 955.

Graziano, W. G., M. M. Habashi, B. E. Sheese, & R. M. Tobin. 2007. "Agreeableness, empathy, and helping: A person X situation perspective." *Journal of Personality and Social Psychology* 93(4): 583.

Greener, S., & N. R. Crick. 1999. "Normative beliefs about prosocial behavior in middle childhood: What does it mean to be nice?" *Social Development* 8(3): 349 – 363.

Greitemeyer, T. 2009. "Effects of songs with prosocial lyrics on prosocial thoughts, affect, and behavior." *Journal of Experimental Social Psychology* 45(1): 186 – 190.

Greitemeyer, T., & S. Osswald. 2009. "Prosocial video games reduce aggressive cognitions." *Journal of Experimental Social Psychology* 45(4): 896 – 900.

Griskevicius, V., J. M. Tybur, & B. Van den Bergh. 2010. "Going green to be seen: Status, reputation, and conspicuous conservation." *Journal of Personality and Social Psychology* 98(3): 392-404.

Grob, A. 1995. "A structural model of environmental attitudes and behaviour." *Journal of Environmental Psychology* 15(3): 209-220.

Gronhoj, A., & J. Thogersen. 2012. "Action speaks louder than words: The effect of personal attitudes and family norms on adolescents' pro-environmental behavior." *Journal of Economic Psychology* 33(1): 292-302.

Gutierrez, L., K. A. DeLois, & L. GlenMaye. 1995. "Understanding empowerment practice: building on practitioner-based knowledge." *Families in Society* 76(9): 534-542.

Halpenny, E. A. 2010. Pro-environmental behaviours and park visitors: The effect of place attachment. *Journal of Environmental Psychology* 30(4): 409-421.

Han, H. 2015. "Travelers' pro-environmental behavior in a green lodging context: Converging value-belief-norm theory and the theory of planned behavior." *Tourism Management* 47(2): 164-177.

Harjusola-Webb, S., S. P. Hubbell, & P. Bedesem. 2012. "Increasing prosocial behaviors of young children with disabilities in inclusive classrooms using a combination of peer-mediated intervention and social narratives." *Beyond Behavior* 21(2): 29-36.

Harris, J. R. 1995. "Where is the child's environment? A group socialization theory of development." *Psychological Review* 102(3): 458-489.

Hassebrauck, M. 1997. "Cognitions of relationship quality: A prototype analysis of their structure and consequences." *Personal Relationships* 4(2): 163-185.

Hilbig, B. E., A. Glöckner, & I. Zettler. 2014. "Personality and prosocial behavior: Linking basic traits and social value orientations." *Journal of Personality and Social Psychology* 107(3): 529-539.

Hildyard, K. L., & D. A. Wolfe. 2002. "Child neglect: developmental issues and outcomes." *Child Abuse & Neglect* 26(6): 679-695.

Hines, J. M., H. R. Hungerford, & A. N. Tomera. 1987. "Analysis and synthesis of research on responsible environmental behavior: A meta-analysis." *The Journal of Environmental Education* 18(2): 1-8.

Hirayama, H. , & M. Cetingok. 1988. "Empowerment: A social work approach for Asian immigrants. "*Social Casework* 69(1): 41 -47.

Hirsh, J. B. 2010. "Personality and environmental concern. "*Journal of Environmental Psychology* 30(2): 245 -248.

Hoffman, M. L. 1981. "Is altruism part of human nature?" *Journal of Personality and Social Psychology* 40(1): 121 -137.

Homburg, A. , & A. Stolberg. 2006. "Explaining pro-environmental behavior with a cognitive theory of stress. "*Journal of Environmental Psychology* 26(1): 1 -14.

Hong, Y. Y. , M. W. Morris, C. Y. Chiu, & V. Benet-Martinez. 2000. "Multicultural minds: A dynamic constructivist approach to culture and cognition. " *American Psychologist* 55(7): 709 -720.

Hopper, J. R. , & J. M. Nielsen. 1991. "Recycling as altruistic behavior normative and behavioral strategies to expand participation in a community recycling program. "*Environment and Behavior* 23(2): 195 -220.

Hsu, C. L. 2008. "'Rehabilitating Charity' in China: The Case of Project Hope and the Rise of Non-Profit Organizations. " *Journal of Civil Society* 4(2): 81 -96.

Huddart-Kennedy, E. , T. M. Beckley, B. L. McFarlane, & S. Nadeau. 2009. "Rural-Urban Differences in Environmental Concern in Canada. "*Rural Sociology* 74(3): 309 -329.

Hui, C. H. , H. C. Triandis, & C. Yee. 1991. "Cultural differences in reward allocation: Is collectivism the explanation?" *British Journal of Social Psychology* 30(2): 145 -157.

Inglehart, R. 1997. *Modernization and Post-modernization: Cultural, Economic, and Political Change in 43 Societies.* Princeton, NJ: Princeton University Press.

Jaworska, N. , & A. Chupetlovska-Anastasova. 2009. "A review of multidimensional scaling (MDS) and its utility in various psychological domains. " *Tutorials in Quantitative Methods for Psychology* 5(1): 1 -10.

Jensen, B. B. 2002. "Knowledge, action and pro-environmental behavior. " *Environmental Education Research* 8(3): 325 -334.

Kaiser, F. G. 1996. Environmental Attitude and Ecological Behavior. Annual Meeting of the American Psychological Association (104th, Toronto, Ontario, Canada, August 9 - 13, 1996).

Kaiser, F. G., & A. Biel. 2000. "Assessing general ecological behavior: A cross-cultural comparison between Switzerland and Sweden." *European Journal of Psychological Assessment* 16(1): 44 - 52.

Kaiser, F. G., G. Doka, P. Hofstetter, & M. A. Ranney. 2003. "Ecological behavior and its environmental consequences: A life cycle assessment of a self-report measure." *Journal of Environmental Psychology* 23(1): 11 - 20.

Kashima, Y., E. Kashima, C. Y. Chiu, T. Farsides, M. Gelfand, & Y. Y. Hong, et al. 2005. "Culture, essentialism, and agency: are individuals universally believed to be more real entities than groups?" *European Journal of Social Psychology* 35(2): 147 - 169.

Kearns, J. N., & F. D. Fincham. 2004. "A prototype analysis of forgiveness." *Society for Personality and Social Psychology* 30(7): 838 - 855.

Kelley, H. H. 1950. "The warm-cold variable in first impressions of persons." *Journal of personality* 18(4): 431 - 439.

Kohn, M. L., A. Naoi, C. Schoenbach, C. Schooler, & K. M. Slomczynski. 1990. "Position in the class structure and psychological functioning in the United States, Japan, and Poland." *American Journal of Sociology* 95(4): 964 - 1008.

Kokko, K., R. E. Tremblay, E. Lacourse, D. S. Nagin, & F. Vitaro. 2006. "Trajectories of prosocial behavior and physical aggression in middle childhood: Links to adolescent school dropout and physical violence." *Journal of Research on Adolescence*, 16(3): 403 - 428.

Koo, H. Y. 2009. "Development of a cell phone addiction scale for Korean adolescent." *Journal of Korean Academy of Nursing* 39 (6): 818 - 828.

Krebs, D. L., & F. Van Hesteren. 1994. "The development of altruism: Toward an integrative model." *Developmental Review* 14(2): 103 - 158.

Kruskal, J. B. 1964. "Nonmetric multidimensional scaling: a numerical method." *Psychometrika* 29(2): 115 - 129.

Kyle, G., & J. Jun. 2015. "An alternate conceptualization of the leisure constraints measurement model: formative structure?" *Journal of Leisure Research* 47(3): 337 - 357.

Lacetera, N., & M. Macis. 2010. "Social image concerns and prosocial behavior:

Field evidence from a nonlinear incentive scheme." *Journal of Economic Behavior & Organization* 76(2): 225 –237.

Laible, D. J., G. Carlo, & M. Raffaelli. 2000. "The differential relations of parent and peer attachment to adolescent adjustment." *Journal of Youth and Adolescence* 29(1): 45 –59.

Larson, L. R., R. C. Stedman, C. B. Cooper, & D. J. Decker. 2015. "Understanding the multi-dimensional structure of pro-environmental behavior." *Journal of Environmental Psychology* 43(3): 112 –124.

Latane, B., & J. M. Darley. 1968. "Group inhibition of bystander intervention in emergencies." *Journal of Personality and Social Psychology* 10(3): 215 –221.

Latif, S. A., M. S. Omar, Y. H. Bidin, & Z. Awang. 2013. "Role of environmental knowledge in creating pro-environmental residents." *Procedia-Social and Behavioral Sciences* 105(6): 866 –874.

Laufer, D., D. H. Silvera, J. Brad McBride, & S. M. Schertzer. 2010. Communicating charity successes across cultures: Highlighting individual or collective achievement? *European Journal of Marketing* 44(9/10): 1322 –1333.

Lauree, C., Tilton-Weaver., Erin, T. Vitunski., & Nancy, L. Galambos. 2001. "Five images of maturity in adolescence: what does 'grown up' mean?" *Journal of Adolescence* 24(2): 143 –158.

Lee, Y. K., Kim, S., Kim, M. S., & Choi, J. G. (2014). Antecedents and interrelationships of three types of pro-environmental behavior. *Journal of Business Research* 67(10): 2097 –2105.

Leung, A. K. Y., K. Koh, & K. P. Tam. 2015. "Being environmentally responsible: Cosmopolitan orientation predicts pro-environmental behaviors." *Journal of Environmental Psychology* 43(9): 79 –94.

Leung, L. 2008. "Leisure boredom, sensation seeking, self-esteem, and addiction." *Mediated Interpersonal Communication*: 359 –381.

Lewis, T. J., & G. Sugai. 1996. "Descriptive and experimental analysis of teacher and peer attention and the use of assessment-based intervention to improve pro-social behavior." *Journal of Behavioral Education* 6(1): 7 –24.

Louren O, O. M. 1993. "Toward a Piagetian explanation of the development of prosocial behaviour in children: The force of negational thinking." *British Jour-*

nal of Developmental Psychology 11(1): 91 - 106.

Lysak, H., B. G. Rule, & A. R. Dobbs. 1989. "Conceptions of Aggression." *Personality and Social Psychology Bulletin* 15(2): 233.

Maloney, M. P., M. P. Ward, & G. N. Braucht. 1975. "A revised scale for the measurement of ecological attitudes and knowledge." *American Psychologist* 30 (7): 787 - 790.

Markowitz, E. M., L. R. Goldberg, M. C. Ashton, & K. Lee. 2012. "Profiling the 'pro-environmental individual': A personality perspective." *Journal of Personality* 80(1): 81 - 111.

Markus, H. 1977. "Self-schemata and processing information about the self." *Journal of Personality and Social Psychology* 35(2): 63 - 78.

Markus, H., & R. B. Zajonc. 1985. Cognitive pcrspectivc in social psychology. In G. Lindzey & E. Aronson (Eds.), *Handbookof Social* Psychology (3rd cd., Vol. 1, pp. 137 - 230). New York: Random House.

Marshall, J., R. S. Kirby, & P. A. Gorski. 2016. "Parent concern and enrollment in intervention services for young children with developmental delays 2007 national survey of children's health." *Exceptional Children* 82(2): 251 - 268.

Mayer, F. S., & C. M. Frantz. 2004. "The connectedness to nature scale: A measure of individuals' feeling in community with nature." *Journal of Environmental Psychology* 24(4): 503 - 515.

McGuire, A. M. 2003. "'It was nothing' - Extending evolutionary models of altruism by two social cognitive biases in judgments of the costs and benefits of helping." *Social Cognition* 21(5): 363 - 394.

Meyer, A. 2015. "Does education increase pro-environmental behavior? Evidence from Europe." *Ecological Economics* 116(4): 108 - 121.

Miao, L., & W. Wei. 2013. "Consumers' pro-environmental behavior and the underlying motivations: A comparison between household and hotel settings." *International Journal of Hospitality Management* 32(3): 102 - 112.

Minuchin, P. 2002. "Looking toward the horizon: Present and future in the study of family systems." In J. P. McHale & W. S. Grolnick. *Retrospect and Prospect in the Psychological Study of Families* (pp. 259 - 278). Mahwah, NJ: Erlbaum.

Moorman, R. H., & G. L. Blakely. 1995. Individualism-collectivism as an individual difference predictor of organizational citizenship behavior. *Journal of Organizational Behavior* 16(2): 127 - 142.

Morris, M. W., C. Chiu, & Z. Liu. 2015. Polycultural Psychology. *Annual Review of Psychology* 66(1): 631 - 659.

Morris, M. W., T. Menon, & D. R. Ames. 2001. Culturally conferred conceptions of agency: A key to social perception of persons, groups, and other actors. *Personality and Social Psychology Review* 5(2): 169 - 182.

Nadler, A., G. Harpaz-Gorodeisky, & Y. Ben-David. 2009. Defensive helping: threat to group identity, ingroup identification, status stability, and common group identity as determinants of intergroup help-giving. *Journal of Personality and Social Psychology* 97(5): 823 - 834.

Nastasi, B. K., & S. L. Schensul. 2005. Contributions of qualitative research to the validity of intervention research. *Journal of School Psychology* 43(3): 177 - 195.

Nelson, L. D., & M. I. Norton. 2005. From student to superhero: Situational primes shape future helping. *Journal of Experimental Social Psychology* 41(4): 423 - 430.

Nisbett, R. E., K. Peng, I. Choi, & A. Norenzayan. 2001. Culture and systems of thought: holistic versus analytic cognition. *Psychological Review* 108(2): 291 - 310.

Oishi, S. 2010. The psychology of residential mobility implications for the self, social relationships, and well-being. *Perspectives on Psychological Science* 5(1): 5 - 21.

O'Reilly III, C., & J. Chatman. 1986. Organizational commitment and psychological attachment: the effects of compliance, identification, and internalization on prosocial behavior. *Journal of Applied Psychology* 71(3): 492 - 499.

Paillé, P., & O. Boiral. 2013. Pro-environmental behavior at work: construct validity and determinants. *Journal of Environmental Psychology* 36(11): 118 - 128.

Palepu, A., M. L. Patterson, A. Moniruzzaman, C. J. Frankish, & J. Somers. 2013. Housing first improves residential stability in homeless adults with concurrent substance dependence and mental disorders. *American Journal of Public Health* 103(S2): e30 - e36.

Parker, D., A. S. Manstead, S. G. Stradling, J. T. Reason, & J. S. Baxter. 1992.

Intention to commit driving violations: an application of the theory of planned behavior. *Journal of Applied Psychology* 77(1): 94 – 101.

Pelletier, L. G., K. M. Tuson, I. Green-Demers, K. Noels, & A. M. Beaton. 1998. Why are you doing things for the environment? The motivation toward the environment scale (mtes) 1. *Journal of Applied Social Psychology* 28(5): 437 – 468.

Penner, L. A., J. F. Dovidio, J. A. Piliavin, & D. A. Schroeder. 2005. Prosocial behavior: Multilevel perspectives. *Annual Review of Psychology* 56: 365 – 392.

Pichon, I., G. Boccato, & V. Saroglou. 2007. Nonconscious influences of religion on prosociality: A priming study. *European Journal of Social Psychology* 37 (5): 1032 – 1045.

Pilgrim, C., Q. Lou, K. A. Urberg, & X. Fang. 1999. Influence of peers, parents, and individual characteristics on adolescent drug use in two cultures. *Merrill-Palmer Quarterly* 45(1): 85 – 105.

Pool, G. J., A. F. Schwegler, B. R. Theodore, & P. N. Fuchs. 2007. Role of gender norms and group identification on hypothetical and experimental pain tolerance. *Pain* 129(1): 122 – 129.

Prashad, V. 2001. *Everybody was Kung Fu fighting: Afro-Asian Connections and the Myth of Cultural Purity*. Boston: Beacon Press.

Radke-Yarrow, M., C. Zahn-Waxler. 1986. "The role of familial factors in the development of prosocial behavior: Research findings and questions. In D. Olweus, J. Block, & M. Radke-Yarrow (Eds), *Development of Antisocial and Prosocial Behavior*, 207 – 233. Orlando, FL: Academic Press.

Ramus, C. A., & A. B. Killmer. 2007. "Corporate greening through prosocial extrarolebehaviours: A conceptual framework for employee motivation. *Business Strategy and the Environment* 16(8): 554 – 570.

Reese, G., & L. Jacob. 2015. "Principles of environmental justice and pro-environmental action: A two-step process model of moral anger and responsibility to act. *Environmental Science & Policy* 51(4): 88 – 94.

Reiss, D. 1989. "The represented and practicing family: Contrasting visions of family continuity." In A. J. Sameroff & R. N. Emde (Eds.), *Relationship Disturbances in Early Childhood: A Developmental Approach* (pp. 191 – 220).

New York: Basic Books.

Reser, J. P., & J. K. Swim. 2011. "Adapting to and coping with the threat and impacts of climate change." *American Psychologist* 66(4): 277 – 289.

Rice, G. 2006. "Pro-environmental behavior in Egypt: Is there a role for Islamic environmental ethics?" *Journal of Business Ethics* 65(4): 373 – 390.

Rosch, E. 1978. "Principles of categorization." In E. Rosch & B. B. Lloyd (EDs.), *Cognition and Categorization* (pp. 27 – 71). Hillsdale, NJ: Erlbaum.

Rosch, E., C. B. Mervis, W. D. Gray, D. M. Johnson, & P. Boyes-Braem. 1976. "Basic objects in natural categories." *Cognitive Psychology* 8(3): 382 – 439.

Rosenberg, S., C. Nelson, & P. Vivekananthan. 1968. "A multidimensional approach to the structure of personality impressions." *Journal of Personality and Social Psychology* 9(4): 283 – 294.

Ross, C. E., J. R. Reynolds, & K. J. Geis. 2000. "The contingent meaning of neighborhood stability for residents' psychological well-being." *American Sociological Review* 65(4): 581 – 597.

Ryan, R. M., & J. P. Connell. 1989. "Perceived locus of causality and internalization: Examining reasons for acting in two domains." *Journal of Personality and Social Psychology* 57(5): 749 – 761.

Ryan, R. M., & E. L. Deci. 2000. "Self-Determination Theory and the Facilitation of Intrinsic Motivation, Social Development, and Well-Being. *American Psychologist* 55(1): 68 – 78.

Ryan, R. M., & C. Frederick. 1997. "On energy, personality, and health: Subjective vitality as a dynamic reflection of well-being." *Journal of Personality* 65(3): 529 – 565.

Sampson, R. J., S. W. Raudenbush, & F. Earls. 1997. "Neighborhoods and violent crime: A multilevel study of collective efficacy." *Science* 277(5328): 918 – 924.

Schieman, S. 2005. "Residential stability and the social impact of neighborhood disadvantage: A study of gender – and race-contingent effects." *Social Forces* 83(3): 1031 – 1064.

Schonert-Reichl, K. A., V. Smith, A. Zaidman-Zait, & C. Hertzman. 2012. "Promoting children's prosocial behaviors in school: Impact of the 'Roots of Empathy' program on the social and emotional competence of school-aged children." *School Mental Health* 4(1): 1-21.

Schultz, P. W., & L. C. Zelezny. 1998. "Values and Proenvironmental Behavior A Five-Country Survey." *Journal of Cross-cultural Psychology* 29(4): 540-558.

Schwarts, S. H. 1992. "Universals in the content and structure of values: Theoretical advances and empirical tests in 20 countries." In M. Zanna (Ed), *Advances in Experimental Social Psychology* (Vol. 25, pp. 1-66). New York: Academic Press.

Schwartz, S. H. 1968a. "Awareness of consequences and the influence of moral norms on interpersonal behavior." *Sociometry* 31(4): 355-369.

Schwartz, S. H. 1968b. "Words, deeds and the perception of consequences and responsibility in action situations." *Journal of Personality and Social Psychology* 10(3): 232-242.

Schwartz, S. H. 1977. "Normative influences on altruism." In L. Berkowitz (Ed.), *Advances in Experimental Social Psychology* (pp. 221-279). New York: Academic Press.

Sebanc, A. M. 2003. "The friendship features of preschool children: Links with prosocial behavior and aggression." *Social Development* 12(2): 249-268.

Shao, R., K. Aquino, & D. Freeman. 2008. "Beyond moral reasoning: A review of moral identity research and its implications for business ethics." *Business Ethics Quarterly* 18(4): 513-540.

Shah, J. 2003. "Automatic for the people: How representations of significant others implicitly affect goal pursuit." *Journal of Personality and Social Psychology*84(4): 661-681.

Sherif, C. W., O. J. Harvey, B. J. White, & W. R. Hood. 1961. *Intergroup conflict and cooperation: The Robbers Cave experiment* (Vol. 10, pp. 150-198). Norman, OK: University Book Exchange.

Smeesters, D., S. C. Wheeler, & A. C. Kay. 2009. "The role of interpersonal perceptions in the prime-to-behavior pathway." *Journal of Personality and Social Psychology* 96(2): 395-414.

Smeester, D., V. Y. Yzerbyt, O. Corneille, & L. Warlop. 2009. "When do primes prime? The moderating role of the self-concept in individuals' susceptibility to priming effects on social behavior." *Journal of Experimental Social Psychology* 45(1): 211-216.

South, S. J., & K. D. Crowder. 1997. "Escaping distressed neighborhoods: Individual, community, and metropolitan influences." *American Journal of Sociology* 102(4): 1040-1084.

Sparks, P., & R. Shepherd. 1992. "Self-identity and the theory of planned behavior: Assesing the role of identification with "green consumerism." *Social Psychology Quarterly* 55(4): 388-399.

Starr, A., & Adams, J. (2003). Anti-globalization: the global fight for local autonomy. *New Political Science* 25(1): 19-42.

Steca, P. 2007. "Prosocial Agency: The Contribution of Values and Self-Efficacy Beliefs to Prosocial Behavior Across Ages." *Journal of Social and Clinical Psychology* 26(2): 218-239.

Steg, L., J. W. Bolderdijk, K. Keizer, & G. Perlaviciute. 2014. "An integrated framework for encouraging pro-environmental behaviour: The role of values, situational factors and goals." *Journal of Environmental Psychology* 38(6): 104-115.

Steinberg, L., & S. B. Silverberg. 1986. "The Vicissitudes of Autonomy in Early Adolescence." *Child Development* 57(4): 841-851.

Stern, P. C. 1999. "Information, incentives, and proenvironmental consumer behavior." *Journal of Consumer Policy* 22(4): 461-478.

Stern, P. C. 2000. "Toward a coherent theory of environmentally significant behavior." *Journal of Social Issues* 56(3): 407-424.

Stern, P. C., T. Dietz, T. D. Abel, G. A. Guagnano, & L. Kalof. 1999. "A value-belief-norm theory of support for social movements: The case of environmentalism." *Human Ecology Review* 6(2): 81-97.

Stern, P. C., T. Dietz, & G. A. Guagnano. 1995. "The new ecological paradigm in social-psychological context." *Environment and behavior* 27(6): 723-743.

Stukas, A. A., R. Hoye, M. Nicholson, K. M. Brown, & L. Aisbett. 2016. "Motivations to volunteer and their associations with volunteers' well-being." *Nonprofit and Voluntary Sector Quarterly* 45(1): 112-132.

Talhelm, T., X. Zhang, S. Oishi, C. Shimin, D. Duan, X. Lan, & S. Kitayama.

2014. "Large-scale psychological differences within China explained by rice versus wheat agriculture." *Science* 344(6184): 603 - 608.

Tam, K. P. 2013. "Concepts and measures related to connection to nature: Similarities and differences." *Journal of Environmental Psychology* 34(2): 64 - 78.

Tisak, M. S., & J. Tisak. 1990. "Children's conception of parental authority, friendship, and sibling relations." *Merrill Palmer Quarterly*36(3): 347 - 367.

Triandis, H. C., R. Bontempo, M. J. Villareal, M. Asai, & N. Lucca. 1988. "Individualism and collectivism: Cross-cultural perspectives on self-ingroup relationships." *Journal of Personality and Social Psychology* 54(2): 323 - 338.

Truelove, H. B., A. R. Carrico, E. U. Weber, K. T. Raimi, & M. P. Vandenbergh. 2014. "Positive and negative spillover of pro-environmental behavior: An integrative review and theoretical framework." *Global Environmental Change* 29(6): 127 - 138.

Twenge, J. M., R. F. Baumeister, C. N. DeWall, N. J. Ciarocco, & J. M. Bartels. 2007. "Social exclusion decreases prosocial behavior." *Journal of Personality and Social Psychology* 92(1): 56 - 66.

van Birgelen, M., J. Semeijn, & P. Behrens. 2011. "Explaining pro-environment consumer behavior in air travel." *Journal of Air Transport Management* 17(2): 125 - 128.

Vaske, J. J., & K. C. Kobrin. 2001. "Place attachment and environmentally responsible behavior." *The Journal of Environmental Education* 32(4): 16 - 21.

Videras, J., A. L. Owen, E. Conover, & S. Wu. 2012. "The influence of social relationships on pro-environment behaviors." *Journal of Environmental Economics and Management* 63(1): 35 - 50.

Walker, G. J., R. Chapman, & K. S. Bricker. 2003. "Thinking like a park: the effects of sense of place, perspective-taking, and empathy on pro-environmental intentions." *Journal of Park and Recreation Administration* 21(4): 71 - 86.

Warden, D., & S. Mackinnon. 2003. "Prosocial children, bullies and victims: an investigation of their sociometric status, empathy and social problem-solving strategies." *British Journal of Developmental Psychology* 21(3): 367 - 385.

Watson, D., L. A. Clark, & A. Tellegen. 1988. "Development and validation of brief measures of positive and negative affect: the PANAS scales." *Journal of*

Personality and Social Psychology 54(6): 1063 – 1070.

Weinstein, N. C. R. 2010. "Attributing autonomous versus introjected motivation to helpers and the recipient experience: Effects on gratitude, attitudes, and well-being." *Motivation & Emotion* 34(4): 418 – 431.

Weinstein, N. C. R., & R. M. Ryan. 2010. "Attributing autonomous versus introjected motivation to helpers and the recipient experience: Effects on gratitude, attitudes, and well-being." *Motivation & Emotion* 34(4): 418 – 431.

Weinstein, N., & R. M. Ryan. 2010. "When helping helps: Autonomous motivation for prosocial behavior and its influence on well-being for the helper and recipient." *Journal of Personality and Social Psychology* 98(2): 222 – 244.

Wentzel, K. R., & C. C. McNamara. 1999. "Interpersonal relationships, emotional distress, and prosocial behavior in middle school." *The Journal of Early Adolescence* 19(1): 114 – 125.

Wilks, J. 1985. "The relative importance of parents and friends in adolescent decision making." *Journal of Youth and Adolescence* 15(4): 323 – 334.

Wispe, L. G. 1972. "Positive forms of social behavior: An overview." *Journal of Social Issues* 28(3): 1 – 19.

Wittenbrink, B., C. M. Judd, & B. Park. 1997. "Evidence for racial prejudice at the implicit level and its relationship with questionnaire measures." *Journal of Personality and Social Psychology* 72(2): 262 – 274.

Wittenbrink, B., C. M. Judd, & B. Park. 2001. "Evaluative versus Conceptual Judgments in Automatic Stereotyping and Prejudice." *Journal of Experimental Social Psychology* 37(3): 244 – 252.

Wyatt, J. M., & G. Carlo. 2002. "What Will My Parents Think? Relations Amongadolescents' Expected Parental Reactions, Prosocial Moral Reasoning, and Prosocial and Antisocial Behaviors." *Journal of Adolescent Research* 17 (6): 646 – 666.

Yalom, I. D., & M. Leszcz. 1995. *Theory and Practice of Group Psychotherapy.* NJ: Basic Books.

Yip, J. J., & A. E. Kelly. 2013. "Upward and downward social comparisons can decrease prosocial behavior." *Journal of Applied Social Psychology* 43 (3): 591 – 602.

Zahn-Waxler, C. , M. Radke-Yarrow, E. Wagner, & M. Chapman. 1992. "Development of concern for others. "*Developmental Psychology* 28(1): 126 - 136.

Zhang, Y. , H. L. Zhang, J. Zhang, & S. Cheng. 2014. "Predicting residents' pro-environmental behaviors at tourist sites: The role of awareness of disaster's consequences, values, and place attachment. "*Journal of Environmental Psychology* 40(6): 131 - 146.

Zou, X. , K. Tam, M. W. Morris, S. Lee, I. Y. Lau, & C. Chiu. 2009. "Culture as common sense: Perceived consensus versus personal beliefs as mechanisms of cultural influence. " *Journal of Personality and Social Psychology* 97 (4): 579 - 597.

图书在版编目(CIP)数据

青少年的社群成长之路：亲社会行为及其干预 / 张庆鹏著. -- 北京：社会科学文献出版社，2017.12
ISBN 978-7-5201-1563-6

Ⅰ.①青… Ⅱ.①张… Ⅲ.①青少年-社会行为-研究 Ⅳ.①C912.68

中国版本图书馆 CIP 数据核字（2017）第 250271 号

青少年的社群成长之路：亲社会行为及其干预

著　　者 / 张庆鹏

出 版 人 / 谢寿光
项目统筹 / 韩莹莹
责任编辑 / 刘　丹

出　　版 / 社会科学文献出版社·人文分社（010）59367215
地址：北京市北三环中路甲 29 号院华龙大厦　邮编：100029
网址：www.ssap.com.cn
发　　行 / 市场营销中心（010）59367081　59367018
印　　装 / 三河市尚艺印装有限公司

规　　格 / 开 本：787mm × 1092mm　1/16
印 张：19.25　字 数：326 千字
版　　次 / 2017 年 12 月第 1 版　2017 年 12 月第 1 次印刷
书　　号 / ISBN 978-7-5201-1563-6
定　　价 / 98.00 元